행복공간

평범한 청년의
도전과 열정 그리고 사랑

행복공간

권용기 지음

이담
Books

첫 장을 넘기며

"책 한 권 낼까?"

봄 햇살이 살짝 비추던 어느 날, 아내가 던진 말 한 마디가 잉크병의 뚜껑을 열게 만들었다. 호랑이에게 날개를 달아주듯이 휴대용 컴퓨터를 선물함으로써 언제든지 펜도 들 수 있게 되었다. 이제 그 하얀 백지 위를 채워나갈 이야기를 찾아서 옮기면 책 한 권이 나올 것으로 생각했다. 그러나 무엇을 채운다는 것은 쉽지 않았다.

생각은 넘쳤지만 어떤 이야기를 쓸 것인지를 정할 수가 없었다. 글을 쓰기 위해선 여러 자료를 확보해야 함에도 전문적이며 직업적인 작가가 아니기에 많은 시간이 허락되지 않았다. 제한된 조건은 선택과 집중을 부여한다. 자리에 앉아서도 자료를 찾을 수 있는 창고를 택했다. 바로 기억, 즉 지금까지 살아온 이야기들을 엮어보기로 했다.

역사를 바꿀 만한 대단한 사건이나 상대적으로 심금을 울리기 충분한 아름다운 모습을 지니지 않았으며 그저 지극히 평범하고 어쩌면 부족함이 참 많은 삶을 살아왔다. 조금 다른 것이 있다면 아주 조그만 가능성이나 재능, 혹은 의지만 있다면 무엇이든 도전하고 노력해서 작은 것이라도 열매를 남기려 애썼다. 아내의 말 한 마디에 즉각 응한 것도 이런 연유일 것이다.

그나마 있던 창고에 들락거리는 것도 쉽지 않았다. 태어난 지 얼마 되지 않은 딸을 돌보며 삶의 현장에서 애쓰는 가족들을 보면서 나만의 목적을 이루기 위해 창고에 들어가긴 좀 미안했다.

골방 같은 작업장이나 글을 쓰기 위해 정해진 시간은 없었다. 주로 새벽에 출근하면서 주어지는 버스와 지하철의 좌석이 주된 작업장이며 일찍 마칠 때가 있으면 근처 카페로 가서 가끔은 차도 주문하지 않고 앉아서 머릿속에 있는 것들을 지면 위로 불러내었다.

시간이 부족함을 각인하고 가끔씩 날아드는 종업원의 눈총을 외면하기 위해 더욱 집중했지만 모자란 재능 탓에 썼다가 지우기를, 더 정확히 말하자면 쓴 분량만큼 지워졌음에도 매끄럽고 마음에 쏙 드는 글들로만 엮이지는 않았다. 완벽주의자를 표방하지만 완벽하지 않다.

나에게도 세상을 살아가는 만물에게 주어진 공평한 조건으로 시간의 제한이 있다. 마냥 고치고 또 고치기를 반복한다면 다음에 내가 해야 할 일, 즉 공부하고, 딸과 놀아주고, 캠퍼스를 달리면서 체력을 키우는 일을 할 수 없게 될 것이다. 이쯤에서 멈추기로 했다.

살아온 삶을 담은 이 책 안에도 참 많은 사람들이 살아 숨 쉬고 있다. 공평하신 하나님께서 나를 너무 사랑하셨는지 나에게 한없는 부족함과 더불어 넘치는 사람과 사랑을 허락해 주셨다. 그 중심에 있으며 잉크가 마르거나 펜이 부러지지 않도록 잡아준 아내에게 먼저 감사의 마음을 전한다. 또한 삶의 여러 창고들을 아름답게 채워가는 법을 알려 주신 스승과 기쁨으로 이 글을 기다리며 또한 읽어줄 동행들과 나의 시작이 되어준 대구와 안동에 계신 부모님께 마음 깊이 감사를 드린다.

아! 그리고 고작 250원짜리 펜 두 개만 받고도 아름다운 그림들을 더하여 준 박용민 화백과 나의 사진을 아름답게 꾸며 준 젊은 아티스트 승훈이에게 머리 숙여 고마움을 전하고 그들의 삶에 늘 하나님이 주시는 평안과 기쁨, 그리고 형통이 있기를 기도한다.

목차

Chapter 6 세상에 빈 곳은 없다

Chapter 1

공간의 시작…
가족 그리고
공간의 모든 것

짱가를 만나다

우리 동네에는 외과의사 한 명이 살았다. 근래에는 근시안적 생각으로 인식되는 산아제한정책이 존재할 당시지만 동네에는 아이들이 넘쳐났다. 그 많은 아이들 중에 특별히 나와 나이가 비슷한 사람들에게는 공통점이 있었으니 바로 처음 만나는 얼굴이 모두 같다는 것이다. 어디선가 산모가 급하다는 연락이 오면 큰 왕진가방을 들고 동네에서 가장 큰 비명소리가 들리는 집으로 달려가는 사람이 있었다.

'어디선가 누군가에 무슨 일이 생기면 짜짜짜짜짜 짱가!!'

지금처럼 산부인과가 많지도 않고 가정출산이 흔했던 시대에 다급한 산모와 가족은 의사의 전공 분야는 따질 필요도, 아니 아예 관심도 없었다. 물론 차를 놓고 고향과 이름을 물으며 대화를 오랫동안 나눌 기회도 없었다. 그저 산모에게 무슨 일이 생기면 짱가에게 달려갔고 그는 어김없이 우리에게 와서 힘을 보탰다. 물론 산모를 중심으로 말이다.

"힘줘요! 힘줘요!"

"으아악, 읍, 끄응."

"애기 머리가 보이니까 계속 힘을 줘요, 더! 더!"

"으윽…, 으윽….."

아기가 세상을 향해 존재를 나타내면 짱가는 숯과 고추 중에 하나를 말하고 산후조리에 대한 기본사항을 알려준 후 자신의 기지로 귀환했다. 동네 아낙네들은 아플 때에야 정신이 없었겠지만, 길을 가다가 짱가와 마주치면

왠지 부끄러워하며 슬쩍 피하거나, 모른 척 지나갈 수밖에 없었던 것이 어머니를 포함한 우리 동네 아주머니들의 암묵적인 결의였다. 그래서 언제나 영웅은 외로운 존재라고 하는가 보다.

날짜로 짐작해 보니 지독하게도 더웠을 여름날에 나도 짱가의 얼굴을 보았다. 어렴풋한 기억 속에서 내가 태어난 집은 그 당시의 대표적인 건축양식을 따라 흙과 짚으로 뭉쳐서 지은 토방이었고 부엌이 붙어 있었다. 맨 오른쪽에 가장 큰 방에서 살아가시던 주인댁을 '큰방할머니' 와 '큰방할아버지'로 불렀다. 인자한 모습의 할머니와 목발에 의지하여 걸으시던 할아버지의 정감 있는 목소리는 나를 보듬어주던 속싸개 같았다. 그 옆집은 동네에서 가장 싸움을 잘하는 형이 살았으니 덕분에 학교에서 귀찮게 하는 아이들을 물리쳐 주곤 했다. 나의 또 다른 짱가였다.

그 모든 방들은 슬레이트와 기와들로 구분 없이 이어져 있었다. 모두가 하나의 방과 부엌을 공평하게 가지고 있었으며 집주인과 세입자를 구분할 수도 없었으니 그냥 한 지붕 세 가족이었다. 부모가 다르고 출신도 다르지만 그렇게 모여 만들어진 삼대의 대가족은 토방처럼 편하게 기댈 수 있고 유년시절의 추위와 더위를 피하기에 충분한 안식처가 되어 주었다.

나의 어린 시절에 대해 가끔 언급하시는 어머니의 주장에 대해 전적으로 인정하지는 않지만 어느 정도 유별난 면은 있었다. 세 살 즈음에 잘 알지도 못하는 남의 집 부엌에 들어가서 부침개를 달라고 했으며, 중력실험을 하듯이 언덕 위에 있는 집에서 마당 깊은 집에 돌을 던져서 장독뚜껑에 구멍을 내는 등의 민폐를 끼친 경우도 적지 않았다. 물론 머리에 남아 있는 몇몇의 '땜통'도 증언을 보태고 있다.

형제간에 다툼이 있어서 부모님이 매를 들 때면 동생은 몇 대 맞고, 혹은 맞기도 전에 일단 그 자리를 피해서 화를 누그러뜨리는 동시에 부모님의 걱정을 유발시킨 후에 안전하고 당당하게 귀가했으나, 나는 일단 무조건 맞았다. 어느 부모처럼 우리 부모님도 때리다 하소연을 하셨다.

"야 이놈아! 차라리 도망이라도 가라."

자녀를 징계하는 부모에게는 자신의 품에 안기든지 아니면 피하기를 바라는 마음이 있겠지만 나는 무슨 심보로 그렇게 버텨서 종아리에 회초리자국보다 더 깊은 상처를 부모님께 남겼는지 아직도 후회가 된다. 좋게 해석하면 피하지 않는 의지가 있지만 더 큰 화를 자초하는 고집일 뿐이었다. 때론 고집이 거기서 그치지 않고 흔히 말하는 경기, 즉 일시적으로 분에 못 이겨서 기절하는 상황에 이르렀고 놀란 부모님은 나를 업고 정신없이 달려가 동네 할머니의 민간요법으로 치료하곤 했다.

한밤중에 맨발로 뛰쳐나갔으니 발에는 피 묻은 상처와 흙먼지가 가득했지만 닦을 여유도 없이 그 방에 들어가서 고운 이불을 더럽혔기에 할머니의 호통이 이어졌지만 부모님은 고마움에 연방 고개를 숙이셨다. 오랜 세월을 이겨낸 노장은 다시금 부드러운 얼굴을 하고 부모님께 받은 '청자'라는 담배를 한 모금 들이켜고 허공을 향해 뿜었다. 그 연기는 평온하게 방 안을 가득 채웠다. 그리고 점차 흐려져 갔으며 어느 날에는 연기가 나오지 않았다. 하지만 기절했던 아이는 그 호흡을 이어받아 아직도 잘 살고 있다.

무전취식 혹은 무임승차인생

버스를 타고 다니기에는 주머니가 넉넉하지 않았다. 그 이유는 부모님께서 주신 용돈의 크기가 아니라 소비습관에 있었다. 대부분 오락실 문을 넘나들며 유흥비로 썼기에 고스란히 걸어다녀야 할 때가 많았다. 그 옛날 어른들처럼 산을 넘고 물을 건너는 긴 거리도 아니었지만 그래도 때론 걷기 싫을 때가 있었고 그런 날에는 꼭 주머니에 돈도 없었다.

"좀 태워 주세요~! 예?"

버스정류장에 서서 문이 열릴 때마다 기사아저씨들에게 호소했다. 그렇게 아이들이 모여서 부르는 애절한 노래에 때론 버스기사의 자비가 베풀어지기도 했다. 특별히 비라도 추적추적 내리는 날에는 살짝 젖은 우리의 옷이 놀라운 특수효과를 발휘했었다.

어느 날 아이들끼리 다투고 있을 때 버스가 도착했다. 내심 아저씨의 결정에 악영향을 줄 것 같아서 마음을 졸이고 있었는데 뜻밖의 반응이 나타났다.

"야야~! 아저씨가 태워줄 테니까 싸우지 마라."

모든 어린이가 그렇지는 않겠지만 어린 나는 단순하며 학습효과가 빨리 나타났다. 다음 날부터 매번 싸우는 장면을 연출시키기도 했다. 하지만 버스회사의 배차순서는 거의 일정하기에 내가 무임승차를 자주 시도할수록 기사아저씨는 나의 얼굴에 더욱 익숙해졌다. 호의를 악용하는 것에 어린이든 어른이든 나타내는 반응은 비슷하니 그저 괘씸할 뿐이다. 그래서 차는, 아니기사아저씨는 무심히 지나쳤고 불건전한 목적을 이루지 못한 나는 방귀 뀐 놈이 화를 내듯이 그 차를 향해 가방을 던졌다.

'휙!'

그런데 가방 떨어지는 소리가 들리지 않았다. 버스 뒤편에 있던 커다란 갈고리에 가방끈이 걸리고 몸뚱이를 달랑달랑 흔들며, 어쩌면 나의 행동에 고개를 가로저으며 언덕을 넘어가고 있었던 것이다. 정신없이 정류장까지 달려가서 다행히 휴식 중인 버스의 뒷부분을 살폈다. 가방이 없었다. 동네 형이 발견한 후 집으로 가져갔다는 소식을 전해 듣고 그 집에 찾아가서야 다시 손에 쥘 수 있었다.

무임승차뿐만 아니라 무전취식에도 일가견이 있었으니 훗날 누렸던 무전여행은 이때부터 준비된 것일지도 모른다.

길가에 높다란 담벼락을 오르기 위해서 벽 아래를 지지하는 콘크리트블록으로 인해 튀어나온 부분을 밟고 올라섰다. 거기에 까치발까지 하면서 겨우 담장 위로 고개를 내밀고 모두가 일제히 한목소리를 내었다.

"빵 좀 주이소~!"

그 아래 내려다보이는 공장에서는 연일 따뜻한 김을 굴뚝으로 뿜고 있었다. 맛있는 빵을 구워내는 그 열기는 곧바로 향기가 되어 하굣길에 집으로 가는 우리의 걸음을 잡았다. 우리는 간절히 다시 한 번 소리쳤다.

"빵 좀 주이소~!"

두발수레에 빵을 싣고 가던 청년이 기차처럼 생긴 물건을 담장 너머로 던졌다. 식빵이었다. 그것도 갓 구워서인지 김이 모락모락 솟아나는 빵이었다. 물 한 모금 먹지 않아도 부드럽게 넘어가는 그 맛은 지금까지도 찾을 수 없는 최고의 맛이었다. 우리의 먹을거리는 하늘을 날아서 담장을 넘어오기도 했지만 때론 강물을 헤엄쳐 온 것들도 있었다.

어느 날 금호강을 가로지르는 경부고속도로에서 어느 제과업체의 차량이 떨어졌다. 다행히 인명피해는 발생하지 않았지만 부서진 화물칸에서 온갖 과자들이 쏟아져 나와서 물 위를 떠다니는 모습이 누군가에게 포착되었고 그 소식은 삽시간에 동네에 퍼졌다. 그들의 발길은 강으로 쏟아져 들어갔다. 양손에 초코바를 쥔 나는 더 이상의 욕심을 부리지 않고 밖으로 나왔다. 어린아이는 양손이 가득 차면 마음도 인생도 가득 찬 것으로 느껴졌다. 손이 작아도 마음이 다 찼다면 그것이 만족인 것이다.

오래전 거친 목소리를 지녔지만 따뜻한 마음으로 아이들을 태우며 때로는 가슴을 떨면서 넣던 부족한 차비를 눈감아주던 그 버스기사는 이제 노인이 되어 버스운전을 하지 않을 것이다. 빵을 만들던 그 공장의 담벼락에는 이제 오를 만한 자리도 없고 던져줄 빵도 더 이상 만들지 않으며 두 발 달린 수레는 보이지 않았다. 또한 과자를 내려주던 고속도로에는 인근에 지어진 아파트로 인해 높은 방음벽이 설치되었기에 초코바가 강으로 떨어질 일도 없을 것이다.

나는 아직도 그 버스를 얻어 타고 흥겨워하던 아이들의 재잘거림을 기억하고 있고, 식빵에서 피어오르던 향기와 녹아들었던 맛과 손에 들었던 초코바의 감촉을 잊을 수 없다. 희뿌연 담배연기가 허공에 뿌려지지만 그것들이 모두 사라지는 것이 아니라 공기 중에 녹아들어 사라지지 않는 그것들, 추억으로 인해 삶은 더 풍요로워지고 있다. 어린 시절에 얻은 가장 좋은 재산을 꼽으라면 바로 추억인 것이다. 물론 항상 아름답고 고상한 것만은 아니었다.

화장실만 좋은 집

땀의 가치를 알고 추구하며 착하게 살아가려 애쓰지만 모든 환경이 다 우리 편으로 돌아서는 것은 아니며, 모든 풍랑이 우리에게 온화한 것은 아니다. 중학교에 입학하고 얼마 안 있어 넓은 마당을 가진 집의 주인이 바뀌면서 여러 가지 조건들이 변했기에 즉 주인의 요구가 변했기에 부득불 집을 옮겨야 했다. 그나마 버스정류장과 가까워 늦잠을 잘 수 있었기에 나의 불평은 끊이지 않았다. 부모님의 마음은 오죽했으랴마는 철없던 나는 못질을 멈추지 않으며 이삿짐을 꾸렸다.

'굴다리'를 지나면 바로 작은 공장이 있었으며 정문 앞을 지나는 농로를 따라 걷다 보면 같이 운동을 배우던 후배의 가게가 있었고 거기서 곧게 뻗은 아스팔트 끝에 거대한 터를 가진 벽돌공장의 인근에는 전답과 서로 어우러진 단층식 건물이 몇 채 있었으니 우리가 짐을 푼 곳이었다. 얼마 후에 안 일이지만 그 옆에 있는 양계장에는 당시 학교에서 가장 예쁜 도덕선생님이 살고 있었으니 가끔 그곳에 달걀을 사기 위해 찾아가서 기웃거렸지만 등교할 때 단 한 번 본 이후로 마주친 적이 없었다.

처음 본 주인집의 인상은 참 너그러웠지만 그 집에 있던 개는 굉장히 사나워서 이방인이었던 우리가 지나가면 물어버릴 기세로 으르렁거리며 위협했다. 하지만 곧 잠잠해졌다. 사실 주인집의 눈을 피해 내가 좀 기합을 주었던 것이다. 예전에 개를 많이 키운 덕에 나는 사나운 개를 길들이는 것에 남다른 재주가 있었다. 세월이 흘러 청년시절 군생활을 할 때도 계급이 높은 하사 견공이 자기를 훈련하고 보호하는 군견병의 말보다는 나에게 더 복종했던 것도 이런 능력 때문이다.

그렇게 편안하던 집안의 분위기는 그 해 초여름을 지나 가을이 오기도 전에 험악해졌다. 주인아저씨의 약간 벗겨진 머리는 유전적인 것이나 체질의 문제가 아닌 외부의 영향으로 형성된 것 같았다. 추측하건대 아저씨 얼굴에는 자주 멍이 들었던 것으로 보아 머리채도 자주 잡혔을 것이다. 개가 그렇게 사나운 것도 꼭 그의 잘못만은 아니었다. 저보다 더 거친 나를 만나서 복종하게 된 것도 그 집안에서 짧은 생을 살며 익힌 나름의 생존방식이었을 것이다.

주인의, 좀 더 세밀하게 언급한다면 주인아주머니의 횡포는 유치함에서 난폭함으로 이어졌다. 처음에는 화장실에 휴지를 빼내었고, 우리 집의 휴지를 넣어 놓으면 다시 가져가곤 했다. 악한 시어머니가 며느리를 쥐어짜듯이 어머니에게 주인아줌마의 잔소리와 다소 강압적인 요구가 계속 이어졌지만 나처럼 독소를 지니지 않았던 어머니는 그저 묵묵히 그 일을 수행했다.

그럼에도 불구하고 무엇 때문에 심사가 뒤틀렸는지, 어느 날 우리 방으로 달려와 아버지의 멱살을 잡았고, 화가 난 아버지가 그 손길을 뿌리치자 나가라며 악에 받혀서 소리쳤다. 늦여름, 그 한밤중에 우리는 짐을 싸서, 굴다리를 지나서 지난 날 나의 일당에게 '빵빠레'를 주시던 분의 집으로 이사를 갔다. 늦은 더위를 식혀주는 바람이 시원하듯이 우리 마음도 정말 시원한 밤이었다. 어머니는 뜻하지 않던 시집살이가 비로소 끝났음에 그다지 어두운 표정이 아니었지만 아버지의 얼굴은 기억나지 않지만 아마 멱살잡이로 인해 화가 나셨던 것 같다.

우리가 이사 간 집은 경운기를 여러 대 세워 놓았던 옛 집과 지척의 거리에 있었다. '빵빠레'를 주시던 주인아저씨는 작지만 단단한 체구를 가졌고, 높고 멀리 퍼지는 목소리를 가졌기에 가끔은 무섭기도 했지만, 근본은 따뜻한 마음씨를 지닌 분이셨다. 그 옛날 '큰방할머니댁'처럼 그 집에 살던 세 가족은 한 지붕 아래에서 살고 있었다. 그 집의 화장실은 말 그대로 구식이었다. 고개를 들면 문 너머로 누가 다가오는지 알 수 있었기에 노크할 필요도 없었다. 그렇지만 우리에겐 집이었다. 가족이 함께 있었고 서로 의지하고 찾는 가운데 머물 곳은 어디서나 예비되어 있었다. 우리를 떠나온 그 집 화장실은 훨씬 깨끗하고 편했다. 그렇지만 거기에 집은 없었다. 건물이 있었겠지만 과연 그 속에 머무는 이들이 자신들을 부부라고 혹은 가족이라고 부를 수 있었을 것인지 의문이 생겼다. 아무리 거대하고 잘 지은 집도 가족이 없다면 집이 아니라 그냥 건물이다.

세상에서 가장 화려하고 아름다운 집에 살지만 가장 가까운 이들과 다투는 형편이라면 아무것도 없이 뭉쳐서 사는 가족들보다 나은 것은 그저 화장실밖에 없는 것이다. 그나마 먹은 것도 제대로 소화될지도 모르겠다. 행복한 가족이 머무는 공간이 바로 제일 좋은 집이다.

상속받은 유산

　부모님의 넉넉하지 않은 사정을 알았는지 아니면 누구에게 아쉬운 소리를 하기가 불편했는지 용돈이 흔치 않던 시대를 살면서 필요한 것을 얻기 위해 일찍부터 아르바이트를 했다. 그렇다고 요즘처럼 패스트푸드점에서 일하거나 공사현장에 나간 것은 아니었지만 정당하게 땀을 흘려서, 사실 좀 많이 흘린 대가를 받아 누렸다.

　당시의 목욕탕은 지금처럼 기름이나, 가스등을 사용하여 온수를 만드는 것이 아니라 석탄을 넣어 물을 데웠기에 지하에 설치된 커다란 철제아궁이에 석탄을 넣어 불을 지폈다. 나의 임무는 틈틈이 삽으로 석탄을 퍼서 넣어주었으며 노동의 대가로는 과자 한 봉지를 받았다. 과자를 하나 선물하기 위한 주인의 배려였던지 며칠이 지나자 일거리가 없다는 통보를 받았다.

　내가 살던 동네를 시골로 표현하는 이들에게 우리나라에서 가장 먼저 대형마트가 들어섰으며 바로 지척에 유통단지를 가지고 있다는 등의 몇 가지 반박하는 증거를 내놓지만 사실 경부고속도로 아래로 지나는 터널, 우리말로 '굴다리'라는 곳을 지나면 여느 농촌과 다름없는 논밭이 펼쳐져 있었고 오랜 시간을 나와 함께한 일터였다. 초등학교 여름방학 때에 하루는 주인집 아저씨가 소유한 논밭에서 농약 치는 일을 도왔다. 그랬더니 '빵빠레'라는 아이스크림만 하나 사주시는 것이었다. 다음 날에 일하러 가지 않았다. 머리띠는 두르지 않았지만 일종의 파업을 한 것이다.

　그러자 다음 날에 다시 주인아저씨로부터 다시 의뢰가 들어왔고, 하루의 짧은 시간이지만 나의 의지를 보여주었다고 확신하며 경운기를 타고 '굴다리'를 지나 일터로 복귀했다. 그날엔 '빵빠레'와 20원 하던 오락을 하루 종일 할 수 있는 오백 원이 지급되었으니 파격적인 임금상승이었다. 열심히 일하면 어디를 가나 인정을 받으며 그에 대해 아쉬운 사람은 고용주인 것이다. 물론 그런 일자리를 굳이 우리에게 허락해 준 아저씨의 고마운 마음은 여느 고용주와는 다른 의지였다.

어린 시절 돈에 관해서는 부족을 느끼지 못했으니 그것은 지극히 개인적이며 시기에 관련되어 있다. 아무리 부자라도 돈에 대한 집착이 강하거나 큰돈이 필요할 때면 갈급할 것이다. 나는 그랬던 적이 거의 없다. 돈에 대한 걱정은 내게 속한 것이 아니었다. 부모님의 어깨에 놓인 짐이었으니 두 분은 농부였고, 회사원이었다. 좀 더 정확하게 말하자면 아버지는 땅을 소유하지 않은 농부, 즉 다른 사람에게 고용된 일꾼이었으며, 어머니는 섬유공장의 직공이었다. 특별히 돌이 지난 나를 두고 입사한 회사가 '한일합섬'이었고, 당시 대한민국의 경제를 이끌어가던 섬유업계의 대표회사였다. 기혼자라는 핸디캡과 굉장한 경쟁률을 뚫고 입사를 하셨지만 내가 홍역을 치르는 바람에 어머니께서 곧 회사를 그만두셔야 했기에 아쉬움이 많았다고 고백하신다. 공교롭게도 30년 가까운 세월이 지나 그 회사에 내가 입사하게 되었고 지금도 그곳에 몸담고 있으니 조금이라도 아쉬움을 덜어드렸길 바란다.

고용된 농부와 직공의 급여는 그렇게 넉넉할 수가 없다. 월급날에 특별히 먹던 별식은 양념치킨이나 자장면이었다. 어려운 시절에 부모님의 노력으로 우리 삼형제는 무사히 초등학교를 마칠 수 있었다. 부유하지 않다는 것이 부족하다는 것과 같은 말일 수는 없다. 나이에 상관없이, 주어진 자리에 상관없이 땀을 흘린다면 먹을 것이 끊이지 않고, 그렇게 먹는 것이 정말 마음 편한 삶의 양식임을 어려서부터 몸으로 익혔다. 또한 인간관계에 돈이 포함되면 전혀 다른 성격의 관계로 변하기에 주의할 것을 늘 당부하셨고 실천케 했다. 어떤 이들은 태어나면서 금수저를 물고 나왔지만 나는 보이지 않는 땀의 가치, 사람과 돈을 구분해서 대하는 법을 유산으로 받았다.

그 유산은 사용하지 않을 때 아무것도 얻지 못하지만 사용하는 동안 반드시 풍부함과 가치 있는 것들을 평생 떳떳하게 삶의 전반에 걸쳐서 제공하는 특별한 자산이다. 지금 내가 어디선가 밥을 먹고 있다면 그곳의 식구이며 가장 필요한 책임은 한 가지다.

'밥값을 해라!'

불편한 경쟁자

우리나라는 지정학적으로 한반도이면서 인근에는 인구도 엄청 많고 땅덩어리도 큰 중국과 바다로 둘러싸였으며 매번 지진으로 고생하기에 흔히 말하는 사무라이정신을 가지고 열도 밖으로 늘 도전하며 살아가는 일본을 접하고 있다. 이런 상황에서 살아가는 우리나라는 참 많이 치였다. 역사를 보면 수많은 침략과 수탈이 두 나라와 연관되어 있었고, 이제는 경제적으로 풍부한 노동력뿐만 아니라 자원과 기술을 바탕으로 한 중국의 성장과 전쟁 이후에 고도성장을 이룩한 일본과의 격차를 좁히고자 많은 어려움을 겪고 있다. 그런데 꼭 한반도만 그런 것은 아니다. 그런 입장에 있는 사람을 한 가족 안에서도 찾을 수 있다.

'삼형제 중 둘째!'

형은 우월한 체격조건에 초등학교 때부터 여러 운동에 재능이 많았으며 유머감각과 더불어 호감이 가는 외모를 가지고 있었다. 셋째가 가진 장점은 막내 특유의 유들유들함과 분위기를 잘 파악하고 대응하는 능력이 뛰어났으며 사람과의 친화력이 좋다는 것이다. 하지만 둘째인 나는 그저 고집불통이었으며 행동은 많이 하지만 결과물은 탁월하지 않은 아이였다. 거기다 어설픔도 넘치게 가지고 있었다.

그 고집불통이 같은 골목입구에 사는 여자아이를 사모했으나 그녀는 형을 좋아했다. 결국 형제간의 전쟁이 시작되었다. 근데 문제는 동생이 마음속으로만 선전포고를 했기에 형은 그 사실을 모른다는 것이다.

고집불통에다 여자를 이해하는 능력이 부족했으며 배려하는 방법을 습득한 적도 없었기에 늘 먼발치에서 냉가슴만 앓고 있었다. 그러다 용기를 내서 표현해 보았지만 그저 가관이었다.

'고무줄 끊기 혹은 꿀밤 주기'

좋아하는 마음과 형에 대한 질투를 때론 그 여자아이에게 잘못된 방식으로 표현했기에 호된 야단과 질책을 당하기도 했다. 그러던 어느 날 그 여자아이가 형에게 고백을 했다. 그러나 형의 마음을 조금도 움직이지 못했다. 그렇게 짧고도 소득도 없으며, 더군다나 형이 인지하지도 못했기에 그저 접점이 두 개뿐인 이상한 관계는 그녀가 이사를 가면서 끝이 났다.

둘째의 경쟁심이 또다시 발동한 곳은 바로 태권도장이었다. 아버지가 약주를 얼큰하게 하신 뒤 체육관을 찾아가 관장과 나눈 호기 어린 대화 덕분에 삼형제는 일시에 등록을 했다.

동시등록을 통해 할인혜택을 톡톡히 누리면서 깨끗한 흰 띠를 두르고 운동을 시작했다. 분명 출발지는 같았지만 형은 어느새 정상 가까이 가 있었다. 1년이 되기도 전에 관장과 사범으로부터 대회출전 제의를 받았을 정도였지만, 나는 그저 그런 평균 이하의 능력을 보이면서 어떠한 두각도 나타내지 못했다. 고집과 욕심이 합쳐진 승부욕이 나를 지독한 연습벌레로 만들었다.

마치 태릉선수촌에 들어간 국가대표인 것처럼 하루의 절반을 운동에 쏟았다. 모래주머니를 차고 새벽에 학교 운동장에서 연습을 했고, 공장지대를 돌아오는 구보를 시행했다. 불도 없어서 어두우며 겨울이라 운동하는 사람도 없는 학교운동장이나 인적이 드문 공장지대는 공포영화처럼 무엇인가 튀어나올 것 같았기에 나는 힘든 것도 못 느끼고 빨리 뛰었다. 역시 약간의 공포는 사람을 더욱 강하게 만들며, 그 공포를 자꾸만 극복해 나가다 보면 용기 있게 살게 되는 것이다.

결과만 놓고 볼 때 이런 노력에도 실력은 나아지지 않았다. 헛된 시간을 보낸 것으로 여겼지만 훗날 남겨진 것은 후회가 아니라 잘 새겨지지 않는 돌이지만 한 번 새겨진 것은 오래도록 유지된다는 것이다.

　반면에 무리하게 자신의 한계를 넘는 것은 다른 면에서 반드시 손실을 가져온다. 과중한 무게를 달았던 무릎은 결국 정상적으로 자라야 할 시기에 혹사당했고 그 사실을 다 자란 후에 여러 가지 통증과 불의의 사고들을 통해 확인했다. 모든 일들은, 모든 노력과 실수는 그냥 지나가지 않는다. 그것은 우리의 삶에 반드시 어떤 변화를 가져오는 것이다.

　사랑하는 가족이지만 사람이라서 형과 동생, 아버지와 자녀, 그리고 어머니와 자녀는 어느 순간 경쟁의 관계에 있다. 하다못해 먹을 것이 없어 배가 고플 때에 주어지는 밥상에서도 식구로서 치열한 경쟁을 했다. 하지만 그 경쟁에는 한 가지 차이점이 있다. 상대가 없는 일방적인 경쟁이다. 적어도 나는 부모와 형과 그리고 동생을 상대로 일방적인 경쟁을 했다. 그게 바로 어리다는 삶의 태도를 나타내는 것이다. 하지만 그 어린 것은 결국 성장해서 어른이 되어 간다. 아픔을 겪지만 그것이 더욱 어른으로서 경쟁만을 추구하지 않게 만든다.

가족은 상생한다

일방적인 경쟁은 바르셀로나에서 열리던 올림픽에 온 세계가 열광하던 1992년 9월 26일에 끝이 났다. 일생을 바꾸는 커다란 사건은 잊히기 어렵기에 나는 그날을 기억하고 있다.

여느 토요일과 다른 점이 없었다. 나는 체육관에서 승급심사를 마치고 돌아오는 길이었고 고등학생이라 토요일에도 등교했던 형이 이발하러 간다며 자전거를 타고 마당을 벗어나고, 내가 신발을 벗고 방 안으로 들어섬과 동시에 멀리서 가슴을 울리는 소리가 들렸다.

'끼이익~ 쾅!'

화장실에 있던 동생은 옷을 추스르고 먼저 뛰쳐나갔다. 잠시 후 동네 아주머니가 급한 걸음으로 들어와서 경쟁의 종식을 알리는 선포를 했다.

"이 집 아들이 다쳤어요!"

나는 방 앞에 멍하니 서 있었고 어머니는 신발도 신지 않으신 채 그 옛날 숨이 넘어가던 나를 등에 업은 것처럼 정신없이 그렇게 밖으로 달려 나갔다. 하지만 어머니는 청자담배를 드리지도 못한 체, 이제 찢겨져 신을 수 없는 신발 한 짝을 들고 마당으로 들어오셨다. 예전처럼 피가 묻은 발을 닦으실 생각도 없이 그저 한참을 주저앉아 계셨다. 그리고 마당에는 그림자가 가득 찼다. 날이 저물고 사람들은 모였다.

"괜찮아, 괜찮을 거예요."

소식을 기다리는 가족에게 너무나 긴 3시간이 흐르고 해조차 서서히 고개를 돌리며 우리 마음을 전하듯이 그림자가 길어질 무렵에 가해자와 함께 차를 타고 갔던 동생에게 전화가 왔다. 현재 병원에 있으며, 형은 아직 의식이 없지만 큰 고비는 넘겼으며, 한 3일이 지나면 의식을 되찾을 것이라고 의사가 내린 진단을 알려줬다. 부모님은 병원으로 가셨고 나는 집에 홀로 남았다. 하지만 가족이 없는 집은 집이 아닌 것이다. 차라리 병원에 머물렀으면 더 편할 것을 나는 그날 홀로 남은 그 시간이 너무도 외롭고 무서웠다. 그냥 빈 건물에 앉아 있는 나는 세상에서 처음으로 혼자임을 느꼈다.

확실히 우리를 더 잡아놓기 위해서 의사가 의도한 바는 아니겠지만 그의 진단은 틀렸다. 3일이 흘러도 의식은 깨어나지 않았고 며칠이 더 지난 어느 날에 병원에 다녀오신 아버지께서 문턱에 앉으시고 나를 내려다보지 않고 고개를 반대로 돌린 채 말씀하셨다. 태어나서 처음으로 보는 아버지의 눈물이 반대편 목덜미로 흘러내렸다. 할머니가 돌아가셨을 때도 울지 않으시던 아버지께서, 그 지독한 경상도 사나이가 어깨를 들썩였다.

"내일 형에게 가보자."

나는 아무 말을 하지 않고 고개만 끄덕였다.

"그게… 마지막으로 보는 것일 수도 있으니까…."

아버지의 말씀은 멈췄지만 눈물은 끊이지 않았다. 마지막이라는 말이 그런 뜻을 지니고 있다는 것을 너무나 확실히 알게 되었다.

형은 여전히 누워 있었다. 혹시나 하는 마음에 팔을 살짝 만지면 뇌파를 나타내는 계기판에 숫자가 올라가고 그래프가 아래위로 크게 움직였지만 눈을 뜨지는 않았다. 흔들면 금방이라도 깰 것 같은데 일어나지 않았다. 외삼촌과 아버지는 형을 붙잡고 다친 목이 움직이지 않도록 조심스레 이동식 침대로 옮겼다.

병원에서는 이미 포기를 했다. 더 큰 병원으로 가도 소용없을 것이라고 했다. 하지만 포기하는 것은 환자와 의사의 관계에서 쓰이는 말이다. 가족에게, 부모와 자식에게 그런 말은 없다. 그리고 환자를 포기하는 의사도 의사가 아니다. 의사와 환자도 사람이다. 사람이 사람을 포기할 수 없다.

구급차를 타고 영대병원으로 옮겼을 때에는 이미 날이 저물어 있었지만 응급실에 도착하자 의사들의 분주한 움직임 속에서 조금이나마 마음의 밝음을 볼 수 있었다. 병원을 밝히는 것은 불빛이 아니라 제대로 된 의료인들이 환자의 가족이 바라는 것을 조금이라도 알아주는 마음인 것이다.

"머리에 출혈이 있었는데 바로 조치를 취하지 않아서 그 압력으로 신경이 많이 손상되었습니다."

나는 의사의 한 마디 한 마디를 기억하고 있었다. 기억력 때문이 아닌 분노와 억울함으로 기억될 수밖에 없었다. 일주일 가까운 시간 동안 병원에선 아무런 조치를 취하지 않고 그저 기다리기만 했고 그것이 더 큰 상처들을 가져왔다. 방치되었던 것이다.

형을 응급실에 뉘어 놓고 나오기 전에 형의 발을 어루만졌다. 한때는 너무도 빠르고 날렵해서 내게 좌절감을 안겨주던 발이었지만 이제는 그 모습이 너무나 그리웠다. 엄지부터 새끼발가락과 옆 부분과 복사뼈까지 천천히 어루만졌다. 그때였다.

"앗, 아빠! 엄마!"

밖으로 나가시던 부모님께서는 몸을 돌이켜 나를 보셨고 나는 손가락으로 발을 가리키며 말했다.

"발가락이 움직여, 형의 발가락이 움직여!"

그날 병원을 나오기 직전에 우리는 발가락이 움직이는 것을 보았다. 아주 작은 미동처럼, 어머니 몸속에서 꼼지락거리는 태아의 첫 움직임과 같은 그 떨림은 우리에게 다시 한 번 희망을 가질 수 있게 했다. 언제나 희망은 그렇게 작게 시작되지만 그것을 품고 움직이는 사람들에 의해 거대한 힘을 갖게 된다. 가족은 희망이 숨어 있는 밭이다. 서로에 대한 희망으로 한 사람이 되게 하며 그 속에서 자녀들이 잉태되고 또 다른 희망으로 성장한다. 형의 그 작은 떨림은 우리가 가진 것이 무엇인지 알게 했다. 바로 희망이다. 가족에겐 세상에서 볼 수 없는 희망이 있다. 아니 그것은 간절한 바람이다.

상처 입은 보호막이지만 찢기지 않는다

고등학교를 입학을 하고 얼마 안 있어서 놀라운 변화가 있었다. 진실된 의사들의 극진한 치료, 부모의 사랑은 하늘도 감동시키기에 불과 6개월 전에는 연명하기를 포기하라던 소년에게 의식을 되돌려 주었다. 형이 눈을 떴다. 형이 눈을 뜨게 되자 우리 가족의 마음속에는 살아있기만을 바라던 수동적인 희망이 아니라 반드시 걷게 만들겠다는 능동적인 의지가 생겨나기 시작했다.

형이 눈을 뜨고 조금씩 움직이게 되면서 휠체어를 타고 병원 로비를 산책하거나 정문을 나서는 모험을 감행하기도 했다. 식도와 기도가 아직은 제각각 활동하기가 어려웠기에 호스를 통해 식사를 했지만 얼마 후에는 죽도 먹을 수 있게 되었다. 가끔 집에서 죽을 만들어 배달하는 것은 내가 했는데 급한 마음에 책가방 속에 있는 죽을 망각하고 버스에 뛰어올라 타고 언덕을 지나 병원에 와서 보면 뚜껑이 열려 있거나 아예 그릇이 뒤집혀 있어서 절반을 못 먹는 동시에 가방 안에 끈적임을 남기는 사고를 치기도 했다.

6개월이 넘는 기간의 부동자세로 인해 온몸의 근육이 굳어서 급격하게 일어서지는 못했지만 형의 미력하면서도 끊임없이 커지는 감각의 요동만큼 우리의 의지는 차츰차츰 더 크고 단단해져 갔다. 1년이 넘는 시간을 병상에서 보낸 뒤 집으로, 다시 가족이 사는 집으로 돌아왔다.

사고를 당했던 기억으로 인해 부모님은 예전의 소소하게 행복을 찾던 삶의 태도는 찾아보기 힘들었다. 또한 10대 후반에서 20대로 이어지는 형의 청춘을 심하게 훼손하고, 우리 가족에게 가족을 상실할 것 같은 불안과 슬픔의 지독한 고통을 안겨주었던 그 사고의 책임자들은 우리에게 법적인 절차를 밟아 보험금만을 지급하는 것으로 관계를 종결지었다. 아니 원래부터 관계가 없던 사람들이었다. 그 골목과 도로를 보고 싶지 않은 우리는 다시 모여 살아갈 작은 집을 구했고, 형은 그곳에서 새로운 삶을 시작했다. 그리고 많은 장애들과의 싸움도 시작되었다.

병원 밖은 자신이 완전한 정상인이라 맹신하는 사람들이 넘쳐났기에 그런 세상에서 살아가는 형의 고통은 육체에만 머물러 있지 않았다. 지역 공공기관의 도움으로 큰 비용을 들이지 않고 재활훈련을 정기적으로 할 수가 있었으나 그곳을 돌아 나올 때 만나는 내 또래의 중·고등학생들의 무례하고 잔인한 언행은 휠체어에 앉은 형조차 주먹을 흔들게 만들었다. 어쩌다 동부정류장 근처에 있는 한방병원을 갈 때 택시라도 이용할라치면 택시기사는 몸이 불편한 사람과 그를 지탱하느라 벅찬 모자에게 난폭운전으로 자신을 과시했고 감속해 달라는 우리의 부탁은 외면당했다.

아직도 택시를 타면 괜히 불편한 마음을 가지고 있는 것도 그때부터 생긴 자국이 아직 아물지 않아서인가 보다. 세상은 어린 시절 나의 걸음을 옮겨주던 수많은 따뜻한 기사분들과 이렇듯 사람을 짐이나 수단으로 대하는 일부의 사람들로 인해 균형을 이루어간다. 어쩌면 그들 덕분에 따뜻함이 더욱 돋보이는 것이다. 하지만 자신이 행한 일들은 좋은 것이든 나쁜 것이든 결코 그냥 없어지지는 않는다. 그것은 숨을 쉬면 살아가는 모든 이들에게 통하는 원리이다.

콩나물에 물을 주듯이 몇 년에 걸친 정성으로 형의 굳었던 몸은 조금씩 부드러워졌으며 저녁마다 온 가족이 벽에 기대게 한 후 부축하고 일으키는 연습을 멈추지 않게 했다. 그것은 일종의 훈련이었다. 형이 일어서는 연습을 하는 동시에 우리는 그를 보좌하는 연습을 했다. 말 그대로 혼연일체가 되어 일어섰다. 가족은 한 사람이 일어서도 모두가 일어서는 것이며 모두가 일어서는 것도 한 사람이 일어서는 것과 같다.

　그 훈련의 이면을 들여다본다면 그것은 단지 한 사람의 부재와 단절도 붕괴의 치명적인 원인이 될 수 있다는 것을 의미하기도 했다. 가족이 가지고 있는 그 연결을 끊을 수 있는 그 어떤 것도 만나기 힘들다. 적어도 우리가 살아가는 동안에는 만나기 힘들다. 근데 우리는 가끔 그것을 스스로 끊으려 한다. 그래선 안 된다. 그런 일은 살아가는 모든 일들보다 더 큰 고통을 한꺼번에 느끼게 한다. 세상에 아무도 혼자 오지 않았다. 그 속에는 누구나 가족이 있다. 지금까지 숨을 쉬고 있다면 법적이거나 유전적인 것만 있는 것 아니라 수많은 가족들이 있었기에 가능한 것이다. 세상에서 가족이란 결코 소멸될 수 없는 단어이다.

한 올, 그리고 가족

벽에 기댄 채 일어서며 휠체어를 타고 주먹을 흔들던 시간이 어느새 4년이나 흘렀다. 졸업 후 항공우주공학과에 입학했으나 우주에 나가기를 싫어했는지 아니면 더 나은 길을 택하려고 했는지 모르지만 한 학기는커녕 한 달도 다니지 않고, 비 오는 날에 내린 결정으로 철부지에다가 끈기 부족이라는 주변의 눈총을 한 몸에 받으며 재수생활을 시작했다.

주변의 실망도 어느 정도 수습되고 자신에 대한 진로를 모색하느라 정신없이 살다 보니 뜨거운 여름이 성큼 다가오고 있었다. 마침 나의 생일이 얼마 남지 않은 때 잠시 할 일이 생겨서 주섬주섬 가방에 옷가지를 넣고 형과 어머니에게 인사를 한 후 집을 나섰다.

이상하게 그날은 필수품이던 호출기를 충전할 장치를 잊고 나왔다. 성경학교로 열정을 다하는 동안 몸은 녹초가 되었다. 그리고 이전에 호출기는 방전이 된 채 꺼져 있었다. 돌아올 날 아침에 혹시나 하는 마음으로 유선전화기를 통해서 남겨진 메시지를 확인했다. 여러 통의 메시지가 있었다. 나의 귀에 들린 첫 목소리의 주인공은 뜻밖에 고모님이었다.

"니… 형 죽었다. 니! 도대체 어디 있는데? 빨리 집으로 와라!"

아무것도 생각할 수 없었다. 옷을 제대로 입었는지 신경 쓸 여유도 없었다. 곁에 있는 누군가에게 손을 내밀어 택시비를 받아서 길거리로 달려 나가 택시를 잡아탔다. 내 마음의 공황상태를 전혀 모르는 기사는 엉뚱한 방향으로 차를 몰고 있었다. 왜 항상 견디기 힘든 일을 당할 때 사람을 더 당황하게 만드는 일이 생기는지 모르겠다. 그에게 재차 목적지를 이야기 했다.

"아저씨… 유성아파트요!"

다른 발음으로 들었다는 기사의 변명을 귓전으로 흘려보내고 한참을 고개를 숙이고 있었다. 살을 갑자기 크게 베이면 통증을 느끼지 못하듯이 아무런 고통을 느끼지 못했다. 그래서 눈물이 많이 나지도 않았다. 크게 베인 가슴으로 다 새어버린 것 같았다. 그제야 눈물은 눈에서 나는 것이 아니라 가슴에서 만들어져 나오는 것임을 알았다. 차 안으로 요금을 던져 넣은 채 집으로 갔다. 미친 듯이 달려갔다. 아니 나는 미쳤었다. 닥쳐오는 고통이 사람을 미치게 만들었다.

대문을 열고 들어서는데 형이 좋아해서 내가 자주 빌려 준 검은 가죽재킷을 비롯해 태워질 유품들이 종이상자에 담겨 있었다. 거실로 들어서자 바로 몇 발자국 앞이지만 저기 멀리서 보이는 듯, 한 여인이 앉아 있었다. 어머니의 모습이 흐려졌다. 사랑하는 어머니께서 거기 쓰러져 계셨다.

"아! 어머니, 정말 얼마나 홀로 무서우셨을까?"

위로도 없었다. 설명도 없었다. 그리고 서로 인사도 없었다. 어머니를 참 오랜만에 이런 일로 인해 부둥켜안고 있었다. 그저 울었다. 울다가 다시 울다가 부르짖는 중에 눈앞이 깜깜해졌다. 주변에 있던 모든 등불이 꺼졌다.

다시 정신을 차리고 눈을 떴을 때에는 시간이 꽤 흘렀다. 주체할 수 없는 눈물과 일시적으로 의식을 잃는 것은 마음에 쏟아진 충격에서 벗어나기 위해 스스로 행하는 치료방법이었다.

내가 집을 떠나던 그날 오후에 형은 세상을 떠났다. 그리고 3일이 지나서 돌아온 나는 병원 지하실에서 형을 만났다. 그리고 한 줌으로 변했을 때에 나는 양쪽 어깨로 형을 안았다. 휠체어 없이 혹은 누군가의 도움이 없이는 단 한 발자국도 움직일 수 없었지만 자유롭게 흐르는 강물에 형이 남긴 한 줌을 배웅한 후에 집으로 돌아왔다.

가족이 떠나간 그 건물에 나는 다시 돌아와 누워만 있었다. 건물 안에 어느 누구도 일어나서 움직이지 않았다. 마치 몸이 굳은 형이 오랫동안 그랬던 것처럼 모두들 일어설 수가 없었다. 온 가족이 뭉쳐서 어깨로 일으키던 형이 떠난 후에 모두에게 주어진 빈 어깨가 한없이 무거웠다. 일어설 수가 없었다. 아니 이제는 일어나야 할 이유가 없었다. 그냥 그대로 누운 채 눈이 감기고 그대로 눈이 떠지지 않았으면 하는 바람이었다. 죽기를 바랐다.

혼연일체라는 것은 서로 연결되어 있는 정도가 육체를 넘어 영혼까지 이르는 것이다. 즉, 한 사람의 고통이 전해지는 것뿐만 아니라 그 사람의 삶과 죽음의 모든 것이 연결된 존재들에게 영향을 끼치는 것이다. 혼연일체였던 우리 중에서 한 사람, 형이 먼저 떠났다. 그 연결고리가 끊어졌다. 더 이상 존재할 이유가 없었다.

눈앞에서 사랑하는 자식을 먼저 보낸 후에 가장 큰 충격에 휩싸였던 어머니께서 먼저 자리를 털고 일어나셨다. 그리고 말할 수 없는 고통을 그저 가슴에만 담고 표현조차 못하시는 아버지께서는 일터로 나가셨으며 나와 동생이 그 이후에 일어나 어머니께서 차려주시는 밥상을 받았다.

그날에 먹는 밥은, 입으로 우겨 넣으면서 삼킨 그 밥에는 눈물이 있어 걸리지 않았다. 가슴으로 새어버렸던 눈물들이 다시 흐르기 시작했다. 슬픔으로 고통스러운 눈물이 아니었다. 살아야 한다는 목적을 키우기 위해 뿌려지는 희망이었다. 내가 지던 한 사람이 먼저 떠났다고 모든 가족이 끝이 난 것은 아니다. 가족은 잃거나 얻는 것이 아니다.

스웨터에서 한 올의 실이 풀려가듯이 잠시 흩어지지만 언젠가는 다시 얽혀서 살아갈 날이 오는 것이다. 그 실은 세상의 어떤 연결보다 강하며 결코 끊어지지 않는 것이다. 또한 서로 부대낄 때 너무나 부드러운 것이다. 그리고 또 하나의 실이 얽혀서 더욱 아름다운 관계를 만들어 간다.

톱니바퀴

필리핀에서 보낸 시간 속에서 많이 가까워졌으며 함께 자취생활을 했던 준영이에게 한 사람을 소개받았다. 연락처를 받아서 통화했을 당시 그녀의 목소리는 상당히 매끄럽지 않게 느껴졌다. 겨울 저녁이었고 목을 많이 사용하는 일을 하기에 잠겨 있었기 때문이다. 하지만 그 속에서 차분함과 솔직함은 느낄 수 있었으며 그 통화가 처음이라는 것도 잊은 채 오랫동안 이야기를 나눴다.

며칠 후 그녀를 만났다. 기대하는 마음과 궁금함으로 지하철 2호선 신촌역 3번 출구에서 기다리고 있는 중에 누군가 고개를 가까이하면서 묻는다.

"저, 혹시 권용기 씨 아니세요?"

너무나 아름다운 사람이었기에 나는 잠시 말을 잃었다. 정신을 빠르게 수습한 후 그녀가 눈치 채지 못하게 말을 이어갔지만 이미 난 그녀를 마음에서 떨칠 수 없었다.

"네! 맞아요. 안녕하세요, 만나서 반갑습니다."

하마터면 손이라도 맞잡을 뻔했다. 우리의 대화는 아주 간결하게 이어갔다. 짧게나마 서로의 근황을 물은 후 그녀는 나와의 대화 속에서 내가 스스로 질문하고 답하게 만들었다.

'꿈이 무엇인가?'

나는 어떤 꿈을 꾸고 있으며 어떤 사람이 되기 위해 살아가고 있으며 어떻게 살아왔는지 눈 속에 진심을 담아 보여주었다. 대화는 말을 나누는 것이지만 담겨 있는 의미는 마음을 통해 보여주는 것이다.

'세 번 정도는 만나야 사람을 안다.'

그런 통상적인 규칙을 깨고 그날 그 자리에서 나를 더욱 많이 알아가기로 결정했고 인생을 함께할 사람을 마음에 품었노라고 아내는 그렇게 소회했다.

사람은 분명히 한눈에 반할 수 있겠지만 그 순간까지 누구나 많은 준비가 필요하다. 마음으로 바라는 인생을 생각하고 살아갈 때 그렇게 준비된 사람을 만나는 것이다. 사실 이상형은 준비된 사람에게 허락되는 필연인 것이다. 어떤 삶을 살아갈 것인지 결정하고 그렇게 나아가는 사람에게 함께 동반할 수 있는 사람만 보이고 만나게 되는 것이다.

물론 그런 만남은 결혼으로 이어지지만 그것으로 끝은 아니다. 다리 밑에서 직접 주워 온 아이도 어머니와 살아가면서 수없이 갈등에 부딪히듯이 함께할 최고의 동반자를 만나도 분명히 갈등은 생긴다. 만약 갈등이 없다고 한다면 서로에게 닮아갈 마음이 전혀 없거나 모두에게 거짓말을 하고 있는 것이다.

만난 지 1년이 지나서 결혼을 했지만 옆 동네에 사는 그녀를 매일 찾아갔기에 일주일에 한 번 만나는 연인으로 치면 7년을 연애한 것이다. 하지만 그렇게 농축된 교제 속에서도 부드럽게 이어지지 않는 삐걱거림이 있었다.

'언제쯤 그 톱니바퀴의 소음이 사라질까?'

결혼생활은 힘들다. 왜냐하면 환상이 깨어지기 때문이다. 배우자에 대한 환상이 아니다. 바로 나 자신, 즉 완벽하게 모든 것을 이해하고 받아줄 대인배로 생각됐던 그 환상들이 깨어져 차이 속에서 어려워하는 자신을 보게 된다. 만약 차이에서 느끼는 갈등만을 생각한다면 그 소음은 평생에 걸쳐서 우리의 삶 속에 끊임없이 이어질 것이다. 그것들은 상당히 신경에 거슬리고 때때로 고통스러울 것이다. 그러면 결국 어려움을 자초하는 것으로 생각할 것이다.

톱니바퀴의 차이를 배움의 기회로 삼아 매 순간이 새로운 지혜를 터득하는 것으로 여기며 살아간다면 만남은 달라질 것이다. 그 속에서 나의 변화, 아니

진화를 경험할 것이다. 물론 그 모든 과정이 매우 즐겁기만 한 것은 아니다. 1년 동안 매일 만났지만 30년간 매일 내가 해 오던 것들이 있다. 그 습관이나 태도를 바꾸려면 마치 태권도장에서 다리를 찢는 것과 같을 때가 있다. 하지만 어느 순간에 유연해지는 것은 확실하다. 그리고 사랑하는 사람이 나를 극심한 고통에 있도록 버려두지도 않을 것이다. 그도 변할 것이다.

내가 만난 아내는 현명하다. 내가 모르는 것을 알고 내가 못하는 것을 잘해낸다. 나는 매일 그녀를 통해 배우고 변화한다. 소리만 잘 지르던 내게 한 호흡씩 참고 행동함으로써 실수를 줄이도록 하고 있다. 조금씩 나아지고 있다. 아내가 싫어하는 일을 하지 않으니 내게도 유익하다.

그녀와의 만남으로 부모의 경계는 더욱 넓어졌지만 나의 부모님께 오히려 오랜 시간 떠나 있던 자식이 부모에게 선사한 그 모든 부족과 아쉬움을 채워가듯 아내는 오늘도 얼굴에 웃음꽃이 피게 만들고 있다. 나 또한 또 다른 부모님들을 통해 더 많은 사랑과 섬길 수 있는 기회를 누리고 있다.

조금 삐걱거리지만 모인 두 개의 톱니바퀴가 움직이니 그 옆에 연결되어 있던 톱니들도 함께 움직이기 시작한다. 아주 멀리 떨어져 결코 만날 일이 없었던 그 하나의 바퀴들이 어느덧 한 몸이 되어 더욱 힘차게 돌아가고 있다. 괘종시계의 시침이 움직이며 분침이 움직인다. 흘러가는 시간이 너무나 행복하다.

그물에 걸린 놀라움

아이를 안고 있던 아내가 연방 감탄사를 쏟아내고 있었다.

"신기하네. 참 신기하네!"

그러면 나는 바로 말을 받아서 대답하듯 되묻는다.

"나하고 당신하고 반반씩 섞여서 생겨난 것이 신기하다는 거지?"

눈치가 빠른 나의 대답에 아내는 크게 몇 번의 웃음을 토한 후에 다시 말을 이어간다.

"요기 발가락하고 뒤에 머리가 삐죽이는 것은 나를 닮았고, 이마는 아빠를 닮았네."

어느 겨울, 목요일을 넘어 금요일로 접어든 한밤중에 전날의 야근으로 곤히 잠들어 있던 나를 아내가 흔들어 깨웠다. 눈을 뜨니 형광불빛이 확 스며들었다. 반사적으로 얼굴을 찌푸렸다.

"나… 애기가 나올 것 같아."

거의 반쯤 잠겨 있던 눈이 순간 확 떠지면서 마음이 바빠지기 시작했다. 일단 눈에 보이는 대로 옷을 찾다가 역시 입기 편한 트레이닝복으로 대충 주워 입었다.

"그래? 그럼 얼른 병원 가자."

가진통이라는 것이 있으며 특히 초산인 경우 걱정이 되어 일찍 병원으로 갔다가 되돌아오는 이들이 많이 있었지만 아내는 진통이 주기적이며 간극이 빨라졌기에 의심할 여지도 없이 때가 이른 것이었다.

겨울이 이제 막 시작되었기에 집을 나서자마자 칼날 같은 바람이 살을 파고들었다. 자가용이 없다는 것이 너무나 아쉬웠고 택시가 많이 다니지 않는 주택가라서 걱정스러운 마음으로 도로가에 이르니 우리를 돕는 손길처럼 금방 택시가 다가왔다. 운전기사의 배려로 조심스럽지만 신속하게 병원으로 향했다. 병원 맞은편 횡단보도에 내리자 아직 기지개를 켜지 않은 스산한 시장이 눈앞에 펼쳐져 있었다. 병원이 밝은 길 가에 있어서 다행이었다. 조금씩 걱정이 물러가기 시작했다.

제법 규모가 있는 병원이었기에 야간분만에 대한 준비가 잘되어 있었다. 당직을 서는 간호사로부터 여러 물품을 전달받고, 대기병실에 자리를 잡고서 아내를 누이니 저 멀리서 오늘 분만을 책임질 의사가 잠을 이기려는 몸짓으로 나타났다. 30년이 넘어서 다시 짱가를 만나게 되었다.

초보아빠가 침대 곁을 지키는 것은 정말 어려웠다. 아내의 손을 꽉 잡을 뿐이었다. 진통으로 힘들어하던 아내는 잠시 후에 분만실로 들어갔으며 밖에서 기다리던 나는 손을 모으고 기도했다. 뉴스앵커의 아침인사가 흘러나오더니 분만실 문이 열리고 기쁨이 나를 초대했다.

'6시 15분에 만난 2.68kg의 가볍지만 거대한 가치!'

엄마를 많이 닮았으면 했는데 일단 성격이 아빠를 닮아서인지 예정된 날짜보다 열흘이나 빨리 나왔다. 달리 생각하면 좀 더 작을 때에 나와서 엄마를 덜 힘들게 하려는 생각을 배 속에서부터 했을지도 모른다. 물론 늦게 나왔더라도 분유 값을 좀 더 아껴주려는 의도가 있다고 판단했을 것이다. 아기는 아빠가 모든 것을 긍정적으로 받아들이게 만든다. 아이가 세상에 나왔지만 정작 새 생명을 얻은 것은 우리였다.

부모는 아이와 함께 인생을 산다. 보이는 모든 것에 신기함을 표현하는 아이를 통해 우리는 일상이라는 것이 놀라운 기쁨임을 체험한다. 우리가 잊고 살았던 많은 것들, 실상은 주변에 늘 있었지만 무관심에 구석으로 몰렸던 것들, 염려와 헛된 수고들로 인해 가려진 가치들을 다시 찾을 수 있는 기회를 부여한다.

잠시라도 아프면 부모의 마음은 불안하고 아픔이 전이되는 것을 경험한다. 그래서 건강하다는 것만으로 일단 감사하게 된다. 특별히 우리 딸은 아주 건강하다. 물론 벌써 체력적인 능력을 논하기는 이르지만 새벽에만 잠을 자고 그 이외에는 깨어서 자신의 존재감을 나타내는 것을 보고 혀를 내둘렀다. 오히려 아빠로서 살아가는 나에게 또 다른 별명이 주어졌다.

'좀비'

한 여름의 나무그늘 같은 퀭한 눈으로 가끔 책상 앞에서 모니터를 향해 꾸벅 인사를 하기도 한다. 저녁이면 만사를 제쳐 놓고서 집으로 달려가고 싶었고 늘상 하던 야근에 괜히 불평하는 일도 많아졌다. 아기가 밤늦게까지 잠이 들지 못하고 뒤척일 때에 특별히 할 수 있는 것이 없으니 그저 눈을 뜨고 지켜볼 뿐이다. 나는 오직 아빠라는 명찰만을 달고 있다. 할 줄 아는 것 없지만 그래도 즐겁다.

드러나지 않는 아빠와는 다르게 엄마는 아이를 위해 더욱 강해지고 현명해진다. 엄마는 아이가 세상에 나올 수 있는 최초의 출구가 되어 주었으며 마지막까지 비바람을 막아주는 든든한 벽이 되어 준다. 아무리 피곤한 몸으로 집에 돌아온다고 해도 문을 열면서 웃는다.

난 거창하게 세상을 꿈꾸는 남자들에게나 세상을 정복할 만한 능력을 가지고 싶은 이에게 특별히 할 말은 없다. 그저 아빠들에게 말하고 싶은 것은 세상에서 이루고 성취해서 얻고자 하는 그것을 이미 가지고 있다는 것이다. 당신이 품은 아이 안에 있다는 것이다.

한 여자의 남편이 되어서 누군가에게 아내로서, 며느리로서 어떻게 살아야 할 것을 말하는 것은 무지와 교만의 표현일 뿐이다. 다만 엄마로서 자녀가 행복하길 바란다면 한 가지만 기억해 주기를 바란다. 먼저 자신이 행복해져야 한다. 세상의 모든 것을 걸고 이룬 가정 안에서 행복을 누려나갔으면 좋겠다. 나의 아내가 그렇게 사는 것도 내 삶의 중요한 목표이며 사명이다.

한 올 그리고 한 올이 만나서 이룬 그 그물에 놀라움과 행복이 걸리게
되었다. 그 실오라기들은 더욱 튼튼해져서 그 놀라움과 행복을 지켜나가려 할
것이다.

만남과 만듦

어린 시절에 좋아하던 일 중에 하나는 종이상자를 넓게 편 후 이리저리 접고 연결해서 몸을 겨우 뉘일 수 있는 공간, '아지트'를 만드는 것이었다. 어쩌면 옅어지는 태아의 본능을 되살리기 위한 시도였을지도 모른다. 그 얼기설기로 만들어진 공간은 참으로 나약해보였지만 비바람을 막기에는 충분했고, 어머니의 배 속처럼 너무나 아늑한 느낌을 주었다.

사람이 태어나자마자 맺는 관계가 바로 가족이며 그 속에서 바로 사회생활을 시작한다. 다시 말하면 가족이 바로 사회의 가장 기초적인 것이다. 기초라는 말에는 너무나 큰 의미가 담겨 있다. 기초가 없음은 그 위에 아무것도 형성할 수 없음을 의미하며 그것이 흔들릴 때에 또한 모든 것이 흔들린다는 의미도 내포하고 있다.

목 하나도 제대로 가누지 못하던 가느다란 삶에서 보호받고 자라면서 때로는 비바람에 적시는 것이 허락되는 동안 좀 더 튼튼한 존재가 되어 간다. 꼭 개인에게 해당하는 것이 아니다. 아주 연약한 가족도 그런 과정을 통해서 세상에서 더없이 단단한 관계로 만들어진다. 처음에는 서로 남남에서 시작하는 것이다.

가족에게는 만남과 만듦이 공존한다. 씨실과 날실이 고운 옷감을 만들어 가듯이 서로가 서로에게 엮여가면서 풀을 먹이듯이 눈물을 함께 흘리다 보면 더욱 견고한 존재를 이루어간다. 물론 실이 끊어질 때도 있다. 하지만 또 다른 씨실과 날실들을 통해서 그 공간을 채우고 넓혀간다. 낡거나 조금은 부족한 베틀 위에 놓였으며 서툰 아낙의 솜씨로 인해 흠이 많고 곳곳에 끊어진 자국이 많은 천이 짜여도 상관없다. 그저 온 가족이 덮을 수 있는 이불이 되기에 충분히 넓기만 하면 되는 것이다. 가족이란 각자가 잘 입기 위해 모인 것이 아니라 서로 덮어주며 살기 위해 이 땅에서 모이고 만들어진 사람들인 것이다.

Chapter 2

비가 오는
날에 벽을
세우다

세상에 의미 없는 길은 없다

지긋한 나이를 가진 남방 차림의 아저씨와 초췌하다 못해 창백한 얼굴의 아주머니 한 분, 그리고 까까머리의 아이가 서 있는 복도 한 켠은 어두웠다. 틈틈이 들리는 아저씨의 한숨과 아주머니의 흐느낌은 흐린 날씨로 어두운 복도를 더욱 무겁게 만들었다.

"뭐… 자기가 그렇게 하겠다니 저도 막을 수는 없습니다."

"선생님요, 그래도 야는 공부를 해야 합니다."

"공고를 간다고 공부 못하는 거 아닙니다. 마음만 먹으면 대학도 갑니다. 그리고 뭐 일찍 취직하는 것도 괜찮을 것 같습니다."

"엄마, 내 그냥 그 학교 갈 테니까 너무 걱정하지 마라. 공부해서 대학 가면 된다."

그 아이의 마지막 말이 진학상담의 결론이 되었다. 나는 인문계 진학을 포기했다. 담임도 그렇게 말리지 않았다. 포기하고 말리지 않은 것이 아니라 조금 특별한 길을 택한 것이다.

아버지나 할아버지 시절에 기술계 학교에 들어가려면 내가 입학하던 시절보다 성적이 훨씬 뛰어나야 했다. 물론 당시 학구열은 일반계 고등학교 못지않게 뜨거웠으니 아무런 자원이 없는 나라에서 가난을 벗어나기 위해 상공업에 주력했었기 때문이다. 하지만 내가 학교에 들어갈 때는 조금 다른 사회적 분위기가 있었다. 그리고 그것은 아직도 우리나라에 남아 있어 아이들의 진로 선택을 어렵게 하는 것은 물론 미래를 어둡게 하고 있다.

내 꿈은 좀 더 안전한 자동차를 만드는 것이었다. 어린 기억 속에는 형에 대한 아쉬움이 가득 찼었다. 걷는 사람을 좀 더 안전하게 해줄 수 있는 차를 연구하고 싶었지만 눈앞에 주어진 환경은 나의 선택이 잘못되었음을 확실히 말해주고 있었다. 자동차를 만드는 것과 고치는 것은 엄연히 다르지만 안전을 좌우하는 것은 같다. 단지 기름을 손에 얼마나 묻히는가가 다를 뿐이다.

"대학을 가려면 처음부터 인문계를 가야지 취업을 우선으로 하는 실업계로 왜 왔냐?"

드넓은 도서관에서 혼자 공부하는 나를 기이하게 여기는 몇몇 아이들이 관심을 가지고 던지는 질문에 나는 잠시도 주저하지 않았다. 꿈은 오랜 생각을 통해 이루어지기에 언제나 간결하다.

"네 말이 맞다. 근데 난 적어도 자동차가 어떤지 일찍부터 알고 가려고 왔고 성적만 따지자면 나보다 공부 못하던 애들이 인문계 가서 대학을 가는데 여기라고 못 갈 이유도 없다."

환경의 강요를 따라 때로는 사실조차 왜곡될 때가 있다. 많은 사람들의 재능과 실력이 그런 왜곡으로 인해 자라지 못한다. 누군가 사실을 믿고 살아갈 때 변화는 반드시 일어난다. 어느새 취업이 아닌 진학을 목적으로 하는 아이들이 모여 도서관에서 불을 밝히기 시작했지만 도서관에서 공부에 집중할 수 있을 만큼 환경이 따뜻하지 않았고 주변의 유혹을 뿌리칠 만큼 사춘기 소년들의 의지가 강하지도 못했다.

고민 끝에 부모님의 허락을 받고 가출을 했다. 간단한 취사도구와 갈아입을 옷가지를 챙기고 수업에 필요한 모든 교재와 몸을 고시원에 밀어 넣었다. 이것이 10여 년이 넘게 이어진 고시원 생활의 시작이었다. 무한의 자유는 극단적으로 보자면 두 가지 양상을 가져올 수 있다. 절제와 방종의 얼굴을 언제든 가지게 만들었다. 그래도 다행히 절제의 얼굴을 많이 가졌다.

한 평도 안 되는 좁은 공간에서 주변의 강요도 없이 새벽에 일어났으며 정해진 시간에 잠이 들었다. 자유라는 권리 속에서 공동체를 망가뜨리지 않는 책임을 다했다. 또한 그 속에서 일어나는 다양한 상황 속에서 벌어지는 갈등과 화해를 통해 사람과 더불어 사는 법을 배워갈 수 있었다.

2학년이 끝날 즈음 국내 대기업이 자동차산업에 대한 진출의사를 표하고 실행하자 그 분야에 특화된 우리 과에서 많은 학생들이 조기에 취업이 되었고 우리의 절반도 그 길을 택하게 되어 자연스레 우리의 공동체생활도 정리되었다.

처음 꿈을 꾸고 그것을 이루기 위한 첫 발을 내디뎠지만 때론 잘못 들인 느낌이 들기도 한다. 물론 그것이 가장 최단거리가 아니기에 똑같이 시작한 비슷한 사람들이 나보다 약간 더 높은 등선을 오르는 것을 보고 실망감이나 후회가 들기도 했다.

꿈을 최대한 빨리 해치우기 위해 살아가면 그 꿈은 그에게 있어 즐거움이 아니라 의무감을 느끼게 만들 뿐이다. 그것은 영원히 짐짝인 것이다. 꿈을 정한 사람은 단지 어떤 산을 오를지 정한 사람이며 그 길을 계속 가면 언젠가는 정상에 오르게 된다. 절벽을 치고 오르며 가장 잘 닦인 길을 가서 빨리 정상에 오르는 것은 그다지 의미가 없다. 산에 올라서 즐거울 게 아니라 오르는 것 자체에 즐거움을 느껴야 하며 그게 꿈이 삶에서 주는 진짜 선물이다.

꿈은 그 완성 시점이 아니라 이루기 위해 내딛는 그 시점부터 제공되는 즐거움을 찾을 수 있는 것이다. 꿈을 꾸고 살아가는 사람에게 최단거리는 의미가 없다. 그렇게 빨리 도착해서 좋을 것도 없다.

'자! 이제 정상이다.'

그렇게 끝날 것이 아니라 꿈은 그 꾸는 크기만큼 둘레를 가지고 있기에 산자락을 걷듯이 끊임없이 그 주변을 돌면서 즐기며 걷는 것이다. 때로는 걸음을 멈추더라도 다시 걸어야 한다. 정상이 우리가 오기를 기다리고 있으며 그 정상을 만났다면 눈을 들어 그 옆의 정상을 바라보고 즐겁게 내려가면 되는 것이다.

열심히 달려라, 대신 목적지를 알고 있어야 한다

'따르릉~'

'쿵!'

새벽 세 시에 비상사이렌이 울리거나 지진이 일어난 것이 아니다. 알람시계의 외침에 놀라 일어나다가 머리가 천장에 부딪혀서 울리는 소리이며 순간 어두운 방 안에 별들이 반짝인다.

고등학교를 졸업하고 자취를 할 목적으로 학교 근처에 얻은 책상과 그 위에 2층 침대를 얹은 방으로 온 지 일주일이 넘었지만 깰 때마다 알람소리와 머리가 부딪히는 소리는 연달아 들리고 있었다.

새벽에 움직이던 습관에 따라 생활비도 벌고 운동도 할 겸 새벽신문을 돌리고자 했다. 지난 이틀 동안 전임자가 운전하는 오토바이 뒤에 앉아서 신문을 배달할 곳과 주변 지리를 익혔다. 낮에도 틈틈이 오토바이를 타고서 지리를 익혔더니 운전도 익숙했고 지역도 어느 정도 눈에 들어왔다. 처녀비행을 하는 날임에도 자신에 찬 얼굴로 스스로에게 외쳤다.

'오늘은 드디어 홀로서기를 하는 날이다!'

보급소에 들어서자 사람들이 바쁘게 움직이고 있었다. 신문은 그 배부량보다 지면과 첨부되는 광고지를 통해 더 많은 수입을 올리는 것 같았다. 사람들은 양쪽에 신문지와 광고지를 쌓아 놓은 다음에 신문더미의 입을 벌려서 광고지를 하나씩 입에 물려준다. 그 속도가 그의 경력과 실력을 말해준다. 옆에서 열심히 돕고 있지만 그저 거드는 것에 불과했다. 경력은 괜히 있는 것이 아니다.

‘쿵!’

내 머리가 천장에 부딪히는 소리가 아니었다. 하늘에 잠시 밝히는 빛이 나고 바로 땅을 울리는 천둥소리가 들렸다. 갑자기 방해꾼들이 들이닥치기 시작한 것이다. 하필이면 그날에 장대비가 쏟아졌다. 3월의 봄비는 은근히 찾아오던 가뭄을 멀리 내쫓아 주었지만 홀로서기를 하는 나에게 높은 파도를 일으키며 비행사를 두렵게 만드는 폭풍우나 마찬가지였다.

드디어 그 폭풍우 속에서 비행을 시작했다. 낮과 아직 동이 트지 않은 지역을 새벽에 보는 것은 눈에 들어오는 것 자체가 달랐다. 똑같은 길이었지만 어둠과 빗줄기는 나를 순식간에 혼란으로 몰아넣었다. 제대로 하고 있는지 생각할 겨를도 없이 운전을 하고 신문을 던져 넣었다.

비행을 시작한 지 얼마 되지 않아서 편의점 불빛 앞에서 우회하다가 추락하고 말았다. 신문은 바닥에 뿌려졌고, 그 흩어진 신문들을 보니 나의 자신감도 흩어졌다. 당황되지도 않았고 다시 오토바이를 일으키려는 의욕도 생기지 않았다. 빗줄기 속에서 허탈하게 웃으며 손을 놓고 있었다.

‘내가 왜 여기에 있는 것일까? 안 되겠다. 돌아가야겠다.’

이성적으로 생각할 겨를도 없이 급하게 오토바이를 세운 후에 보급소를 향해 달려가 비닐에 싸여 그나마 덜 젖은 신문들을 되돌려 주었지만 보급소장의 한탄 섞인 호통은 나의 눈시울을 흠뻑 젖게 만들었다.

“이런 형편없는 놈!”

“그렇게 끈기가 없어서 도대체 뭘 할 수 있겠나?”

“이 정도에 포기하다니 참 어이가 없다.”

“됐다. 그만 여기서 없어져라.”

소크라테스의 강의를 듣지 않고도 나 자신에 대한 실체를 조금 더 알고서 원룸으로 돌아왔지만 2층 침대에 눕지 않았다. 자신을 알다 못해 자존감마저 사라져 버린 처지에 더 머뭇거리면 아무것도 시도하지 못할 것 같았다. 짐을 정리한 후 집주인에게 양해를 구하고 보증금을 되돌려 받자마자 대구로 가는 버스에 몸을 실었다.

금전적으로 또 다른 수업료를 지불했다. 자퇴할 경우 되돌려 받아야 할 수업료를 단 한 푼도 돌려받지 못했다. 무지와 경솔함의 대가를 톡톡히 치렀다. 비싼 공대 등록금을 길에 뿌린 덕분에 당분간 부모님께서 잠시 눈치를 주셨지만 지극한 자식사랑은 모든 것을 사면해 주었다.

그렇게 다시 공부했지만 그 해에 여러 가지 일들로 인해, 나는 결코 나은 성적을 얻지는 못했다. 대신 또 다른 곳에서 삶을 시작할 수 있는 기회를 얻었다.

누군가 꿈을 꾼다면 절대 포기하지 말라고 한다. 자기가 하던 일을 멈추는 것을 포기하는 것으로 여긴다. 난 그게 다른 의미를 지니고 있다고 생각한다. 누구나 꿈이 있으며 그 꿈을 이루는 것에는 다양한 길이 있기에 길을 가다가 너무 힘이 들면 잠시 멈추는 것도 괜찮다.

잠시 방향을 돌려서 다른 길을 가는 것도 나쁘지 않다. 그건 포기하는 것이 아니라 전환하는 것이다. 돌아가는 길이 시간을 버리는 것 같고 때로는 일시적으로 패배감을 느끼거나 누군가 그렇게 느끼도록 강요할지도 모르지만 그저 한 가지 질문에 답할 수만 있다면 아무런 의미 없이 전진만 하는 것보다 나은 삶을 사는 것이다.

'당신은 지금 어디를 향해 가고 있나?'

삶에 가장 필요한 친구를 만나다

바람이 차다. 뼈 속에서부터 일시적인 통증이 또 시작되었다. 겨울만 되면 뼈가 아프다. 그렇지만 나는 여전히 운동장에서 뛰는 것을 멈추지 않는다. 아직은 달릴 수 있다.

무릎에 이상이 생긴 것은, 더 정확히 말해 무릎 부상을 당한 것은 스무 살, 입대를 3개월 앞둔 시기였다. 그날도 평소처럼 친구들과 어울려서 농구를 하던 중에 점프를 했지만 두 다리가 땅에 닿지 않았다.

'투둑!'

뭔가 끊어지는 느낌이 들면서 그대로 떨어졌고, 무릎이 굽혀지지 않았다. 다음 날 수업을 위해 서울로 가는 기차에 올랐다. 평상시 같으면 차비를 아끼려 자정쯤에 통일호를 타고 새벽녘 서울에 간 뒤에 지하철이 다니는 시간까지 기다리거나 노숙자에게 얻은 지혜를 활용하여 종이상자와 신문지로 쪽잠을 자기도 하겠지만 그날만큼은 조금 사치를 부려서 무궁화호에 몸을 싣고 바로 잠을 청했다.

고통으로부터 도피는 대전역에서 잠이 깨면서 끝났다. 응급처치도 하지 않았기에 무릎은 심하게 부어 있었고, 통증이 갈수록 심해졌다. 대구와 서울의 가운데에 서서 돌아갈 수도 없고, 2시간의 고통을 참기엔 너무나 힘든 시간이었다. 돌아갈지 아니면 더 나아가야 할지 고민했다. 그 고민은 3개월이 지난 어느 날에도 데자뷔처럼 이어졌다.

포항 오천읍, 다섯 개의 하늘이라는 이름이 말해주듯이 날씨를 예측할 수 없었다. 훈련소의 입구를 통과한 다음 날 첫눈이 쌓인 것을 보았다. 속세라면 낭만을 즐기고, 동심으로 돌아갈 기회를 얻겠지만, 우리에겐 규칙 속에서 살아가야 하는 의무만 있을 뿐이었다. 특히 군인들에게 눈은 정말 귀찮은 존재다.

수요일에 속세를 떠나 자원입대했지만 금요일 저녁엔 하산할 수 있는 기회가 주어졌다. 신체적인 문제가 있든지 아니면 마음이 모든 것을 받아들일 준비가 되지 않았다면 다소간의 불편한 마음, 자존심 상하는 것을 감당할 수만 있다면 수요일에 통과했던 문으로 다시 나갈 수가 있었다.

입대 직전 의사로부터 '연골연화증'이라는 생소한 진단을 받았고, 입대를 연기하거나 포기할 것을 권유받았다. 입소 후 기본적인 검사를 할 때 무릎에 물이 차서 굽히는 것이 꽤나 뻑뻑했지만 내색하지 않았다. 무릎을 다친 그날 저녁, 대전역을 지나던 무궁화열차 안에서 고민했던 것처럼 끝내 손을 들지 않았다.

왜 해병대를, 더군다나 불편한 몸으로 택하게 됐는지에 대한 많은 사람들의 질문에 가감 없이 대답을 하자면 친지들에게 용돈을 받아서 썼는데, 돌아가면 꽤나 부끄러울 것 같았기 때문이다. 명절에 친지들을 대한다면 안 그래도 낯이 얇은 내가 얼마나 난감할지 생각했다. 또한 어깨를 으쓱하며 걷는 걸음걸이나 나름의 이미지 덕분에 해병대 입대를 당연하게 여기는 친구들을 대할 면목도 없었다. 그렇다고 장기간 휴학을 할 수도 없었다.

이미 결정에 대한 혜택을 다 누렸으므로 그 길을 포기할 수 없었다. 만약 그때 손을 들었다면 이젠 포기하는 것에 너무나 익숙한 삶을 살 것 같았다. 그날은 뼛속 깊은 통증으로 후회할 날이 아니라 자신을 변화시킬 수 있는 기회를 얻은 날이었다.

궁하면 통하며 특별히 내겐 어디를 가든지 사람을 만나는 복이 유달리 많았다. 내무반 침상에 누웠을 때에 좌편은 물리치료를 전공하는 해군 대령의 아들이고, 우편에는 정확히 기억나지 않지만 해병장성의 손자가 있었으며,

건너자리에는 차기사단장의 아들이 있었다. 좌편의 착한 녀석은 밤이면 부어오른 나의 무릎을 주물러 주었고, 언제나 우리가 행군에서 먼저 출발하는 혜택을 누렸기에 상대적으로 강도가 덜했다. 그래서 포기라는 것이 접근할 수 없었다.

그렇다고 그 유혹이 사라진 것은 아니다. 아무리 튼튼한 다리가 걸려 있어도 방심과 적당히 이루려는 나태함은 발을 헛디뎌서 자신을 벼랑 끝으로 떨어지게 만들 수 있다.

훈련소에서 마지막 과정은 행군을 잘 수행해서 성취감을 느끼게 하는 천자봉에도 올랐고 최종목적지인 야영지까지 이동하고 나서 익일의 오전일정, 즉 걸어서 돌아가기만 하면 모든 훈련을 낙오 없이 마치게 되었다. 하지만 거의 다 마친 것과 완료한 것의 차이를 망각했다.

'이 정도면 다 이룬 거잖아.'

오래전부터 안고 이겨 왔던 부상을 이용해서 열외자의 대열로 슬금슬금 걸어갔다. 전진하던 중에 대열에서 낙오하면 누군가의 도움이라도 받겠지만, 처음부터 기피한 열외자, 해보지도 않고 포기한 사람에게는 도움도 배려도 없다. 싸우지 않는 군인은 적보다 더 위험한 존재이기 때문이다.

편안하게 차량으로 복귀할 것이라는 기대감에 가득 찬 나를 꿰뚫고 있는 듯이 교관은 아래위로 훑어본 후에 한 마디를 던졌다.

"너희는 차량을 타고 복귀하지만 먼저 포기한 것에 대한 대가를 받은 후에 탑승한다."

그 넓은 야영장을 기어 다녔다. 그동안 배운 모든 포복자세를 동원해서 풀잎들을 눕혔고, 자갈들을 닦았다. 얼마나 기었을까? 돌에 걸려 찢어진 바지에 피가 배었다. 왼쪽 무릎, 조금만 고생했으면 피는 흘리지 않았을 왼쪽 무릎이 오기와 후회로 인해 무감각해졌을 무렵에야 차를 탔다.

싸우다가 돌아온 사람과 포기하고 돌아온 사람에게는 대우가 다르다. 개선하는 이들에게는 환영하는 사람들이 있으며 포기하고 돌아온 사람들은 그 환영인파에 포함된다. 그들을 위한 위로의 잔치가 마련되어 있고, 포기하고 돌아온 그들은 잔치를 위해 땀을 흘려야 한다.

이미 부어버린 무릎은 아픔도 느낄 수 없었지만 가슴 한쪽에는 낙인처럼 뜨거운 자국이 생기는 것 같았다. 이겨낼 수 있는 어려움을 앞에 두고 포기하는 것은, 더 큰 어려움을 초래하지만 포기하지 않고 걷는다면 언젠가는 목적지에 다다른 그 사람이 바로 승리자로서 잔치에 참여할 자격이 주어진다는 것을 가슴에 새겼다.

무릎, 그것은 나에게 있어 약점이 아니라 더 노력하는 원동력이 되었다. 그림자가 어두울수록 물체는 더욱 빛나는 것이다. 뻑뻑할 정도가 되면 몇 번이고 대형주사기를 찔러 넣어 물을 제거해야만 했던 무릎을 가지고 열외도 없이 훈련을 받았더니 선임들의 평가가 달라졌고 덕분에 많은 실책들이 묻히는 특혜를 누렸다. 내게는 과분한 특혜였다.

그 모든 과정을 지나 축하를 받으며 제대한 지 10년도 더 지난 어느 날 수영을 하던 중에 어깨가 빠지는 부상을 겪었다. 온갖 격한 운동에도 문제가 없었지만 갑자기 얻은 부상의 원인은 습관성 탈구로서 병역면제대상자의 단골조건이었다.

군 생활에서 정작 위험했던 요소는 무릎이 아니라 어깨였으며 자주 듣는 농담처럼 군대를 가지 않아도 될 상황이었지만 다행히도 무릎을 먼저 다치고 그 통증으로 어깨를 무시하며 해병대의 부름에 응했다. 역경에서 이기는 습관을 키우는 사이에 젖은 신문을 되돌려주던 소년은 도전을 즐길 줄 아는 청년으로 성장했다.

이런 일을 살아가면서 또 만날 순간이 없겠는가? 그것을 원치 않는 밤에 찾아와서 괴롭히는 나그네, 즉 불청객으로 여겼다. 사실은 그 집에 찾아올 더 큰 어려움을 대신해서 그 방을 차지하고 있다가 훗날 자신을 몰아낼 힘이 생기자 웃으며 떠났던 친구였다. 우리는 살아가면서 만나는 그런 친구들의 이름을 역경이라고 부른다.

　　역경은 우리의 꿈을 더 단단하게 만들어준다. 씨앗을 심었다고 나무를 심었다고 바로 자라지는 않는다. 우리의 가슴에 꿈이 뿌리내리도록 땅을 다져주는 것이 바로 역경이다. 역경이 없는 꿈을 이루었다면 과연 무엇을 웃으며 추억할 수 있을까?

필리핀에서 배우고 얻다

건축현장에서 손목을 다치고 고향으로 돌아온 다음 날부터 병원의 문턱이 닳도록 드나들던 중에 갑자기 커다란 물집이 발바닥이 아닌 손목에 생겼다. 피로골절진단에 따라 약물치료와 더불어 한의원에서 찜질치료를 병행하던 중 고온에 손목이 장시간 노출되어 화상까지 입은 것이다. 뜨거우면 뜨겁다고 말을 해야 함에도 미련하게 지켜만 보다가 화를 입은 것이다.

손목의 염증치료보다는 커다란 수포가 생긴 화상을 우선 치료하기로 했다. 여름철이라 쉽게 낫지 않았고 더군다나 손목 염증을 치료하기 위한 보호대가 통풍을 막아서인지 호전속도는 더욱 더뎠다. 배가 암초에 걸린 듯이 일이 뜻대로 풀리지 않고 있었기에 답답한 시간을 보내고 있었는데 갑자기 어디선가 신선한 바람이 불어왔다.

몇몇 분들이 단기 선교여행에 동행할 것을 권유했고 공부하고 치료하느라 얼마 남지 않은 재원에 주변 사람들의 도움을 더해서 필리핀으로 날아갔다. 답답한 상황에서 벗어나기만을 바랐지만 실상 그것은 또 다른 세계로 가는 계기가 되었다.

'분동빨라이'

이름조차 낯선 어느 시골마을에 처음 도착했을 때 제대로 포장된 도로가 없기에 내리는 비로 인해 물이 곳곳에 고여 있었으며 담의 구분이 없을 뿐 아니라 방의 구분조차 없어 보이는 곳이 많았으니 집이라기보다는 토굴 같은 곳에 사는 이들도 꽤 있었다. 사치스럽게도 그들을 안타까워하는 마음이 생겼다. 아니 어리석다고 해야 할 것이다.

'어떻게 여기서 사람이 살 수 있을까?'

나를 포함한 많은 사람들이 그런 의문을 가질 수 있겠지만 실상을 들여다보면 여기에 사는 사람들이 문명의 모든 혜택을 누리는 사람들이 갖지 못한 것을 누리며 더 잘살고 있었다. 그때와 비교하기 어렵지만 나도 과거에는 토방에서 살았었다. 그들의 모습에서 그 시절 내가 누리던 것을 발견하게 되었다. 아주 가치가 높지만 사거나 살 필요가 없는 것이다.

'미소'

아이들이나 어른이나 동일하게 그들이 가진 미소들은 여유로운 삶의 또 다른 표현이다. 경제적인 관점으로 풀이한 여러 통계자료에서 그 사람들이 우위에 있지는 않았지만 확실히 여유로운 미소를 가지고 있었다.

'여유로운 사람과 많이 가진 사람들 중에 누가 더 풍요한 것일까?'

우리는 그들을 위해 열심히 준비해 간 다양한 것들을 제공했다. 춤과 노래로써 그들의 흥을 자아내었으며 유달리 그 나라에서 비싸게 거래되는 풍선으로 다양한 모양을 만들어주니 아이들이 우리 곁을 떠나지 않았고 그 순수함의 망치로 마음의 벽을 허물자 그 사람들이 많지는 않지만 부끄러울 것도 없는 자신들의 집으로 우리를 안내하기도 했다.

타국에서 또 하나의 관건은 바로 식사를 해결하는 것이다. 일일이 밥을 싸서 다닐 수 없기에 행선지 근처에서 도시락을 배달시켜 먹었다. 필리핀의 음식은 향이 매우 독특하고 강했으며 배달에 쓰이는 포장지 또한 우리가 흔히 보는 비닐봉지였기에 낯선 것에 익숙지 않은 사람들은 먹기가 쉽지 않다.

자취생활을 통해 적어도 먹는 것에 대해서는 너무나 많은 훈련을 받았기에 남김이나 거부감 없이 비닐봉지를 비워내었다. 식구라는 말처럼 같이 음식을 나누는 동안 사람들의 마음은 우리에게 아주 친근하게 다가왔다. 가만히 보니 정작 거리감이 있었던 사람들은 바로 우리와 함께 활동하던 현지인이었다. 같은 일하면서도 서로의 차이에서 가까워질 수 없던 모습이 있었다. 경험상 밥상은 모든 차이를 불식시키는 가장 좋은 수단이다. 양심이 허락하는 한 우리가 먹지 못하는 음식은 없다. 단지 편견이 우리의 입과 음식이 넘어가는 식도를 막을 뿐이다.

'어떻게 그런 것을 먹을 수 있나?'

그것을 먹는 사람도 나와 같이 육체와 마음을 가진 사람이다. 같은 사람이라는 전제가 없다면 마음을 전할 수 없으며 내가 가진 좋은 것도 그에게 줄 수 없다. 깊이 생각해 보면 내가 가진 것이 좋다는 근거도 없다.

처음 필리핀에 올 때 어쩌면 우리는 더 나은 것을 가진 우월한 존재라는 착각을 가지고 있었다. 그들의 세상에서 볼 수 없는 놀라운 것을 주겠다는 생각으로 왔지만 실상 그것은 우리도 누리고 있을 뿐 소유하고 있던 것이 아니었다. 단지 먼저 주어져서 누리는 것을 제외하면 그들보다 더 고개를 들게 할 수 있는 것은 별로 없었다. 인생을 바꿔 줄 대단한 것을 깨닫게 해주려고 왔던 내가 오히려 자각하고 돌아가는 일들이 넘쳤다.

예정되었던 귀국일에 우리는 인천공항을 보지 못했다. 다시 출근을 해야 하는 사람들을 비롯하여 학원일정으로 바쁜 나는 다른 일행보다 이른 귀국이 예정되었다. 영어도 어느 정도 할 수 있다고 착각했고 호주도 맨몸으로 다녀온지라 어려움은 없거나 충분히 벗어날 줄 알았는데 필리핀은 떠나려는 나를 붙들고 놓아주지 않았다. 아직 주지 못한 선물이 있었기 때문이다.

현지 선교사님의 자제분이 우리를 숙소에서 공항까지 인도해 주었고 바쁜 일정으로 인해 이별을 고했다. 대략 두 시간이나 일찍 왔기에 근처에서 밥을 먹고 주변을 어슬렁거리다가 탑승시간에 임박해서 좌석을 배정받으러 갔다.

"Are you stand-by?"

분명히 한국인처럼 생겼고 한국이름의 명찰을 달고 있는 직원이 영어로 물었지만 별생각도 없이 간단하게 대답했다.

"Yes, we are!"

그렇게 대답한 후에 그녀는 별다른 움직임이 없었다. 당연히 좌석표를 줄 것을 기대하고 기다리는데 약 5분쯤 흘렀을 때 옆에 있던 다른 일행들이 갑자기 함성을 지르는 것을 보고 궁금해하는 사이에 직원은 그 자리를 떠났다.

'뭔가 좋은 일이 있나 보네.'

설마 그 기쁨의 함성이 우리에게 절망의 선포일 줄은 알지 못하고 기다리기만 했다. 그런데 비행시간이 10분도 남지 않았는데 웬일인지 좌석을 배정할 조짐이 없다. 잠시 후에 한국이름의 명찰을 단 직원이 돌아왔을 때 불안한 표정으로 물었다. 이번에는 한국어로 물었다.

"저기, 저희가 탑승시간이 다 되어 가는데 아직 표를 받지 못했어요. 확인 좀 해주세요."

직원은 잠시 나를 응시한 다음 퇴근하려는 듯 바쁘게 자리를 정리하며 대답했다.

"탑승대기자라면서요. 이젠 여분이 없어서 자리를 드릴 수가 없네요."

'Stand-by!'

우리가 앉기로 했던 그 자리는 나의 한 마디에 옆에 있던 일행에게로 넘어갔다. 어설프고 한없이 얕은 영어실력을 가지고 자만했던 나는, 묵묵히 나를 믿고 따라준 많은 사람들의 시간과 일정을 뺏고 말았다. 거기서 끝났다면 다행이지만 어리석은 실수는 계속 이어졌다.

직원에게 문의했더니 더 이상 남은 비행기가 없다는 대답을 듣고 익일 첫 비행기를 타기로 일정을 정했지만 호텔에 묵을 만큼 금전적인 여유가 없었을뿐더러 추가비용을 지불하게 하는 것도 너무나 미안해서 아침에 떠나왔던 숙소로 다시 돌아가기 위해 택시를 잡아탔다.

기사는 연방 영어로 떠들었지만 귀에는 아무것도 들리지 않고 가슴엔 그저 화만 가득 차 있었다. 누구를 향한 분노가 아니라 그냥 이유 없이 화가 났을 뿐이다. 자신을 속이는 감정에 휘둘린 것이다. 돌이키지 못할 지난 실수에 대해 그저 화만 내고 있었다.

'자신에 대한 반성이 없는 분노'

실수를 저질렀음에도 그에 대한 반성이 없다면 실수는 그냥 사라지지 않고 켜켜이 쌓여서 나중에는 거대한 산사태를 일으키며 자신을 덮어버린다. 그때가 이르면 후회할 힘조차 없을 것이다. 하지만 어리석은 분노에게 가장 좋은 처방은 일시적 절망감이다.

'휙!'

숙소로 도착한 나는 택시에서 그냥 내렸다. 기본적인 팁을 주지 않는 무례함에 기사는 거세게 항의를 했지만 나는 귀찮은 듯한 손짓만으로 그를 내몰았다. 그도 나와 같은 마음을 가진 사람이기에 나의 분노가 그에게 전달되었을 것이다.

커다란 짐과 함께 내렸지만 정작 여권과 지갑 그리고 카메라 등 귀중품이 들어 있는 가방이 등에 매여 있지 않았다. 택시를 타면서 발아래에 두었던 것을 그제야 기억했다. 반성을 해야 했다.

'쿵!'

하지만 실수에 대한 반성이 없고 타인에게 화풀이하는 것도 모자라서 이제는 자신을 해하기까지 어리석은 행동들이 줄지어 등장했다. 벽은 아무렇지 않았지만 살이 벗겨진 손등에서는 피가 흘렀다. 도대체 이국땅까지 와서 보낸 시간 속에서 나에게 남은 것은 아무것도 없어 보였다.

'끼익!'

그 소리를 통해 어리석은 일에 제동이 걸렸다. 다행히 택시기사는 돌아왔고 차비보다 많은 돈을 요구했지만 한국에서 자장면 한 그릇을 사 먹을 수 있는 돈이었기에 나는 흔쾌히 지불하고 꾸벅 인사까지 했다. 나의 우둔한 질주를 멈추게 하는 데 그 자장면 값은 너무나 저렴했다.

나의 어리석음은 잘 알고 있다는 착각에서 시작되었다. 어리석은 사람들의 특징인 교만함이 듬뿍 묻어 있는 행동이었다. 실수를 인정하지 않은 것은 엄연히 나를 인해 발생한 문제임에도 그 해결책을 찾기보다는 엉뚱한 곳에서 화풀이를 하고 있었다. 결국 다른 사람들이 피해를 입기 시작했고 그 모든 피해가 뭉쳐서 부메랑이 되어 나의 뒤통수에 일격을 가한 후에야 정신을 차렸다.

다행히 다음 날에 첫 비행기를 탈 수 있었다. 그리고 일정이 틀어져 회사에 가지 못했던 일행들도 모든 일이 순조롭게 마무리되었다. 애써 어리석게 행동하지만 않는다면 모든 일은 풀리게 되어 있다. 그리고 그 모든 일들을 통해 삶에 놀라운 일들은 이어지는 것이다. 내가 뿌린 시간과 재원에 비해 너무나 많은 것을 얻었다. 더군다나 필리핀에서 가까워진 사람이 바로 지금의 아내를 만나게 해준 준영이었다. 많은 것을 주고 싶었지만, 한없이 부족한 나를 발견하고, 또한 아주 큰 것을 받아온 것이다.

비가 오는 날에 벽을 세우다

만약 화창한 날에 천막을 친다면 일하기 더 편할 것이다. 편함에 대해 비교가 가능한 것은 몇 번인가 폭풍우가 치는 날에 천막을 세운 기억이 있기 때문이다.

비가 오니 물이 넘쳐서 세우는 공간마다 젖어버렸고 말뚝도 잘 박히지 않아서 물 위에 둥둥 떠다니곤 했다.

일단 배수구를 파고 물을 내려 보내는 것이 우선이다. 그리고 한 사람이 굳건하게 기준을 잡으면 그 사이에서 몇 사람이 평형을 이루면서 천막을 펼친다. 그리고 돌이나 쐐기로 흔들리지 않게 고정하는 것으로 일을 마무리한다. 일련의 동작들이 매끄럽게 이루어지기는 어렵지만 비라는 것이 사람을 뭉치게 만들어준다. 누구도 예외가 없기 때문이다.

그렇게 지어진 천막 안에서 잠을 청하면 웬만한 폭풍우에 흔들리지 않기에 자다가 일어나 다시 짓는 일도 없다. 비가 오지 않는 날에는 당황할 것도 없기에 더욱 단단하고 편하게 지을 수 있다. 그리고 회상을 곁들여 웃을 수 있다.

'그때, 비가 오던 날에 비하면 정말 이건 아무것도 아니다.'

비가 오는 날에 짓는 경험이 더욱 중요한 것은 그 역경을 통해서 주변을 돌아보는 법을 배울 수 있기 때문이다. 함께 우중에 고생하는 이들을 외면할 수 없다. 빽빽하게 세워진 곳에서 그들의 천막이 무너지면 우리의 것도 무사할 수 없다는 일차적인 이유를 떠나서 어려울수록 다른 이를 외면할 수 없게 만드는 마음이 이미 세워져 있기에 마음의 천막 안으로 사람들을 들이고 싶어진다.

비 오는 날에 천막을 지으면 일단 땀으로 젖을 필요가 없다. 빗속에 젖어버리면 그것이 땀인지 눈물인지 알 수도 없다. 그리고 벗어서 다른 옷으로 갈아입으면 더욱 상쾌함을 느끼게 된다. 가장 힘든 순간에는 정작 힘든 것을 느낄 수 없다. 땀이 아니라 비라고 여겨지기 때문이다. 시간이 지나 추억할 때에 그저 이 말을 되뇔 뿐이다.

'다시 그렇게 하라면 못할 거야.'

하지만 다시 그런 강도를 지닌 폭풍우가, 아니 그보다 더욱 강한 것이 오더라도 분명히 우리는 다시 천막을 칠 수 있을 것이다. 지난 날 수많은 실수와 어려움 그리고 시행착오로 돌아온 길은 결코 우리의 삶에서 허비한 시간들이 아니라 이미 뛰어나고 능숙한 건축기술들로 녹아들었기 때문이다.

깊은 터는
한참을 파야
만들어진다

이반! 만나서 반가워

살며시 나의 손을 잡은 아내는 한참 동안 내 손바닥을 쓰다듬었다. 한 줄, 그리고 또 한 줄 그렇게 살아온 날들에 대한 기록들이 있었으니 바로 굳은살이었다. 손바닥 가운데 있는 세 번째는 거의 희미해져서 느껴지지 않지만 나머지는 손가락 마디의 숫자만큼 올록볼록하게 2열 횡대로 그 자리를 지키고 있다.

"권용기 씨 나왔어요?"

새벽에 찾아간 인력사무소에서는 일단 연령을 알 수 없기에 이름 뒤에 "~씨"라는 호칭을 붙여서 부르지만 문을 나서서 기다리는 차를 타고 현장에 나서면 그때부터는 이름이 불릴 일은 없다. 호칭은 간단하고 짧았다.

"어이, 거기, 야!"

'노가다'라는 말을 찾아보니 일본어로 토방(土方)이라고 쓰며 '공사판 노동자', '노동자', '막일꾼', '인부'라는 순차적으로 순화된 뜻으로 풀이되고 있었다. 공사판 노동자로서 처음 친구들과 인력사무소 문을 두드린 것은 재수생 시절이었다.

학원비나 책값 등으로 부모님께 손을 벌리자니 거북하고 쉽게 입이 떨어지지 않았다. 더욱이 이미 들어갔던 대학을 그만둔 것은 차치하고서 3일뿐인 등교기록으로 당연히 환불할 수 있었던 등록금을 단 한 푼도 건지지 못한 어리석음까지 더했으니 부모님이기에 이해해주셨지만 불편한 마음은 잔존했다. 학원수업은 칠판지우개를 전담하거나 어려울 경우 안 들으면 되지만 책은 중고라도 필요했다. 어릴 때처럼 병을 주워서 과자를 사 먹던 것과는 비교할 수 없었다. 결국 비슷한 처지의 친구들과 머리를 맞대고 내린 결론은 프리랜서로의 입문이었다.

공부를 위한 일이기에 일단은 시간을 많이 낼 수 없었으며 돈을 바로 받아서 책을 사야 했다. 요즘에야 워낙 다양한 일들을 찾아서 할 기회가 많지만 1990년대 중반에는 인터넷도 흔하지 않아 정보가 없기에 그저 노동력을 공급해주는 프리랜서의 길을 택했다. 신체만 건강하고 신분증만 있으면 되는 간단한 절차와 일을 마치면 바로 돈을 받을 수 있는 현금성이 매력적이었다.

조금이라도 눈을 더 붙이고 일을 하고자 인력사무소에서 가장 가까운 친구 집에 모였다. 그날 밤은 묘하게 잠이 잘 오지 않았다. 무엇이든지 처음 접한다는 것은 두려움이든 기대감이든 가슴을 콩닥거리게 한다.

깜박하고 눈을 감았더니 알람시계가 지치도록 울고 있었다. 얼굴에 간단히 물을 바르고 새벽공기를 마시며 시외버스터미널 근처에 있는 건물 2층에 위치한 인력사무소로 올라갔다. 이미 사람들로 넘쳐나서 자리에 앉을 수도 없어 한참을 서 있다가 자리를 잡고 앉아서 냉장고 위에 놓여 있는 텔레비전에서 첫 뉴스를 보기 시작했다. 뉴스앵커가 클로징 멘트를 하고 인사를 한 후 방송을 마친 표시로 스태프의 이름이 올라오고 수많은 기업체의 이름들이 뒤를 이었다. 일할 곳은 참 많아 보였는데 아침 7시, 1시간 반을 기다린 우리의 이름은 한 번도 불리지 않았다. 아침부터 몸을 푸느라 시원스럽게 매연을 내뿜는 버스들의 행렬을 뒤로하고 시외터미널을 나왔다. 쓴 웃음을 지으며 한 마디 던졌다.

"대입경쟁률처럼 여기도 장난이 아니네."

언제나 하려는 마음만 있다면 길은 열리는 법이다. 며칠 후 숙소를 제공했던 친구로부터 연락이 왔다.

"우리 친척 중에 한 분이 건설 쪽에서 일하시는데 내일 일할 사람 필요하다시네."

"그래? 잘됐네. 우리도 같이 이야기했나?"

"어. 얘기했지. 내일 새벽부터 올 필요는 없고 8시까지 오라고 하시더라."

다음 날 도착한 현장에는 여러 종류의 건설자재들이 뒤엉켜 있었으니 잡동사니를 모아 놓은 듯했다. 아마 주변에 있던 현장들이 대부분의 공정을 마치고 남은 자재들을 여기에 임시로 저장한 것 같았다.

우리의 임무는 그저 단순하게 현장에 있는 자재들을 종류대로 분류해 놓는 것이었다. 건설현장의 일이 뭔지도 모를 시절이기에 아령을 들어올리듯 팔에 잔뜩 힘을 주었고 부풀어오르는 근육에 나름대로 재미를 느꼈고 현장에는 우리밖에 없었기에 압박이나 큰 소리도 없이 일할 수 있었다.

겨울의 오후는 그렇게 길지 않다. 일을 시작하기 전에 견뎌야 할 추위와 땀을 흘린 후에 급격히 찾아오는 한기만 빼면 아침 해는 늦게 뜨고 저녁 해는 일찍 귀가하는 겨울이 더 일을 하기 좋았다. 비록 지인에게 고용되었지만 일은 철저히 마무리해서 칭찬이라도 들을 요량으로 오후에는 더욱 열심을 내었다.

'사뽀'라고 부르는 자재가 있으니 철거현장이나 건축물의 층간, 즉 위층 바닥과 아래층 천장이 무너지지 않도록 지지하는 것으로 우산대 혹은 빨대처럼 생겨서 얇은 쇠파이프가 밖으로 나오면서 길이가 늘어나서 바닥을 누르고 천장을 밀어주면서 버티는 임시기둥이었다.

"어! 피해!"

단말마의 경고는 이미 늦었다. 고정되지 않았던 얇은 녀석이 고무줄처럼 팔을 쭉 늘리면서 나에게 달려들었다.

"어억~!"

허리를 제대로 맞으니 한참 동안 말이 나오지 않았다. 축축한 옷자락에 손을 대어보니 흥건하게 피가 묻어 나왔다. 눈물이 왈칵 쏟아졌다. 공터에 응급처치를 할 수 있는 것은 아무것도 없었다. 아침에 여분으로 받은 장갑으로 허리에서 흘러나오는 피를 막으면서 약국 문을 밀어젖히는 동시에 약사에게 호소했다.

"저, 선생님… 허리에… 맞았거든요."

"예? 뭘 맞았다고요?"

약사는 놀란 얼굴로 창구를 돌아서 나에게로 재빠르게 오면서 물었다.

"허리에… 쇠막대기를 맞았어요."

잠시 정신을 수습하고 보니 약사가 여자분이었다. 그래도 사나이가 약한 모습을 보이면 안 된다는 덜 익은 남자의 자존심이 그나마 눈물이 흐르는 것은 애써 막아주었다.

"좀 옆으로 움직여 봐요. 돌려 봐요."

이리저리 내 몸을 훑어보고 자리로 돌아간 후 주섬주섬 무엇인가를 챙겨주면서 가볍게 말했다.

"그냥 찰과상이에요. 며칠 동안 상처가 나을 때까지 샤워는 자제해 주세요."

연고를 바르고 붕대로 몇 번 감은 후 건설현장으로 돌아오니 친구들이 걱정스레 나에게 물었다.

"야, 괜찮나?"

단발마의 경고를 날렸던 친구가 그제야 나에게 묻는다. 본인도 피가 나는 것을 보고 적잖게 놀란 모양이다. 노련한 병사가 폭격이 떨어진 자리에 누워 한 모금의 담배연기를 허공으로 날린 후에 짓는 표정을 떠올리며 애써 웃음을 절반만 드러내며 한 마디 던졌다.

"괘안타. 안 죽는다."

공부하는 학생에서 일꾼으로 잠시 변신을 했던 그날에 나는 허리에 제법 큰 딱지를 하나 남기게 되었다. 덕분에 며칠 동안은 제대로 씻지 못했지만 두둑한 현금으로 원하던 책들을 살 수 있었다. 나는 단지 배우기 위해 일했다. 지금은 일하기 위해 또한 배우기도 한다. 일이나 배움이나 세상 어디를 가든지 무엇인가를 얻기 위해서는 거기에 상응하는 대가를 반드시 치러야만 하는 것이다. 스무 살 청년의 첫 막노동은 손바닥에 잡힌 물집처럼 삶에 교훈을 하나 남겨주었다. 바보처럼 대가를 치른다면 바보처럼 꿈을 이룰 것이다.

북아현동 킹콩

다른 일을 하기 위해 아르바이트 광고를 열심히 들여다봐도 내가 할 만한 일은 그렇게 많지 않았다. 새벽에 일어나 예배를 가는 것이 생활의 시작이니 야간에 밤새우는 일도 하기가 쉽지 않았고 학교수업을 들으면서 지속적으로 시험을 준비하려니 시간적인 여유도 그렇게 많지 않았다. 가끔 학교게시판에 붙는 일도 가물에 콩 나듯이 많지 않았고 일당도 만족스럽지 않았다. 역시 내겐 프리랜서가 최고의 일자리였다.

북아현동 근처 감리교단에서 설립한 기숙사에서 1년 정도 생활을 한 적이 있다. 여름방학을 마치고 기숙사로 돌아와서 보니 방학 전에 파헤쳐졌던 그 땅에는 고급빌라가 제법 구조를 갖추어가고 있었다. 현장이 주택가의 중심인지라 일은 여느 현장보다 늦게 시작했고 일찍 마무리가 되어야 했으며 먼지나 다른 여러 폐기물들에 대한 규제가 더욱 심해 어려움이 많았겠지만 어느새 준공을 앞두고 있었다.

인력사무소에서는 대학생들을 그렇게 반기지 않는다. 오랜 기간 현장을 다녔던 나도 가끔 대학생들과 같이 일하다 보면 불편함을 많이 느꼈다. 어떤 이들은 철거현장에서 셔츠를 뒤집어 쓴 채 일하기에 이유를 물었더니 먼지가 많아 코로 들어가기 때문이라고 해 기가 막힌 적이 있었다. 먼지 없는 현장은 세상에 존재하지 않는다. 아니 먼지가 없다면 건설현장이 아니다.

주차장의 공간에 책상 하나를 놓게 해준 것만으로 사무실을 제공한 것과 동일한 특혜로 여겨졌고 덕분에 기숙사생들은 수시로 현장에 투입되어 용돈을 벌 기회를 가질 수 있었다. 어느 날엔가 그 혜택이 내게 주어졌다. 금요일 저녁에 식사를 마치고 방으로 올라가는 길에 관리하시는 분이 나를 불러 세웠다.

"용기 씨, 내일 뭐해?"

"내일은 토요일이니까 새벽에 인력시장에 나가보려고요."

아저씨는 씨익 미소를 지으시며 대뜸 내일 일하러 갈 데가 따로 있으니 아침에 식사하고 8시까지 로비로 나오라고 하셨다. 평소 인력시장에 나가기 위해서는 새벽 5시쯤에 일어나야 하는데 아침 식사를 시작하는 7시까지 2시간이나 더 잘 수 있었다. 자초지종을 들은 나는 아주 경쾌하게 대답을 한 후에 방으로 올라갔다.

날이 밝은 후 아침을 먹고 한참을 지나서야 로비에 갔다. 거기서 작업반장님을 만나서 현장으로 향했다. 총 30보가량의 걸음에 30개 정도의 계단을 지나 현장에 도착했으니 거의 재택근무나 마찬가지였다. 인력사무소에 다닐 때는 상상도 할 수 없는 일이었다.

험한 세월을 보내느라 검지손가락 하나를 잃어버린 작업반장의 얼굴은 검게 그을었고 정리되지 않은 수염들이 자라고 있었지만 웃음이 끊이지 않는 것이 좋은 인상을 풍겼다.

거의 준공을 마친 건물에는 인테리어 작업을 하기 전에 조금 정리를 해줄 필요가 있다. 곳곳에 남아있는 건자재 폐기물을 정리한 후에 그곳에는 고객의 취향에 맞는 다양한 인테리어를 하므로 손님맞이 준비를 마치게 된다. 그러한 작업에 필요한 것은 간결하게 준비되어 있었다.

'삽, 빗자루, 마대자루 그리고 튼튼한 젊은이들'

여름의 뜨거운 햇살이 외벽에 가려져 안으로 들어오진 않았지만 온몸에 젖어드는 땀과 아직 건조가 덜 된 탓에 남아 있던 습기는 우리를 힘들게 하기에 충분했다. 하지만 기어코 점심시간은 찾아왔다. 집 앞이라 더욱 좋았던 것은 식사를 기숙사에서 하기에 밥값이 따로 일당에 포함되었고 식사 후에는 샤워를 한 후 방으로 들어가서 잠시 눈을 붙일 수 있었다.

잠시지만 시원한 곳에서 낮잠까지 푹 자고 일어나니 몸도 훨씬 가벼웠다. 오후에 일을 시작하려는데 반장님으로부터 당일에 해야 할 작업량에 대해 지시사항을 전달받았다.

"오늘 3층까지만 정리하면 되니까 끝나는 대로 집에 가라."

잡부에게 흔치 않으며 주로 미장이나 타일을 붙이는 사람들에게 주어지는 작업방식으로서 일정량의 일을 주고 마치면 바로 퇴근을 하는 것이다. 난 이런 시간 대비가 아닌 능률 대비로 일을 처리하는 것을 상당히 선호하면서 강한 편이다. 훗날 호주에 갔을 때 이것은 상당한 강점이 되었다.

'아… 맞다! 오늘 후배랑 교회 가기로 했지!'

마침 그날은 후배와 함께 교회를 가기로 했지만 일을 마치고 그곳까지 가는 시간을 계산했을 때 다소 늦을 것으로 예상되었다. 이젠 그 시간에 대한 제약에 내게 달려 있었다.

잠깐 동안 물을 마시는 시간을 제외하곤 거의 계단을 달리듯이 오르내렸고 어깨가 벌겋게 달아오르고 콘크리트 조각에 긁혔지만 시간 단축에 온 정신을 쏟다 보니 일을 마친 후에야 통증을 느낄 수 있었다. 예정시간보다 한 시간을 일찍 퇴근할 수 있는 정당한 권리가 내게 주어졌다.

"완전 괴물이구만."

나를 지켜보던 작업반장은 처음 보았을 때처럼 웃음을 가득 머금고 있었다. 땀과 관련된 직업은 언제나 정직하고 약속에 대해서는 철저히 지켜지며 또한 단 한 번으로 모든 평가가 가능해진다. 그래서 종종 이런 말을 들었다.

"다음 주에도 꼭 나와."

주택공사가 끝나는 그날까지 나의 고용은 보장되었다. 또한 나의 일당은 보통학생들보다 많았다.

'일꾼'

좁은 의미에서는 일을 잘하는 사람으로 생산성이 좋은 이를 일컫지만 좀 더 큰 의미로 어떤 일을 잘되게 하는 사람이라 말하고 싶다. 주변에서 일을 잘하는 사람들을 본다. 익숙한 탓인지 돌아가는 상황을 세세히 알고 있기에 때론 함께하려고 하면 내가 일을 배우기도 전에 그 사람이 모든 일을 끝내버린다. 그런 상황이 계속 되다가 결국 나는 그 일을 할 자신감이나 의욕을 잃고 손에 들었던 작업도구를 제자리에 놓아버린다.

돌이켜 보면 나도 다른 사람들에게 그런 일을 많이 겪게 만들었다. 같이 일하던 학생들은 일자리를 잃었다. 작업반장이 매일 새로운 두 사람을 쓰는 것보다 한 사람에게 조금 더 주면서 일을 시키는 것이 효율적이라는 결론을 얻었기 때문이다. 결국 누군가의 작업도구를 빼앗은 것이다.

살아가면서 정말 좋은 일꾼이 되고 싶다. 분명 개인의 능력은 한계가 있다. 재능이 많은 것과 한계가 있는 것은 다르다. 나만 잘하는 것이 아니라 누군가도 잘할 수 있도록 도와준다면 누구나 그 일을 훌륭히 해낼 수 있을 것이다. 그럼 이제 그 사람에게 맡기고 나는 또 다른 배움과 성장을 위해 도전할 수 있게 될 것이다. 또 한 번의 한계를 찾아 도전하는 것이다. 난 익숙함을 누리기를 원치 않는다. 내 안의 킹콩은 오늘도 조금 더 높은 곳에 오르고자 정상에서 또 다른 건물을 향해 몸을 던진다.

지붕이 덮여야 건물이 완성된 것이다

"축하합니다. 우리 회사의 가족이 되셨습니다."

저 멀리서 들리는 반가운 소리에 12월의 찬바람도 잠시 멎는 것 같았다. 비록 학교를 좀 오랜 기간 다니기는 했지만 아직 졸업도 하기 전, 그것도 성탄전야에 전해지는 채용소식은 달콤한 선물이었다. 잠시 필름처럼 만감이 교차하며 여러 생각들이 오갔다. 많은 사람들과의 경쟁에서 살아남았으며 대학에서 전공한 분야에 적합한 업무를 맡게 될 것이고 지식과 현실의 연결이 이루어질 것을 기대했다.

'아! 이제 드디어 사회인이 되는구나.'

물론 모두가 사회에 얽혀서 살아가지만 회사의 일원으로서 경제활동을 하며 월급을 받는 사회인이 된 것이다. 부모님께 빨간 내복을 사드릴 수 있는 기회를 얻은 것이다. 짧은 순간에 지나간 수많은 생각들을 정리해서 마음을 가다듬은 목소리로 인사담당자에게 대답했다.

"죄송합니다. 아무래도 저는 그 회사에 갈 수가 없을 것 같습니다. 개인적인 사정이 생겨서요."

뜻밖의 대답에 잠시 동안 아무 말씀이 없으시던 인사담당자는 정중히 끊겼던 통화를 이어가셨다.

"그래요. 같이 일할 수 없는 게 정말 많이 아쉽네요. 권용기 씨… 당신 참 멋있었습니다. 어느 곳에 가든지 우리에게 보여준 열정으로 일하시기를 바랍니다."

많은 비용을 들여 뽑은 신입사원의 퇴짜에도 끝까지 예를 갖추는 그분은 대기업의 인사담당자였다. 그분이 그 자리에 있었고, 지금의 자리와 그리고 앞으로 얻게 될 자리는 다 그만한 이유가 있기에 가능한 것이다.

"감사합니다."

더 좋은 길을 기다렸는지도 모른다. 인디언 소녀가 옥수수를 따는 것처럼 그다음이 더 나을 것이라는 기대감이 만든 결정일 수도 있다. 지금에 와서 생각하면 그 선택은 아주 적절한 쉼표이면서 동시에 더 굳어질 수 있는 담금질이 되었지만 그렇게 인정하고 감사하기엔 참 오랜 시간이 걸렸다.

"정 안 되면 대학원에서 능력을 더 쌓은 후에 좀 더 좋은 곳으로 입사하지 뭐."

실패를 거듭하니 목적지가 없는 도피를 위한 전진도 생각했다. 마음에는 막연한 기대감만 차 있었다. 이미 취업을 성공했지만 스스로 포기했기에 '능력을 갖춘 사람'이라는 섣부른 평가로 자만하고 있었다. 그때 주변에 계신 장로님께서 임시로 일할 곳을 알아봐 주셨다.

"이봐 용기 씨, 지금 우리 교회가 건축 중이잖아. 취업준비하면서 현장을 드나드는 차량을 통제하는 일을 하는 게 어때? 월급이 많진 않지만 일은 좀 쉬워."

한때는 건설현장에서 '괴물'이라고 불리던 사람이었으며, 간간이 누빈 현장경험이 10년이 넘었기에 일이 어려울 것으로 생각되진 않았다. 졸업 후에 부모님께 더 이상 용돈을 받지 않았기에 월세를 내는 것도 사실 조금 버거웠다. 생계를 유지할 만한 무엇인가 필요했다.

'3월 1일'

그날은 그런 과거의 나에게서 독립하여 더 나은 나로 살아갈 수 있는 변화를 시작한 날이었다. 인고의 세월, 유난히 겨울이 긴 것 같았다. 일은 사실 생각과 많이 달랐다. 프리랜서가 아니라 정규적인 월급을 받고 일하기에 애초에 예상했거나 언급된 일보다 훨씬 다양한 일들을 하게 되었다.

건설현장은 말 그대로 무에서 유를 창조하는 일이며, 난관을 헤치고 나와서 결과물을 만드는 업종이기에 좀 거친 편이다. 예전처럼 자율의지를 따라 나가서 하던 것과는 달리 어딘가에 속해서 일을 하기에 참아야 할 일도 많았다. 거기서 존재하는 상하관계에서 겪는 마찰도 있었고, 그 속에서 흔히 말하는 '성질'을 가다듬는 기회도 많이 가졌지만 힘든 이유는 따로 있었다.

오랜 시간 보아온 사람들도 내가 무슨 공부를 했는지 몰랐다. 여기가 종착지가 아니었기에 항상 일을 마치고 집으로 돌아가면 취업 준비와 공부를 멈추지 않았다. 자정에 잠이 들고 새벽기도를 가는 것은 건설현장에서 일하기 전이나 후나 변함없는 나의 일과였다. 난 경영학을 전공한 사람이었고 언제든 그 분야에 진출할 준비를 했다. 그 꿈을 15년 넘게 꾸고 있었다.

그 와중에 도피를 위한 목표, 즉 대학원 시험을 응시한 경우도 있었다. 도전이라기보다는 현실의 고통을 벗어나기 위한 도피였다. 그 현실은 육체의 고통이었다. 어느 날엔가 오른쪽 손목에서 파열음이 들렸고 뜨끔하던 고통은 한 달이 넘도록 지속되면서 증폭되어 갔다. 하지만 건설현장에서 벗어날 수 있는 길은 취업이나 학업을 연장하는 방법밖에 없었다. 바로 자존심 때문이었다.

"저것도 참지 못하고 그만두다니… 쯧쯧쯧."

그 옛날 신문보급소에서 듣던 소리를, 훈련소 마지막 행군을 앞두고 포기해서 자갈밭을 기어 다니며 듣던 소리를 다시는 듣고 싶지 않았다. 나의 세세한 부분을 모르는 사람들을 납득시킬 수 있는 이유가 필요했으며 매일 새벽에 단말마의 비명을 지르며 깨우는 손목 또한 더 이상 방치할 수 없기에 대학원이라는 도피처로 생각하고 나아갔지만 그 문은 나를 향해 열리지 않았다. 결국 자존심보다는 나의 몸을 위한 결정을 내리게 되었다.

"취업하려면 영어공부를 좀 더 집중적으로 해야 할 것 같아서 고향에 갔으면 합니다."

나에게 늘 관심을 가져 주고 도와주려던 분들에게 걱정과 폐를 끼칠 수가 없었기에 변명을 둘러대고 집과 병원으로 향했다. 건설현장에서의 내 모든 경력은 여기가 마지막이었다. 그렇다고 내 생애의 공사가 끝난 것은 아니었다.

　남들보다 부족한 도구로 오랜 시간이 걸려 땅을 팠고 이제 다지는 작업을 통해 그 위에 꿈을 짓기 위한 기초단계를 겨우 마무리한 것이다. 내게 주어지는 능력 안에서 가장 높은 건물을 짓기 위해 저 아래 깊은 곳으로 내려갔었다. 단단한 지반을 확인했으니 이제 그 위에 하나씩 기둥을 세우고 층을 올린다. 물론 짓다가 무너질지도 모른다. 그래도 상관없다. 거기를 걷어내고 더 깊이 파고 다시 지으면 된다. 그리고 다시 기둥을 세우고 층을 올린다. 언젠가 지붕이 덮이게 될 그날까지 기둥과 층이 올라갈 것이다.

당산역과 합정역 사이

당산역과 합정역에 걸쳐서 유유히 흐르는 한강은 세월이 지나도 변함이 없는 것 같다. 휴일을 제외한 모든 날에 그 강을 가로지른다. 일상에 지치거나, 피곤한 눈과 풀린 다리로 인해 서 있기가 곤란할 때에는 가끔 자리에 앉아서 맞은편을 응시하곤 한다. 어느 나라의 야경에 비추어도 뒤지지 않는 불빛과 깊은 강의 움직임을 볼 때면 어느 곳에서 얻을 수 없는 독특한 휴식을 누리는 것 같다. 또한 맛있는 추억을 씹을 수 있는 혜택을 누리게 된다.

당산역에서 나와서 도로와 근접한 좁은 거리를 걸어갔다. 공사 중이라서 곳곳에 보호막이 펼쳐져 있으며 조금은 다른 외모를 가진 외국인 노동자들의 빠른 말들이 귓가에 지나갔다. 한 건물로 들어서니 대리석 바닥은 깨끗했고 한쪽에는 인공폭포가 잔잔하게 벽을 타고 내려오고 있었다.

겉면과는 다르게 아주 화려한 내부를 가지고 있었으니 사회통념상 돈과 관련된 업종은 인테리어에 특히 신경을 써서 만든 고급스러운 사무실을 통해서 고객들에게 안정감을 주고 있었다. 대부분의 경우처럼 대기업의 계열사인 보험회사에 들어간 것이다. 말끔하게 생긴 사내 한 사람이 나를 맞이했고, 안쪽에 마련된 교육용 공간으로 나를 안내했다.

"왜 보험인이 되려고 하시나요?"

매니저의 첫 질문은 너무나 당연했지만 나는 쉽게 대답하지 못하고 한참을 망설였다.

"사람 만나는 것을 좋아하고, 뭐든지 파는 것에 자신이 있기 때문에 그렇습니다."

내가 호주에서 돌아온 시기는 초겨울이었으며 가을학기에 휴학을 했기에 이듬해 가을에나 복학하려다 보니 시간이 많았다. 예전처럼 무전여행을 갈 곳도 없었고 고향에 내려가 있는 것도 내키지 않아서 서울에서 학과와 관련된 아르바이트를 구하려고 간단한 이력서를 올렸다.

보험설계사를 구하는 내용의 답장이 왔다. 사람을 대하는 일이라 분명히 좋은 경험이 될 것이며 나름의 고수익을 얻을 것으로 생각했다. 자신감만 있는 사람은 항상 자신이 아는 일에 성공할 것으로 알지만 이러한 기대는 절반은 적중했으며, 절반은 빗나갔다. 즉, 남과 똑같다는 것이다.

매니저는 몇 마디 물은 후에 지점장에게 나를 소개했으며, 짧은 인사를 나눈 후 보험영업에 필요한 설계사 자격증 취득을 위한 단기적이며 집중적인 교육을 받았다. 시험은 그렇게 어렵지 않기 때문에 무난히 통과했고, 그 후에 회사에서 주관하는 짧은 합숙교육을 마치고 다시 사무실로 돌아와 보험인으로서의 삶을 시작했다.

보험은 보이지 않는 상품이다. 이것을 누군가에게 판매하기 위해서는 많은 노력과 시간을 기울여야 가능한 것이다. 수많은 거절에 꿋꿋이 나아갈 줄 아는 인내심이 필요하지만 무엇보다 중요한 것은 이 일을 지속하겠다는 의지와 전부를 쏟아붓는 것이다. 즉, 목숨을 걸어야 한다.

가장 초보적인 방법이며, 보험인으로서 실패를 가져 올 확률이 높은 관계 중심의 판매를 시작했다. 가족들로부터, 가까운 친구와 가까운 친구가 소개해주는 모르는 사람들, 그리고 잘 연락하지 않는 친구들에게 연락을 취해서 판매를 시도하는 것이다. 이것은 형성된 인간관계가 극단으로 치달을 수 있는 위험한 것이며, 단기적인 성과는 가져오겠지만 언 발에 오줌을 누는 것이 될 수도 있다.

보험을 구매하는 것은 필요에 의해서거나 아니면 상대방을 봐서 가입하는 것이다. 초면인 상대방을 대할 때 설득력이 있는 설명을 하도록 전문지식을 쌓아야 하는 동시에 끝까지 포기하지 않는 근성을 요했다. 가족이나 가까운 사람들로부터 시작하면 그러한 능력을 쌓을 만한 기회를 얻기가 힘들다. 실적은 쌓이겠지만 뒷날을 생각하면 그만큼 늦어지는 것이다. 물론 뛰어난 관계성으로 가까운 사람들로부터 시작해서 놀라운 실적을 내는 사람도 분명히 있다. 하지만 그에게는 앞에서 말한 필요요소가 이미 어느 정도 갖추어진 것이다. 보이지 않는 상품에 대해 선뜻 지갑을 열 때에는 그만한 이유가 있어야 하는 것이다.

물론 나도 가족부터 시작했지만 가족조차 설득시키지 못했으니 그 이후의 이야기는 듣지 않아도 뻔한 것이다. 내가 다니던 때의 일반적인 비율을 따지면 5명의 가망고객을 만나 그중에 한 사람은 보험을 가입한다. 가망고객 한 사람을 만나기 위해서는 그 10배를 넘는 횟수의 전화통화가 필요하며, 전화 한 통을 하기 위해서는 또 그 몇 배의 거절과 기다림이 있어야 가능하다.

즉, 가망고객을 한 명 만나는 것이 너무나도 힘든 일이다. 그래서 뛰어난 보험인으로 평가하는 기준은 많이 만나는 것도 중요하지만, 계약을 성사시키는 확률이 높다는 것에 더 비중을 둔다. 타율이 높아야 하는 것이다.

나는 수없이 많은 타석에 들어섰고 수없이 아웃을 당했다. 교육기간 1개월을 지난 두 번째 달에도 달라진 것은 없었다. 다만 몇 차례의 성공은 있었으나 절대 그건 상품이 아니라 나라는 사람 자체를 보고 가입해 준 사람들 덕분이었다. 다시 말하면 월급을 받을 수 있을 만큼의 실적을 십시일반으로 채워준 것이다. 영업사원에게 매달 말일은 너무나 빨리 다가왔다. 흔히 말하는 10대에는 10킬로미터의 속도, 20대는 20킬로미터의 속도로 시간에 대해 느끼지만 능력 없는 영업사원에게 매월 마감일은 빛의 속도로 오는 것이다.

성공적인 영업을 위해 투자가 있어야 한다. 일반적인 상품에 대한 판매 시에는 회사가 비용을 부담하지만 개인사업자의 성격이 강한 보험설계사에게는 스스로의 능력이며 짐이었다. 100만 원을 버는 사람이 10만 원을 투자한다고 본다면, 1000만 원을 버는 사람은 500만 원을 투자한다. 버는 만큼 많이 투자하는 것이 아니라, 투자하는 만큼 많이 버는 것이다. 여기에는 시간과 노력도 같은 원리로 작용한다.

첫 소득은 보통의 그리스도인처럼 하나님께 드렸기에 지갑에 돈이 한 푼도 없었다. 어떻게 생활했었는지 지금도 그게 의문이다. 대학생에게도 발급되던 그 흔한 신용카드도 신참보험인의 경우 쉽게 발급되지 않는다. 카드사의 정책변경과 나라의 규제로 신용평가를 거치게 되었고, 그만한 신용이 내게는 없었다.

새벽기도를 마치면 연희동에서 홍대입구역까지 걸어갔다. 지금처럼 환승정책도 없었고 500원의 요금도 내겐 부담이었다. 영업사원의 힘은 활동성이며 있는 자리에 따라 성격을 달리한다. 책상에 앉아서 왕성한 활동성으로 영업을 할 수 있는 사람은 텔레마케터뿐이다. 그분들의 역량에 이를 훈련받지 않았고, 남다른 화술도 없었기에 나는 발로 뛰어야 했다. 그날 가망고객 한 분을 만나러 가야 할 여비가 없었다. 격주로 토요일에도 근무하지만 매니저에게 고향에 급한 일로 다녀온다는 이유로 양해를 구하고 휴무를 신청했다.

익일 새벽에 찾은 곳은 버스터미널이 아니라 연희동에 위치한 인력사무소였다. 오랜 용역생활로 인해 안면도 있고 나름대로 인지도도 있다. 그날 흘린 땀으로 나만의 활동성을 확보했다. 그리고 다음 주 월요일에 남쪽 끄트머리의 사천에서 첫 안타를 신고했다.

그렇게 교육기간을 제외한 3개월 남짓한 시간 동안 전국을 세 번이나 돌았고, 100명이 넘는 사람들을 만났다. 그중 계약체결은 8건으로 기록적으로 저조한 타율이었다. 왜 그랬을까?

나는 별로 그 사람의 입장에서 생각하지 않았다. 구매하기를 강요하는 것만이 강매가 아니다. 내 입장에서 사주기를 바라는 것이며, 부드러운 마음으로 그를 대하지 않는 것이 강매다. 애써 사람 앞에서 조아릴 필요는 없지만 적어도 사람의 이야기를 들어주고 마음을 열고 나서 구매를 정중하게 지속적으로 요청했어야 하지만 나는 그러한 자세가 없었다.

'나, 보험 영업하러 왔다.'

누구도 이렇게 말하는 사람을 통해 보험을 쉽게 가입하지는 않는다. 물론 같은 부류라면 나름대로 솔직하다고 생각하겠지만 대부분 상대방에게 마음을 열 기회를 주지 않는 것이다. 좀 더 자극적으로 말하면 이렇게 말하는 것과 같다.

'내 말에 수긍하고 가입하든지, 확실하게 거절해라. 내가 구걸하는 것은 아니다.'

모든 필요조건들이 부족하고 정신상태도 어설프고 나아질 가능성이 없던 이 일을 그만두게 한 결정적인 일이 다행히 찾아왔다.

'용기가 요즘 보험을 팔려고 사람들에게 잘해주는 것 같더라.'

그 말을 전해들은 순간 나는 모래성이 무너지듯이 맥이 탁 풀리면서, 그날 저녁에 고시원의 작은 방으로 기어 들어갔다. 3일간 불도 켜지 않은 채로 잠이 들었다가, 다시 눈을 떠서 천장을 노려보았다. 눈이 피곤해서인지 억울해서인지 가끔 눈물도 흘렸다. 그 이후 사무실로 더 이상 출근하지 않았다. 부인하려고 애썼지만 그 말이 사실이었다. 의도적이 아니었더라도 그건 사실이었다. 난 사람들에게 목적을 두고 환대하고 있었다.

시작부터 그랬듯이 그 일에 대해 열정을 다할 마음은 없었다. 특유의 활동성과 부지런함이 있었을 뿐이었기에 그만큼 쉽게 그만둘 수 있었다.

맨몸으로 호주를 다녀온 후에 마음에 가득했던 것은 자신감을 넘어선 오만함이었다. 다른 사람들을 이해해줄 만큼의 여유나 너그러움이 부족했기에 그 좋은 시간을 통해 조금이라도 다른 사람에게 마음을 쓰며 관심을 기울일 기회로 주어진 것이다. 충분한 시간이 지났음에 수업을 마친 것이다. 아주 솔직하게 그에게 이제는 웃으며 고맙다고 말하고 싶다.

짧은 인생에 있었던 많은 시도들 중 확실한 두 번째 실패에서 많은 것을 잃었다. 4개월에 가까운 시간을 전국을 바쁘게 누비느라 학생으로서의 준비를 못했으며 8명에게 지속적인 재무설계가 아니라 담당자가 없는 보험만 남겨주게 되었다. 또한 가까워질 수 있었던 옛 친구들이 가망고객의 장부에 오르면서 더 이상 연락을 주고받지도 못하게 되었다.

이것도 일종의 도전이었는데, 과연 잃은 것만 있을까? 그래도 도전하는 인생은 반드시 무엇인가 얻는 것이 더 많다고 확신한다.

먼저 어느 순간에든 진심으로 생각해주는 친구들을 발견했다. 내가 재능이 너무나 없는 진로를 선택사항에서 미리 제외시킴으로써 실패할 수 있는 또 하나의 길이 막힌 것도 비싼 전리품이다. 마치 에디슨에게 있어 실패가 전구를 못 켜는 또 하나의 방법을 발견한 것처럼 말이다.

아무리 떨어져도 바닥 아래로는 떨어지지 않는다

아침은 점점 다가오는 것 같은데 날은 더욱 어두워지니 초병의 마음은 더욱 쓸쓸하기만 하다. 다시 달콤하게 잠들 수 있는 시간이 짙어지는 어둠을 통해 오히려 멀어지는 것 같으며 별조차 지고 말았다. 그 시간이 해가 뜨기 시작하는 접점이다. 그리고 반드시 해가 떴다. 아침을 기다린 초병에게 어김없이 휴식의 시간이 주어진다. 그런 새벽이 나는 참 힘들고 때론 고마웠다.

필리핀에서 여러 경험을 한 후 서울로 오자마자 바로 찾아온 손님이 있었다. 사실은 얼마 전에 헤어졌으며 다시 만나고 싶지 않았는데 기어코 찾아와서 나의 생활을 어렵게 했으니 바로 부상이었다. 손목의 지독한 염증이 겨우 가라앉았는데 다시 자리에서 일어나기가 힘들었다.

그 전날 아이들의 체육대회를 참관하고 돌아오는 길에 자전거의 체인이 끊어지면서 함께 굴렀다. 내리막이 아닌 오르막에서 구른 덕분에 병원신세는 지지 않을 정도로 다친 것에 감사했다. 구직할 때까지 인근에 있는 건설현장에서 일하며 생계를 유지하려 했지만 아침이 찾아온 불청객으로 인해 포기하고 말았다.

'아픔과 빈 냉장고'

여름 내내 집을 비웠으니 냉장고에 들어있는 것은 김치국물이 든 통밖에 없었다. 주머니에 들어 있는 돈은 천 원짜리 석 장이 전부였으니 당장에 쓰기도 뭐했다. 허기라도 지우기 위해 솥에 물을 가득 받았다. 통에 남아 있던 남은 김치조각과 약간의 국물을 넣어서 끓였다. 그리고 배 속에 채우므로 한 끼는 해결했다. 배고픔을 잊기 위해 바쁘게 걸음을 재촉했다.

학교로 가서 입사원서를 온라인으로 작성하고 돌아오는 길에 혹시나 하는 마음에 가지고 온 무료광고지에서 눈에 들어온 일자리는 호텔아르바이트였다. 건축자재를 드는 것은 무리겠지만 물이나 음식을 나르는 것 정도는 손목이 버텨줄 것으로 보고 전화를 걸어 자리를 예약했다. 아무래도 일을 하려면 좀 먹어야 하기에 차비를 뺀 돈으로 저녁을 간단히 해결하고 새로운 경험에 대한 기대 속에서 잠이 들었다.

다음 날 일찍 남산에 있는 H호텔로 찾아갔다. 일단 유니폼으로 갈아입으니 아주 깔끔해 보였다. 그렇게 호텔리어를 흉내 내기 시작했으니 호텔에서 제공하는 접대는 준비하는 과정부터 많은 사람들이 보이지 않는 곳에서 땀을 흘려야 했다. 그들은 마치 헤엄칠 때 움직이는 백조의 발과 같이 유기적으로 이루어졌다.

커다란 원형테이블을 굴려서 연회장으로 옮길 때에 손목이 살짝 시큰거렸다. 와인잔의 물기를 닦다가 깨뜨려서 파편이 손에 박히기도 했고 수많은 수저들을 정리하느라 땀을 빼기도 했다. 거기에 피로를 더하는 것은 조금 일찍 시작한 이들의 잔소리였지만 그들의 경력은 인정받기에 합당하며 일을 처리하는 속도도 나 같은 초보와는 확연히 차이가 났기에 별다른 거부감이 없이 받아들였다. 어디를 가든지 먼저 된 자에 대한 예우는 필요하며 그런 예우가 있기에 노력하는 사람도 있는 것이다.

여러 번의 리허설을 거치고 무대가 준비되면 모든 배우들은 자신의 자리에서 준비하고 있다. 호텔에서의 배우는 연회를 준비하는 수많은 스태프들이며, 연기를 보는 대신 입과 눈으로 음식을 즐기는 사람들이 객석에 앉아 있다.

'막이 열렸다.'

연회장과 주방을 가리고 있는 병풍 뒤에서 수십 명의 사람들이 나온다. 마치 중국영화에 나오는 대규모의 엑스트라처럼 동일한 복장으로 주전자를 들고 앞에 있는 테이블부터 차례로 물을 따르고, 애피타이저를 나르며 메인메뉴를 사람들 앞에 놓은 후 간단한 인사를 남기고 돌아온다. 메인메뉴를 몇 인분까지 들 수 있는가에 따라 그 사람의 경력을 짐작할 수 있다. 더욱 경력이 풍부한 사람들은 남아서 호텔직원들과 함께 손님들의 불편사항을 확인하고 해결했다.

디저트마저 주방을 벗어나게 되면 정리는 다른 팀에게 맡기고 다른 장소로 이동한다. 일반적으로 호텔에서 아르바이트를 할 경우 아침에 일찍 와서 연회를 준비하고 점심때 연회장에서 손님들을 접대한 후에 다른 곳으로 이동해서 저녁 연회를 준비하며, 오후는 저녁연회 준비를 돕고 저녁 연회장에서 접대를 마치면 정리까지 하게 된다. 아침에 오든지 저녁에 오든지 일하는 것은 다를 것이 없다. 모두가 땀의 대가를 정당하게 받는 공평한 세상이다.

입사지원서가 통과되고 또다시 전화기 너머로 채용소식을 들었다. 부상에 부상이 겹쳤지만 얘기할 곳은 그리 많지 않았다. 나는 그저 무릎을 꿇고 기도하는 것밖에 없었다. 기도의 끝이 보이지 않는 것 같았지만 가장 어두운 시간이 아침의 시작이며 해가 뜰 시간이 되면 아침은 반드시 찾아오듯이 다져지고 준비하던 나에게 또 다른 길로 갈 수 있는 문이 열렸다.

'많이 화려하기 위해서는 많은 땀이 있어야 한다.'

나는 바닥을 좋아한다. 실패의 바닥에 남은 것은 오직 상승이며 그러기 위해 필요한 것은 엉덩이를 바닥에서 떼고 일어서는 것이다. 아무것도 보이지 않아 가만히 서 있을 수밖에 없어도 절망할 필요가 없다. 가장 깜깜한 시간이 지나면 한 줄기의 빛만 있어도 어디든 걸어갈 수 있으며 더욱 집중할 수 있다. 가장 낮은 순간, 가장 어두운 그때에 가장 꿈을 시작하기 좋은 시간이다. 지금 무엇이든 시작하면 그것이 곧 꿈의 시작이며 점점 이루어지는 것을 볼 것이다.

선택 앞에서

좀 쉬운 길을 가는 것, 그것이 어쩌면 현명한 삶일지도 모른다. 그런 의미의 현명한 삶을 논할 때 난 할 말이 없다. 더욱이 누구에게 내가 가는 길을 추천할 마음도 없다. 언급했듯이 현명해 보이는 길이 아니기 때문이다. 하지만 분명한 것은 어떤 길을 가든지 자신이 거기에서 뿌리는 무엇인가가 있다면 그것은 참으로 가치 있는 길이라고 장담한다. 가시밭길을 가든지 혹은 바지를 걷고 질퍽한 논두렁을 거닐든지 그 길을 그냥 지나치지 않고 무엇인가, 최선을 다한 땀을 뿌린다면 그곳에는 반드시 피어오르는 것이 있다.

그 길을 걷는 누군가는 그 피어오르는 것을 누릴 수 있을 것이다. 혹은 알이 송송하게 들어있는 콩깍지든지 아니면 아픔 속에서 향기를 내는 백합화를 만나게 될 것이다. 선택보다 중요한 것은 바로 그 길을 걸으면서 파종하는 것을 멈추지 않는 것이다. 돌고 도는 세상에서 훗날 내가 열매를 거두거나 혹은 뒤에 오는 누군가에게 좋은 선물이 될 것이다. 선택이 아닌 그 이후의 자세가 바로 열매의 유무를 좌우하는 것이다.

터를 닦기 위해 땅을 파다가 간혹 돌조각을 만나게 될 때 조그만 돌멩이인지 거대한 돌의 뿔인지는 마음을 정한 후 깊이 파내려가야 알 수가 있다. 때론 괜히 시간을 낭비하는 것 같지만 파내려 가는 동안 터의 깊이는 더욱 깊고 넓어진다.

물론 선택을 통해서 공간이 넓어지지만 그것을 가져야 할 가치 있는 이유가 없다면 아무리 광활하며 돌조각이 떨어져 한참 후에 바닥에 닿는 깊이를 가져도 의미가 없다.

　모든 선택 앞에서 적어도 부끄럽지 않을 동기와 포기하지 않는 마음을 가지고 나아간다면 깊거나 혹은 넓어진 터를 통해서 삶은 더욱 단단하고 풍성해질 것이다.

　입사를 포기했더니 더 많은 기회를 부여한 회사로, 더 준비된 상태에서 일하게 되었다. 무엇보다 먼저 입사했다면 손목을 다칠 일은 없었을 것이며, 그랬다면 굳이 필리핀을 가지도 않았을 것이다. 결과적으로 세상에서 가장 큰 축복인 아내를 만날 수도 없었을 것이다.

Chapter 4

벽을 밀어 낼수록 공간은 커진다

익숙함의 선로를 떠나다

　어디서든지 적응이 빠르지만 동화가 빠르다는 것은 그만큼 벗어나기 쉽지 않다. 군복을 벗은 후에도 입대 전의 모습으로 돌아가기까진 꽤 많은 시간이 필요했다. 농담처럼 회자되는 제대증후군도 나타나 다시 입대를 하고 이등병 계급장으로 생활하는 꿈을 꾸거나, 밤에 갑자기 관등성명을 대면서 깨어나기도 했다. 통제에서 벗어난 그 시간과 여유, 주체할 수 없는 체력으로 공부를 해야겠지만 학생신분으로 돌아가기까지 1년이나 남았었기에 책이 손에 잡히지 않았다. 체력을 발산하기 위해 무엇인가 움직임이 필요했다. 경험이라도 쌓을 요량으로 직장을 구하다가 찾은 곳이 인근에 위치한 유통단지에 있는 한 물류센터였다. 수만 가지의 상품들이 모여 살아가는 일종의 거대한 아파트였다.

　그곳에서 하는 일은 주로 화물차에 물건을 싣고 다니면서 판매하는 소매상들이 주문한 물품을 실어서 보내는 일이었다. 전산으로 출력된 목록에 있는 물건을 찾아서 규격이 정해져 있지 않은 상자에 넣어 보내면 되는 일이었지만 물건을 찾는 것만큼은 단순하지 않았다. 숟가락만 해도 수십 가지가 넘었으며 어디에 있는지도 파악하기 쉽지 않았다. 품목들의 자리를 눈에 익히는 것이 급선무였고 그 후에 유사한 품목들을 구별해내야 했으며 그것들을 규격화되지 않은 상자의 공간을 잘 예측해서 물건을 넣은 후에 포장해서 보내는 것이 일의 수순이었다. 크기가 다른 물건들을 빼곡히 채워 넣는 감각과 플라스틱 노끈을 맨손으로 자르는 차력 같은 기술이 그때 습득한 것이다.

아침부터 저녁까지 이어지던 일은 자정을 넘어서 이어지기도 했다. 아쉬운 것은 그에 따른 추가급여가 없었다는 것이다. 품삯을 주는 것은 주인의 권한이니 내가 더 이상 판단할 사항이 아니지만 다소 아쉬운 마음이 들었다.

일이란 것이 처음에 힘들면 나중에 쉬워지고, 처음이 쉽다면 나중에는 어려워진다. 석 달 정도 일하다 보니 시작할 때 시장에서 구매한 운동화의 밑창이 너덜너덜해졌다. 드넓은 센터의 곳곳을 매일매일 뛰어다녔던 것을 감안할 때 값싼 운동화 치고는 잘 견딘 것으로 봐야 했다.

해진 신발과 손바닥에 더욱 즐비한 굳은살 덕분에 어느 정도 물건들도 눈에 익었고 포장하는 것에도 손이 좀 빨라졌지만 밀려드는 일 덕분인지 퇴근 시간만큼은 당겨지지 않았다. 원래 들어온 목적이 생계를 위함이 아니었기에 계속 무엇을 할 것인가 고민하던 중에 떠오른 것이 있었다.

'여행! 바로 젊은이의 여행!'

더 넓은 곳을 뛰어다니며 에너지를 발산하고 싶었다. 그리고 생각해 보니 군 생활 외에 한 번도 타지로 떠난 적이 없었기에 과연 지구가 둥근지 사회과부도의 지도가 제대로 그려졌는지 궁금했다. 그때부터 닳은 신발을 다시 살 생각은 하지 않고 적당한 때에 일을 그만둔다는 통보만 할 생각을 가지고 있었다. 비록 임시직이지만 자신이 보던 업무를 일방적으로 그만두면서 통보했다는 것은 내가 사회생활에 얼마나 미숙한지를 스스로 나타낸 것이고 거기엔 여지없이 불호령이 떨어졌다.

"도대체 넌 여기를 뭘로 보는 거야?"

저녁 무렵에 간식을 먹다가 우연찮게 앞으로 계획을 묻는 실장님께 결국 그 '통보'라는 만행을 저지르게 되었다.

"그만두려면 다른 사람이 와서 일에 지장을 주지 않도록 해야지. 뭐야 이거! 며칠 전에 이야기하고 어떡하라는 거야?"

백번이고 옳은 말이었기에 조용히 고개를 숙이고 진심으로 사과의 뜻을 표했다. 잘못에 대한 질책이 있었지만 따뜻한 마음의 표현도 넘쳤다. 떠나는 날에 일하는 사람들이 모두 모여서 나의 출발을 축하했다. 어느 순간 일어나서 출근하고 마당을 쓸며 물건을 찾아서 담았던 일들은 이제 깨끗이 잊어야 했다.

'익숙함'

그것은 불변함과 안일을 의미하는 말이기도 하다. 시간의 가치를 익숙함에 흘려보낼 수 없었기에 찾던 일들 중에 하나인 여행을 떠나기로 했다.

어쩌면 살아가는 모든 순간이 여행과 정착의 연속일 것이다. 매일 아침 눈을 떠서 손님과 만나던 그 모든 것이 하나의 여행이었고 집으로 돌아와 잠시 눈을 붙이는 것이 정착이었으며 이튿날 다시 눈을 뜨면 새로운 여행이 시작되었다. 하지만 우리가 말하는 그 '여행'에서는 뭔가 특별한 것을 얻을 수 있었다.

낯섦과의 첫 만남, 그 속에 있는 여유

여러 차례 무전여행을 떠나서 많은 일들이 있었지만 처음이 잘 잊히지 않는 것은 어렵고 두려우며 무엇보다도 신선하기 때문이다. 무작정 배낭을 메고 마음에 맞는 동행과 길을 나섰다. 여러 가지 시각에서 이상적인 인원수가 있다고 하지만 거기에 굳이 맞출 필요는 없었다. 몇 명이 중요한 것이 아니라 어떤 의지가 있는 것이 중요하다. 여행에 필요한 의지는 한 가지뿐이었다.

'같이 가자.'

무전여행일지라도 만일의 사태를 대비해 늘 2만 원을 가지고 시작했지만 여행을 마치고 정산하면 이상하게도 대부분이 남아 있거나 더 많은 돈이 있기도 했다. 따로 일을 하지 않았음에도 지갑에 돈이 떨어지지 않았다. 딱히 구걸을 한 적도 없는 것 같았지만 마음을 낮춰 생각하면 얻어먹고 잠잘 곳을 얻은 것도 다 일종의 구걸이었을지도 모른다. 어차피 누구나 태어날 때부터 어느 기간 동안 구걸을 하게 된다. 물론 구걸이라는 표현보다는 배려, 아니면 나아가 사랑이라고 하는 것이 좀 더 고상하게 들릴 것이다. 하지만 결국 얻어 먹고 누군가 잠자리를 돌봐준 것이다.

무전여행자에게 있어 다소 위험하면서 또한 묘미라고 할 수 있는 이동방법 은 무임승차이다. 물론 달리는 차에 매달리는 것이 아니라 합법적으로 운전자 의 동의하에 탑승하는 것이며 이것을 히치하이킹이라고 부른다. 흔한 방법은 엄지를 세워서 우리의 마음을 표현하며 차를 얻어 탔다.

'오늘 차를 태워주는 당신이 최고입니다.'

여행을 시작하면서 바로 시도한 것은 아니었다. 무전여행의 취지를 따라 집에서 걸어 나오는 순간부터 교통수단은 오직 무료로 타는 11번 버스이다. 어차피 시내에서 태워주는 사람은 없다는 생각에 시도조차 해보지 않았다. 무작정 걷던 이틀째 대구와 청도 간을 통과하는 국도로 그리 많은 차가 지나다니지는 않았다.

목적지인 청도까지의 거리를 알려주는 이정표에는 상당히 큰 숫자가 남아 있었고 이대로 가다가는 한 달이 지나도 몇 개의 도시밖에 못 갈 것 같았다. 그러다 문득 영화에서 본 것처럼 히치하이킹을 통해서 이동하기로 했다. 근데 사소한 문제가 있었으니 내가 영화배우가 아니라는 것이다. 시커멓게 탄 얼굴에다가 여행의 편리를 위해 삭발까지 한 상황이라면 달리던 차가 쉽게 멈추지 않는 것이 너무도 당연했다. 그렇게 30여 분이 지나도록 차들이 우리를 태워주지 않은 가장 큰 이유는 따로 있었다. 우리는 엄지를 내세우지 않았다. 그제야 엄지를 내밀었다.

검투사의 생명을 결정하듯이 일단 엄지손가락은 세웠지만 황제처럼 쭉 내밀지는 못하고 배꼽 아래쪽에서 도로를 향해 약 10센티미터 정도 앞으로 내밀었다. 내가 황제인지 알지 못하는 차들은 멈추지 않고 지나갔다. 길을 보기에 바쁜 운전자가 슬쩍 나온 엄지를 발견하기는 쉽지 않았다. 겨우 나온 그 손가락마저 다시 들어가야 할 판이었다. 그때였다.

"어! 형, 저기 차가 멈췄는데?"

얼른 차를 향해 달려갔다.

"어디까지 가세요?"

우리를 위해 10여 미터를 후진한 지프차의 창문이 열리면서 선글라스를 낀 중년의 아저씨가 사람 좋아 보이는 웃음을 더하며 물었다.

"청도까지만 가면 돼요."

우리의 대답에 남자는 주저함 없이 바로 차문을 열어주었다. 아직은 세상이 참 따뜻한 것 같았다. 물론 그때가 여름이라는 계절을 무시하고 말이다.

좌석에 앉은 우리를 확인하고 남자는 호탕하게 한 마디를 덧붙였다.

"젊어서 좋습니다. 지금 안 하면 나중에는 못하지요. 근데 태워주길 바라면 확실히 손을 들어야지, 그렇게 들어서 누가 섭니까? 머리도 그래가지고 있는데."

핀잔과 농담이 적당히 섞인 재미있는 강평에 나도 편안하면서 감사의 표현을 덧붙여 응수했다.

"처음이라 좀 쑥스러워서요. 그래도 아저씨 같은 분은 꼭 태워주시잖아요."

이런저런 이야기를 나누는 중에 청도 인근에 다다랐고 우리는 서로 헤어졌다. 물꼬를 텄는지 청도에서 다음 도시로 이동할 때에는 훨씬 더 수월하게 차량을 조달했다. 타인이 인정하는 미남형의 후배가 도로에 서서 적극적으로 의사표시를 한 덕분에 금방 경차를 얻어 타게 되었다.

다소 거칠어 보이는 4명의 여성들이 동승했기에 과장되게 말하자면 혹시 끌려갈지 모른다는 얼토당토않은 걱정을 잠시 했지만 다행히 그냥 시원한 성격의 소유자들이었다. 그 뒤로도 수많은 분들이 차를 태워주며 추억을 함께 나눠주셨다.

여행에서 가장 어려운 시기는 바로 시작하는 그 순간인 것 같다. 그것은 자신에게 정형화 된 많은 것들 속에 익숙한 자신을 벗어나기 위한 시도이기에 때론 굉장히 낯설다. 그 변화를 체감하고 그것을 즐기기까지는 많은 시간과 노력이 요하는 것들도 있기 마련이다.

처음이라는 문을 통과하면 배움과 경험의 작은 열쇠들을 얻게 된다. 집에서 이동하기 위해 지불했던 교통비를 포기하는 순간, 아니 더 이상 기대할 수 없을 그때에 비로소 따뜻한 마음을 가진 운전자들과 소통하는 방법, 즉 손을 들고 양해를 구하는 언어를 배우게 되고 일상에서 겪을 수 없던 새로운 친절을 경험하게 된다.

여행이 나에게 주는 이득은 처음이라는 것을 접하므로 잠시 생각할 수 있는 여유를 주는 것이다. 그 속에서 새로움을 발견하고 변화하고 환호하게 된다.

컨베이어벨트에서 만들어지는 전자제품처럼 그저 익숙하게 처리하던 많은 일들이 어느 순간 할 수 없게 된다면 그때는 새로운 것을 생각해야만 하기에 기계적으로 움직이던 것들을 멈추는 것이다. 그리고 생각할 수 있는 여유를 얻게 된다.

살아가는 모든 순간 닥치는 어려움이나 상실감은 바로 우리가 여행을 떠날 수 있도록 만드는 기회일지도 모른다. 그제야 우리는 무엇을 가지고 있었음에 감사하고 무엇을 더 얻을 것에 대한 기대를 하게 된다. 여행은 여유로운 생각을 가지는 그 모든 순간에 시작된다.

뒷주머니의 돈

정말 지독하게 더웠다. 그해 여름, 특히 7월의 한낮은 더욱 더웠다. 더군다나 등에 배낭을 지고 아스팔트를 마주하고 걸으니 아래위로 달려드는 열기로 인해 등에는 염전이 생긴 듯했고 걸음걸이는 수백 개의 껍딱지 위를 걷는 듯 질척거렸다. 2차선 국도 위에서는 다른 길도, 휴게소도 발견할 수 없었다.

무전여행의 또 다른 묘미는 바로 순응이다. 주어진 모든 환경에 대해서 불평할 수도 없다. 애초에 아무것도 없으니 불평한들 무엇 하나 바뀌는 것도 없다. 어찌 보면 빈손으로 태어난 모든 인생도 그럴 것이다. 처음에 태어났을 때에는 그저 울 뿐이다. 주는 대로 먹고, 나오는 대로 싸고, 졸리는 대로 잠을 잔다. 그런데도 그 얼굴에서 우리는 늘 천사를 발견한다. 주머니에 있는 것이 풍족의 조건이 아닌 만족할 줄 아는 마음이 풍족의 조건이다.

이제는 더 이상 자라지 않는 어른들이 떠난 무전여행의 시간을 유아기와 비교하는 것은 조금 무리가 있겠지만 순응하지 않으면 안 될 뿐만 아니라 순응할 수밖에 없는 형편은 비슷해 보였다.

"야! 도저히 못 걷겠다. 조금만 쉬다 가자."

상우와 나는 근처에 제법 큰 그늘을 제공하는 나무를 발견하고 가서 앉으며 말했다. 그늘 하나만으로도 세상이 변했다. 마치 오아시스 안에서는 아무도 사막을 인식하지 못하는 것과 같았다.

"지금이 가장 더울 때라는 오후 두 시니까 걷는 것은 좀 무리다. 한 시간만 자다가 가자."

같은 처지에 놓인 상우의 거침없는 동의와 함께 행군 중에 잠시 쉬는 군인처럼 배낭을 나무 곁에 내려놓고 이내 잠이 들었다. 다시 더워지는 것을 느끼고 눈을 떴을 때 이미 나무는 우리가 아닌 아스팔트를 식혀주고 있었다. 돌이켜 생각해 보면 도로가에서 잔다는 것은 참으로 무지하고 위험한 일이었다. 누적된 피곤과 한낮의 태양이 이성조차 마비시켰기에 벼랑 끝의 둥지임에도 너무나 편안함을 느끼며 쉴 수 있었다.

"아직 구례까지 가려면 20킬로미터가 넘게 남았는데, 와! 진짜 덥네."

"오늘 한 번 시도해 볼까?"

상우는 슬쩍 히치하이킹을 제안했다. 하긴 이번이 두 번째 여행이고 히치하이킹에 대해서는 자격증을 받아도 될 만큼 능숙해져 있었지만 날씨가 덥다는 것과 2차선이라는 여건이 차를 멈추기에 쉽지 않을 것이라는 예감도 들었다.

"해보자! 이러다가는 구례에 가기도 전에 아스팔트 속으로 녹아들 것 같다."

어제 의령에서 출발한 이후로 계속 걷기만 했으니 지칠 만도 했다. 실패해도 아쉬울 것이 없다는 심정으로 시도하긴 했지만 그 우려했던 일들은 현실로 나타나서 차들이 시원하게 우리 옆을 지나치기만 했다. 걷다가 돌아보다가를 반복하니 그리 먼 거리를 가지도 못했는데 나무그림자는 어느새 아스팔트 중앙에 있었다. 그냥 걸어가는 것도 나쁠 것 같지 않았다. 미련을 두고 있으니 더욱 지치는 것 같고 햇살에 눈을 찌푸리고 있는 두 남자를 태워주는 것도 쉽지 않을 것 같았다.

"야… 그냥 걸어갈래?"

"어… 잘 안 되네. 그럼 이번 한 대만 더 시도해 보고 가자. 저기 한 대 오고 있네!"

기적이라는 것은 항상 마지막 시도에서 모든 것을 접으려는 그때 모습을 보이는 것이다. 급격히 속도를 줄인 차는 몇 미터 앞에 섰고 우리는 가벼운

걸음으로 달려서 차창 너머로 인사를 드렸다.

"안녕하세요. 좀 태워주시겠어요?"

차창이 열리면서 우리는 소형 세단 차량에 네 명이 탔다는 것을 확인했다. 마치 태워주고 싶은 마음은 굴뚝같지만 상황이 안 된다는 것을 몸소 보여주는 것 같았다. 그리고 우리는 그 상황을 보고 확실히 체념했다.

"어디까지 가세요?"

"저기… 구례까지 갑니다."

중년의 신사가 인사차 묻는 질문에 대해 대답할 때 우리는 애써 표정에서 실망감을 감췄지만 힘이 빠진 목소리는 숨길 수 없었다. 하지만 그 뒤에 이어지는 말은 우리를 당황하게 만들었다.

"타세요."

신사의 명쾌하고 짧으며 친절한 말 한마디로 제안했지만 우리는 거기에 오히려 길게 구차하게 거절하는 이유를 설명했다. 차 안의 상황을 보고 이미 포기한 상태였으므로 가식적이거나 마음에 없는 말도 아니었다. 정말 타기 힘들 것이라고 생각되었다.

"아… 괜찮아요. 우리는 다른 차를 타도 되거든요."

이 더운 여름 날씨 속에서 크지도 않은 차에 우리를 포함해서 6명이 타고 간다는 것 너무나 폐를 끼치는 것으로 여겨져서 정중하게 사양했다. 물론 마지막으로 시도했던 것이기에 더 이상 우리에게 다른 차는 없었다. 여행은 결정과 실행의 반복이기에 번복과 변경은 되도록 하지 않는 것이 그간에 세운 원칙이었다. 차는 더 이상 없었다.

그렇게 거절하던 우리의 모든 의지는 신사가 땅에 발을 딛는 순간에 완전히 무너졌다. 내리면서 동시에 트렁크를 열었고, 배낭을 벗기다시피 받아서 넣은 후에 앞자리에 큰아들을 뒷좌석으로 보내고 나를 그곳에 앉혔다. 친구를 포함한 뒤에 네 사람은 엉덩이를 지그재그로 해서 공간을 확보했고 그 차는 천사의 날개를 단 듯 무거운 몸을 날렵하게 날렸다.

"자네들, 혹시 화엄사는 가봤나?"

마음을 편하게 하기 위해 신사는 말투를 바꾸고 물었다. 화엄사라는 곳도 처음 들어봤으며 지리산 중턱에 자리하고 있다기에 무전여행에서 갈 만한 장소는 아니었다. 산에 갔다가 저녁이라도 해결하려면 여간 비용이 드는 것이 아니고 노숙할 곳도 마땅치 않기에 갈 생각도 안 했다.

"아니요."

"그럼 우리 화엄사 가는데 같이 가겠나? 노고단도 올라가 보고 어때?"

그건 우리에게 부탁하거나 의견을 물을 사항이 아니었다. 오히려 우리가 호사를 누릴 기회가 주어졌을 뿐이었다. 흔쾌히 우리의 동의를 얻은 신사는 시원하게 속도를 내었다.

화엄사와 시원하게 물줄기를 뿜는 지리산계곡을 돌아본 후에 개통한 지 얼마 안 된 자동차도로를 통해 노고단까지 올라갔다. 구경거리는 차치하고 거기서 맛본 은어튀김을 아직도 잊을 수 없다. 하긴 배고픈 나그네에게 그 무엇이든 진미겠지만 처음 맛보는 생선의 고소함에 감탄했었다. 언젠가 또 먹고 싶다. 눈도 입도 즐거운 노래를 부르며 다시 차에 올랐다.

지리산을 내려오는 곳곳에 안전지대가 설치되어 있었다. 경사가 워낙 큰 도로라서 중력만을 의지하고 내려오는 중에도 그 속도는 너무나 빨랐고 차량바퀴에 걸리는 자체하중이 커서 브레이크에 무리가 갈 수 있었기에 속도를 줄이고 잠시라도 쉬어갈 수 있도록 만든 공간들이었다. 강원도에 있는 스위치백으로 움직이는 기차가 높은 경사를 올라가기 위해 처음에 후진하는 것과 비교할 때 그 방법은 달랐지만 목적은 같았다. 인생에 있어서 오르막이든 내리막이든 한 번쯤 돌아본 후에 나아갈 수 있는 시간과 공간은 필요한 것이다.

산을 내려오니 어둠이 슬쩍 산자락에 기대고 있었다. 대부분의 관광지가 그렇듯이 입구에는 고장의 대표음식을 준비한 식당들이 많다. 물론 꼭 그곳에서 난다는 확신은 없지만 인근의 산나물을 채집해서 만든 산채비빔밥의 맛은 정말 놀라울 정도였는데 그 가격이 더욱 놀라웠다.

처음에는 차만 얻어 타려고 했는데 본의가 아니게 여러 가지 신세를 지게 되어 너무나 감사하면서 마음 한쪽에는 부담감이 누룩을 만난 가루처럼 부풀어 오르고 있었다. 저녁 무렵 해는 산 중턱에 절반이 걸려 있었고 붉은 노을이 약간은 몽환적인 분위기조차 생성되고 있었기에 이별을 고하기엔 적당할 것 같았다.

"저… 이제 구례에 들어가셔서 아무 데나 내려주시면 될 것 같은데요."

"응… 알겠어."

처음 만났을 때의 그 상쾌한 대답과 함께 차는 도로 위를 달렸다. 근데 머리 위로 지나가는 이정표에는 우리가 점점 구례와 멀어지고 있음을 나타내고 있었다. 밝은 얼굴로 달리는 신사에게 묻기도 그렇고 가족들과 이런저런 이야기를 나누다가 보니 어느 순간 우리는 참 오랜만에 네온사인들을 맞이하게 되었다. 지리산에 있는 온천단지에 들어선 것이다. 어리둥절하게 서 있는 우리에게 신사는 열쇠를 하나 건네주었다.

"잠깐 쉬다가 2시간 후에 만나자."

우리의 방에 들어와서도 한참 동안 멍하니 서 있었다. 무전여행으로 노숙에 익숙한 우리에게 호텔방은 너무나도 낯설었다. 구례의 어느 집의 창고에서든지, 혹은 인근 공공기관의 벤치에서 잠을 청할 줄 알았는데 뜻밖의 호사를 누리게 되었다. 그날 밤늦게까지 유흥을 즐기고 온천수에 몸을 씻기고 푹신한 침구류와 함께 편안한 밤을 보내었다. 그 순간만큼은 나그네가 아니라 누군가의 가족이었다.

하동을 돌아보고 헤어지기 전까지 그분이 우리에게 베푼 친절과 제공해준 것들을 일일이 말하기조차 어렵다. 특히 마지막 순간은 더욱 잊을 수 없다. 대기업 중역인 그분은 서울로 가기 위해 사천공항발 항공권을 사전에 예약했고, 탑승시간이 가까워 옴에도 우리가 다음 목적지까지 편안히 갈 수 있도록 차량통행이 빈번한 곳을 찾아서 이리저리 차를 움직였다. 시간이 너무도 축박해졌기에 우리가 너무 불편해 하자 본인이 만족할 만한 곳은 아니지만 그나마 통행차량이 많다고 생각되는 곳에 우리를 내려주셨다.

"자네들 길을 떠날 때 얼마 가지고 시작했어?"

"2만 원이요."

그분은 바로 지갑에서 2만 원을 꺼내어 건네주셨다.

"지금부터 다시 시작해."

그리고는 홀연히 흔드는 손의 잔상만을 남기고 모두 떠나갔다. 아직도 상우와 나는 그분께서 만들어주신 모든 추억들을 잊지 못하고 있다.

사람은 나면서부터 아니 어머니와 강한 끈이 연결된 때부터 배우고 끊임없이 사용해야 할 말이 있다. 그때 몸소 배웠지만 나를 포함한 많은 사람들이 배운 것을 가끔 생각하거나 쓸 일이 많지 않다고 투덜대기도 한다. 하지만 그 말은 세상을 살아가는 데 꼭 필요하며 눈만 돌리면 당연히 해야 하고 더 나아가 우리가 누리는 혜택을 제공하는 보이지 않는 사람들을 찾는다면 아마 그 횟수를 세는 것만으로도 모든 일과를 접어야 한다.

"고맙습니다."

"힘내요."

"저도 그랬어요. 당신도 할 수 있어요."

"별말씀을요."

세상에 빈손으로 온 것 같지만 우리에겐 2만 원이 쥐어 있다. 아무것도 없다고 생각될 때도 생각의 뒷주머니에 손을 넣어 보면 2만 원이 들어 있다. 하지만 마냥 앉아 있으면 그것을 누릴 수 없다. 엉덩이를 털고 일어나 뒷주머니에 손을 넣어 빼내야 한다. 그리고 힘차게 내딛고 나가야 한다. 세상에는 아직 얼마든지 주저앉은 우리를 일으키며, 일어나 걷는 중이라면 우리의 걸음이 불편하지 않으며 위험 가운데 빠지지 않도록 배려하는 수없이 많은 손길이 있다. 아침과 저녁에 이 말로 하루를 시작하고 닫았으면 좋겠다.

"당신 덕분입니다. 고맙습니다. 그리고 이제는 저의 차례입니다."

바람과 물에 몸을 맡기다

마지막 무전여행에는 여름에 함께 했던 상우와 새로운 동행이 둘이나 있었는데 그중 하나가 과외수업을 하던 아이였다. 그 부모님이 나에게 요구한 것은 아이의 지적인 능력을 개발시키거나 수업에 대한 보충적인 지식을 전달하는 것이 아니라 아이의 습관, 즉 외동아들로 태어나 원하는 것만 누리는 가운데 젖어든 여러 가지 안 좋은 습관들을 바꾸는 것이었다. 물론 해병대식의 강도 높은 훈련으로 변화를 시도했으며 그 마지막 과제가 여행이었다.

앞서 두 번의 여행 가운데 아직 밟아보지 못한 곳은 제주도를 비롯한 섬들과 강원도였다. 해남에 있는 땅끝마을과 부산, 군산 등 여러 항구도시에도 가 보았지만 배를 타지 못한 것이 아쉬웠다. 섬에는 못 가더라도 아직 경험하지 못한 강원도를 누빈 후 정동진에서 해돋이를 보는 것으로 일정을 잡았다.

끊임없는 행진과 익숙한 노숙생활 속에서 유난히 기억에 남는 것은 청주와 충주 간의 여정이었다. 한밤중에 청주에 도착했으나 머물 곳이 없어서 걷던 중에 청주외곽에서 푸른색 화물차를 만났다. '호로'라고 불리는 덮개 역시 푸른색이었다. 화물칸에 누운 뒤에 그 위로 겨울철이라 더욱 시원해 보이는 덮개를 펼쳤다. 짐칸에 사람이 타는 것은 단속대상이기 때문이다. 차는 톨게이트를 지나 고속도로를 거침없이 달렸다. 겨울에 부는 칼바람도 속도를 얻어 덮개와 차량 사이에 난 틈새로 돌진했다. 성난 군중처럼 몰려와서 추운 겨울 샤워기에서 나오는 차가운 물바늘처럼 우리의 뺨을 때렸다.

'으으으.'

무차별 공격을 당하던 네 명의 여행자는 침묵으로 일관했다. 하긴 코앞에 천막이 있으니 말하기도 힘들었으며 달려드는 바람소리도 엄청나게 컸다. 가만히 들어보면 나처럼 모두가 비명을 지르고 있었거나, 꽉 깨문 입술로 새어나오는 소리를 통제하며 차가운 바닥에 누워 여러 생각들, 그중에 후회라는 것을 떠올리는 이도 있었을 것이다.

'이건 여행인가? 아니면 행군인가?'

여행자의 이동이나 군인의 행군을 구분하는 기준은 그 사람이 입고 있는 옷에 따라 달라질 뿐이고 그 옷은 걷고 이는 목적을 나타내므로 민간인의 옷을 입고 정동진으로 태양을 향해 나아가는 우리는 여행객이었다.

단양에 머물러 짧은 생을 살며 많은 일을 겪었던 단종의 자취를 둘러본 후 영월로 향했다. 드디어 머물기로 약속된 괴골마을이라는 곳에 도착했다. 좀 낯선 이름을 가진 마을에 친구가 살았는데 가는 날이 장날인지라 며칠 후에 이사를 간다며 짐을 싸고 있었다. 내 생애 큰 축복은 어디서나 일복은 넘치기에 밥상에서 아주 당당하고 맛있게 먹을 권리를 늘 얻는다는 것이다. 며칠을 머물며 틈틈이 친구를 도와주며 영월을 둘러보던 중 마침 인근에 잔잔하게 흐르는 강을 찾았다. 서강이라고 불렀지만 딱히 지명을 확인할 방법은 없었다.

래프팅으로 널리 알려진 동강은 겨울이라 망설여졌고 간다고 한들 즐길 만한 금전적인 여유도 없었다. 하지만 서강은 걸어서 갈 만큼 가까웠으며 무엇보다 사람들이 없어서 고요함을 즐길 수 있었다. 갑자기 누드해변에 온 듯 눈이 쌓인 돌들을 피해서 옷고름을 풀어 올려놓았다.

군대에 있을 때 냉수마찰은 훈련이 아니라 그냥 생활이었다. 온수가 모자란 것도 있지만 괜히 후임병들의 정신을 무장시킨다는 명목하에 먼저 찬물에 들어갔다. 물론 내가 들어가지 않으면 괴롭힘이지만 같이 들어가면

훈련이 된다는 나만의 전제가 깔려 있었다. 제대 후에도 운동 후에는 냉수로 씻는 것을 즐겼다.

민간인으로 서강의 얼음을 깨고 네 명 중에 나와 후배가 들어갔다. 정말 추웠다. 그나마 제대를 한 지 2년이 되어감에도 유통기한이 지나지 않은 군인정신이 남아 있어서 그럭저럭 견딜 만했다. 그때 들어갔던 목적을 지금도 자문할 때가 있다.

'왜 들어갔을까? 도전이었을까? 아니면 그냥 객기에 행동한 것일까?'

그냥 주저되는 일을 한 번 실행하고 싶었다. 통상적으로 추위에 따뜻함으로 대응하지만 가끔은 온몸으로 받아치고 싶었다. 찬물로 몸을 씻고 나오면 주변에서 한기는 일시적으로 느껴지지 않고 몸에서 증기가 오른다. 또한 찬바람이 불 때 웅크리면 더욱 가슴 깊이 스며드는 것 같기에 어깨를 펴고 튕겨나가는 것 같다. 더 나아가 구혈에 소금을 쳐서 아예 그 상처가 줄 수 있는 최대의 고통을 맛본 후에는 지극히 편안한 것처럼 고통이란 것은 대응하기에 따라 다르게 느껴지는 것이다.

피할 수 없으면 차라리 즐기는 것이다. 고통스럽던 많은 일들을 겪는 중에 피하거나 줄이려고 애쓰기보다 적극적으로 응해서 원인과 해결책을 찾다 보면 그 환경에 대한 극복을 넘어 성장이라는 것을 경험할 수 있었다.

여러 차례의 무전여행, 단순하게 나와서 한참을 배회하다가 다시 귀가한다면 시간을 낭비하는 것이다. 도전하는 마음은 아주 짧은 시간의 결정으로 발전하고 다져지지만 또한 쉽게 익숙해지는 것이다. 그저 도전만을 일삼고 성취하는 것도 인생을 낭비하는 것이다.

무전여행의 의미, 왜 시작했느냐에 대한 마음을 새롭게 하고 이제는 새로운 도전을 위한 기공식의 일환으로 들어갔다가 추측할 수밖에 없다. 도전도 변화가 없다면 그저 나태한 일과의 하나일 뿐이다.

절망과 희망이 공존할 곳은 없다

잠시 우리의 유숙을 허락했던 괴골마을의 친구가 이사를 가게 되어 짐을 모두 옮겨주고 저녁까지 맛있게 먹은 후 짧은 인사를 마치고 발길이 향한 곳은 삼척의 경계였다. 거기서 산을 넘어가면 드디어 동해를 만나게 되는 것이다. 저녁 무렵 산을 올라오기 시작해서 옛날 '전설의 고향'에서 나오던 구미호가 존재할 법한 야심한 시각에 태백산맥을 넘고자 했음에도 시작하는 발걸음은 아주 경쾌했다.

"이야~! 하늘 봐라. 별이 진짜 많다."

정말 많은 별들이 쏟아질 듯이 반짝이고 있었기에 올려다보며 감탄을 하고 잠시 걷다가 또 즐거운 눈으로 위를 바라보고 내딛기를 반복했다. 주변에는 별밖에 다른 것이 없었고 한밤중에 가파른 산을 오르는 것도 체력소모가 적지 않았다. 그 감흥은 곧 사라지고 그저 어두운 도로만이 우리를 감싸고 있었고 우리의 대화도 그 어두움에 먹혀버린 채 그저 걷기만 했다. 젊은이들의 고개는 숙여지고 숨은 거칠어졌으며 그들의 눈에는 더 이상 별들이 빛나지 않았다.

좁은 도로에서 가끔 앞뒤로 오가는 차들의 위협을 이리저리 피하면서 한참을 걸었더니 도로의 정상에 이르렀고 길은 내리막으로 이어지기 시작했는데 그 아래로는 많은 불빛들이 밀집되어 있었다. 별빛보다 더 반가운 것이 바로 사람들이 사는 마을의 불빛들이었다.

'그래. 바로 저기가 사람이 사는 마을이구나. 그나마 좀 쉴 곳을 찾을 수

있겠네.'

아주 흐릿하지만 도착지가 보이기 시작하면 행군에 지친 병사는 고개를 들고 또렷한 걸음으로 걷기 시작한다. 이제 곧 끝날 것이라는 희망이 그에게 힘을 실어주는 것이다. 어느덧 차량조차 지나다니지 않을 만큼 밤이 깊었다. 한참을 지난 후 서로가 아무 말이 없었지만 인정하고 있었다.

'가로등이 모여서 만든 마을'

급경사 길에 놓인 가로등들을 마치 군집해 있는 집들의 불빛들로 보았던 것이다. 하긴 자정이 훨씬 넘은 시각에 그렇게 많은 불이 켜져 있는 것도 이상할 것이다. 산간마을은 더욱 일찍 잠이 든다. 모두가 잠든 고요한 밤에 별과 나그네들만 깨어 있었다.

온 산을 깨울 것 같은 큰 소리가 났다. 그것은 산등성이를 넘어가는 기차의 거친 숨소리였는데 어디선가 들은 적이 있는 스위치백이라는 열차로서 고지대를 단 번에 오르기엔 무리가 있으므로 전진했다가 어느 정도 상승한 후에는 다시 후진해서 힘을 비축한 다음에 다시 나아가서 더 높은 곳으로 올라갈 수 있도록 선로를 만들었다. 즉, 기차가 그네를 타는 것이다.

그것은 우리에게 한 걸음 물러났다가 다시 올라가는 삶의 여유와 그것이 가진 힘을 몸소 보여주고 있었다. 여유를 잃었을 때 눈에 보이는 것이나 손과 발로 할 수 있는 것은 제한되고 삶은 더욱 축소된다. 그렇다. 여유가 없으면 풍요도 없는 것이다.

끊임없이 우리의 머리 위에서 별은 반짝이는데 우리는 지쳐서 아니면 걷기만 집중하느라 그 아름다운 것들을 망각하고 있었다. 양동이에 가득 담긴 우유를 옮기느라 숲에서 들리는 새소리나 별의 노래도 혹은 나무가 보내주는 청량한 숨결도 느끼지 못했다. 돈도 없는데 여유조차 없다니 그야말로 최악의 여행자이며 연민의 눈길을 보낼 수밖에 없는 나그네의 모습이었다.

정상에서 보이던 불빛의 무리들 중 가장 아래쪽의 서 있는 것과 인사를 나눈 때는 새벽 5시가 넘어서였다. 곧 해가 뜰 것 같은 시각임에도 주변은 더욱 어두워져 갔다. 아침이 오기 전 새벽이 가장 어둡다는 말을 실감할 수 있었다. 마을 어귀에 있는 경로당의 마루에서 라면을 끓여서 요기를 하고 바람을 피할 수 있는 곳에 들어가 잠을 청했다. 한밤중에 태백산맥을 넘었다. 이제 평지를 누리는 일만 남았다.

마지막 관문이었던 동해시를 지나고 예전에 드라마를 촬영했다던 국도를 따라 한참 걸은 후 이튿날 새벽에 정동진에 도착했지만 그날은 안개가 낀 날이었기에 해가 수면 위를 떠오르는 장관은 볼 수 없었다. 수백 킬로미터를 찾아온 곳에서 목표했던 것은 이루지 못했다. 그렇다고 아쉬움이 큰 것은 아니었다.

이젠 그것을 간절히 봐야 할 열망이나 필요가 없었기 때문이다. 그 사이에 우리의 가슴에, 그리고 배낭에는 이미 더 넣을 수 없을 만큼 많은 것들로 가득 차 있었다. 많은 사람들이 희망과 아름다운 아침을 보기 위해 그날 그곳에 왔다. 나는 이미 밤을 지새우며 걷는 동안 우리 위에 떠오르던, 새로운 날, 즉 새로운 기회를 보여주며 환하게 웃던 해를 많이 만났다. 밤이 지나면 반드시 아침이 오는 것보다 희망찬 일은 없다.

빈손보다 즐거운 인생은 없다.
감사를 안다면…

정동진에서 나의 걸음은 더 이상 북상하지 않았다. 세 번의 무전여행으로 대한민국에서 섬을 제외한 모든 땅을 가 보았다. 그래서인지 우리는 우승한 선수에게 뿌려지는 샴페인처럼 길에서 비구름을 만났다. 처량하게 젖은 모습이 더욱 주효했는지 지나가는 분께서 기꺼이 차를 태워주셨기에 구름보다 빨리 내려올 수 있었다. 무전여행을 하면서 다양한 차들을 얻어 탔다. 모든 차가 다 편했지만 단 한 대가 그렇지 않았다.

울진에서 포항으로 가는 고속버스가 정류장을 벗어나서 국도를 달리다가 우리 앞에 차를 세운 후 승차하도록 했다. 물론 도착하기 전까지 고마운 기사님이었다. 근데 하차하려는데 요금을 청구하는 것이다. 비상금이 있었지만 무전여행은 말 그대로 교통비를 지불하지 않는 것이 원칙이었고 자발적이지 않은 지출이라 상우가 차비를 줄 수 없음을 분명히 하고 차에서 내려서 정류장을 벗어나려는데 한쪽에서 관리자인 듯한 사람이 와서 차비를 내라며 일종의 위협을 가하는 것이다. 순간 너무나 화가 났다. 붉은 얼굴을 들이밀고 소리쳤다. 그 위협을 계속 허용할 수 없었다.

"정류장이 아닌 곳에서 우리 보고 타라고 했는데 우리 보고 어쩌라고!!"

삭발한 머리와 각진 얼굴을 가지고 당장 주먹다짐이라도 할 의사를 표하자 그는 기사를 찾는 척하며 조용히 물러갔다. 우리는 정류장에서 표를 사거나 버스기사에게 탈 의사를 표현하지 않았다. 거래는 정해진 때와 정해진 장소에서 이루어지는 것이 제대로 된 것이며 그렇지 않을 때는 과감히

거부하거나 굳이 대가를 치를 필요가 없는 것이다. 지금도 나는 지정된 장소가 아닌 곳에서 물건을 사거나 파는 것을 굉장히 싫어한다. 엄청난 이득이 있다 하더라도 거래하지 않는다.

일상의 익숙함에서 벗어나는 것은 수많은 반발과 생소함 그리고 어려움을 가져오지만 또 다른 숲길을 택해서 산에 오를 때 우리에게 새소리와 색다른 동식물들과의 만남이 허락된다. 또 다른 방법으로 산을 오르는 순간에 쓰지 않던 근육들도 힘을 얻으며 또 다른 세상의 사람들을 만날 수 있게 된다. 내가 여행하는 방법도 남과 조금 다를 뿐이었다.

개인적으로 어느 누구도 예외가 없이 무전여행을 하도록 태어났다고 생각한다. 때론 나면서 엄청난 부를 소유한 사람도 있겠지만 실상 누군가에게 얻었거나 탈취한 것이지 자신이 태아에서부터 만든 것은 아니다. 모두가 차를 얻어 타듯이 도움을 받으며 살아왔고 마지막에 숨을 거두는 순간에도 누군가의 도움을 받게 된다. 끊임없는 도움의 손길, 그것이 나그네 된 우리에게 주어진 일종의 특권이다.

어딘가를 향해 끊임없이 달리지만 꼭 그곳에 대단한 것이 있는 것만은 아니다. 정동진에서 만난 해는 우리의 목표와 달랐지만 걷던 길에서 이미 그 이상을 가슴에 담았다. 끊임없이 함께해 준 별들의 반짝임과 우리의 안전을 지켜준 가로등의 무리들, 그리고 오가는 길에 자의적으로 혹은 실수로 우리의 걸음을 옮겨준 수많은 사람들의 손길이 있었던 것이다.

우리는 어느 지점에 놓여 있는 대단한 보물상자를 기대하며 무던히 달려가지만 꼭 그 길의 끝에 있는 것은 아니다. 이미 가는 그 길 위에 기대하던 것 이상의 보화가 널려 있다. 꿈을 이루었다고 생각하는 사람이 공허함에 허덕이는 것도 그런 연유일 것이다. 그 끝이 아니라 여정 위에 많은 것이 있다. 각 사람의 생각에 따라 의지에 따라 그것은 다양한 모습을 지니고 있다.

'사랑, 열정 혹은 풍요'

하지만 그 모든 것이 저절로 생겨난 것은 없다. 누군가 만들었고, 누군가는 뿌렸으며 그리고 누군가는 모르고 지나쳤다. 가끔씩 바쁜 달리기를 멈춰서 허리를 숙이고 줍기만 해도 어느덧 등에 질 수 없을 만큼 많은 보화를 가지게 된다. 등이 무거워졌을 때 고개를 숙여서 겸손해야 허리도 다치지 않고 산을 오를 때 넘어지지도 않는다. 겸손의 가장 확실한 표현은 감사라는 것이다.

세상에 빈손으로 태어나서 참 감사하다. 이미 쥐어진 것이 아니라 세상에 펼쳐진 수많은 것들을 쥘 수 있는 특권을 가졌기 때문이다. 인생의 시작과 끝이 아무것도 없음은 많은 것을 누리게 하거나 남기게 해주는 최적의 조건인 것이며 또한 공평한 조건이다.

Chapter 5

기둥이
치워지면
하늘은 머리
위에 있다

호주! 기대와 두려움의 경계에 서다

난생처음으로 인천공항에서 비행기를 타게 되었다. 여행비용을 줄이는 측면에서 경유하는 노선을 택하다 보니 17시간, 대기하는 시간을 빼더라도 14시간은 넘게 비행기를 타야 했다. 옆에 앉은 덩치 큰 승객은 앉자마자 앞에 앉은 남자에게 불평을 듣기 시작했다. 좌석간격이 좁고 기차나 버스보다 좌석을 눕히는 것에 한계가 있었다. 한 사람이 조금이라도 넓게 지내려면 제로섬의 여유라 한쪽에서 불평이 튀어나왔다.

그렇게 오랫동안 공중부양을 한 후 양쪽의 세상을 갈라놓는 두꺼운 자동문을 지나 호주에 첫 발을 디뎠다. 많은 사람들이 그 비행기를 타고 왔지만 두꺼운 방한복을 입고 뜨거운 공기를 대면한 사람은 거의 아니 나밖에 없었다. 비가 내리기에 밖으로 나갈 수도 없는지라 그저 라운지에 바퀴가 달린 배낭을 세워놓고 그 위에 앉았다. 지나가는 수많은 시선들 중에서 이방인인 나에게 향하는 것은 없었다. 이 땅에 내가 아는 사람은 없다. 적어도 9천 킬로미터 이내에는 없었다.

고향의 물을 마신 지 꼬박 하루가 지나 있었다. 비행기 안에서 잠만 잤고 정신없이 입국수속을 마치니 그제야 갈증이 느껴져 가게점원에게 탄산음료 하나를 가리키면서 처음으로 짧은 영어 한 마디를 던졌다. 근데 그건 참 어색한 말이었다.

"That."

세계 어디를 가든지 그 음료의 맛은 차이가 없다. 그저 외화로 지불했을 뿐 혀끝에서 느껴지며 배 속에서 진동하는 것은 똑같았다. 여기도 별반 다를 게 없는 세상이란 생각이 들었고 비가 그치듯이 마음을 덮고 있던 걱정의 구름들도 서서히 밀려나갔다. 저기에서 나와 비슷한 피부색을 가진 사람이 다가오며 던지는 한 마디의 한국어가 너무나 반가웠다.

"권용기 씨?"

태양빛에 적당하게 그을린 청년이 눈앞에 나타났다. 여기서 먼저 해야 할 일은 현지의 어학원에서 기초적인 수업을 듣는 것으로 기관과 학생을 연결하는 교육프로그램을 판매하는 중개업체는 서비스의 일환으로 학생들이 호주에 왔을 때 거처를 마련하기까지 임시로 머물 수 있도록 현지 유학생을 소개했고 그들의 첫 임무가 공항에서 학생들을 'pick-up' 하는 것이었다.

며칠 동안 간단한 적응훈련이 시작되었다. 물론 누구도 강요하지 않는 자신만의 훈련이며 일종에 문화적 충격을 경험하는 것이었다.

"밥 먹으러 가자!"

내가 아는 의미로 밥을 사겠다는 뜻이지만 패스트푸드점을 방문했을 때 자신의 것만 주문한 후 바로 자리로 돌아가는 것을 보고 밥을 먹자는 말과 밥을 사겠다는 의미의 차이를 배웠다. 다른 문화에서는 말의 의미를 한 번 더 생각해 봐야 했다.

호주는 국토에 비해 인구가 적은지라 사람의 손이 닿는 모든 것이 비쌌기에 교통비 또한 만만치 않았다. 거기서 처음 접한 것이 바로 환승제도라는 것으로 일정금액을 지불하고 표를 사면 일정한 구간이나 기간에 무제한으로 사용이 가능했으며 갈아탈 때는 추가비용이 들지 않기도 했다. 계산만 빠르게 하면 약간의 비용을 줄이는 재미도 종종 느낄 수 있었다.

짧은 며칠을 보내고 조금 외곽에 위치한 주택을 찾았다. 대부분이 집을 사기보다 빌리는 임대차문화의 발달로 방 하나만 쓰는 것도 가능했다. 이미 가져 온 돈의 대부분을 어학원에 쏟아부었기에 빈곤해지고 넘을 힘이 조금 부족한 언어의 장벽 앞에 자주 좌절하곤 했다.

그 부족함은 불평을 동반하지 않는 한 집중과 순수의 삶을 살아갈 기회를 준다. 의지할 사람이 없기에 새벽마다 간절하게 기도했으며 운동을 거르지 않았다. 객지에서 건강하지 않으면 갈 곳이 없는 나로서는 상당히 곤란해지며 열정도 식을 수밖에 없는 것이다. 덕분에 훗날 농장에서도 지치지 않고 일을 할 수 있는 체력을 유지했다.

기대와 두려움은 시차가 없는 것으로 동일한 상황 속에서도 한 사람의 마음에 공존하는 것으로 마음의 결정에 따라 전혀 다른 결과를 가져온다. 얼마나 견디고 노력하는가에 따라 탄소가 흑연이 되고 다이아몬드가 되듯이 기대하는 일이 일어나거나 두려워하는 일이 닥치는 것은 환경과 자신이 가진 재능보다는 상황을 어떻게 견디고 노력하는가에 달려 있다. 나는 기대를 마음의 중심에 심었으며 거기서 시작되는 놀라운 변화와 성취를 경험하게 되었다.

세상에서 가장 맛있는 식당

'볶음밥'

특별히 좋아하는 음식은 아니지만 어학원을 가면서 항상 책과 함께 챙기던 도시락에 늘 들어 있었다. 당근과 햄 그리고 호박을 주사위 모양으로 썰어 함께 볶은 후 우리가 흔히 말하는 알량미, 동남아에서 수입되어 온 안남미(安南米)라고 일컬어지는 날씬한 쌀로 한 밥을 넣은 후에 함께 볶아준다. 찰기가 없는 알량미는 잘 풀어져서 볶음밥에는 제격이었다. 화룡정점으로 그 위에 계란을 지져서 얹으면 10분이란 짧은 시간으로 도시락이 완성되었다.

수중에 돈이 거의 남지 않았기에 주당 생활비는 $20~25에 한정되었으니 식비를 포함한 비용이므로 한 끼에 기본적으로 $3가 넘는 식당메뉴들은 상대적으로 과소비였다. 그렇다고 예전처럼 물로 배를 채우기엔 자신이 너무 처량했고 수질도 달랐다. 고민에 싸였다.

언뜻 주변을 관찰하니 도시락을 싸 오거나 외부에서 음식을 사서 공원에서 와서 점심을 먹는 이들, 즉 사무실에만 있다가 잠시 자연과 벗을 삼아서 여유를 즐기는 이들이 있었다.

'나도 저들처럼 도시락을 가지고 공원에서 점심을 즐기는 거야.'

결코 돈이 없어서가 아니라 나도 여유를 즐기기 위함이라며 스스로 설득시켰다. 그리고 커다란 슈퍼마켓에 가서 도시락에 쓸 재료들을 탐색하기 시작했다.

'스모크햄, 알량미, 여러 가지 야채'

비록 최소비용으로 최대의 열량을 추구하는 식단이었지만 나름대로 단백질과 탄수화물 그리고 비타민과 같은 영양소가 갖추어진 재료들이었으며 농장에 들어가기 전까지 매일 이것들로 배를 채웠다. 그 도시락을 먹는 동안 놀라운 일이 있었다.

'질리지 않았다.'

6주간 먹는 식사 중에 일주일에 한 번, 시내에 있는 한인교회에서 청년들과 먹던 식사를 제외하면 거의 모든 끼니에 들어가는 재료가 똑같았지만 질리지 않았다. 후에 돌이켜 분석한 결과, 내가 가진 특별한 조미료의 효과를 톡톡히 누렸기 때문이었다.

'먹는 즐거움'

내가 밥상에 대해 투정을 부린 날은 거의 없었다. 군대에 있을 때조차 음식타박을 한 적이 거의 없었으며 그저 어디서든 음식을 남기는 것에 대해서만 꽤나 많은 아쉬움을 나타내었으니 그것은 누군가 얻을 즐거움이 버려지는 것 같아서였다. 먹는 일은 즐겁고 또 소중하다.

먹는 즐거움을 얻는 조건은 먹을 수 있다는 것과 먹을 것이 있다는 두 가지만 있으면 된다. 보릿고개를 겪은 어른들에 비할 수는 없겠지만 타지생활과 독거생활을 오래하면서 뜻하지 않은 상황 속에서 가끔은 허기가 지는 날들을 경험했다. 먹는 것을 볼 때에 그 자체로 즐거움을 느낀다. 또한 누군가를 대접할 때 느끼는 기쁨은 무엇인가 줄 수 있다는 것과 더해져서 배가된다.

좋은 식당에서 값비싼 음식을 먹을 기회도 꽤 많이 가졌다. 하지만 어떤 음식을 먹든 고시원에서 먹던 김치 한 조각을 곁들인 식사나 호주에서 한없이 먹던 햄야채볶음밥과 비교할 수가 없다. 어느 것이 비교해서 낫다는 말이 아니라 모두가 즐거움이었다는 것이다.

음식은 입으로 먹지만 그 맛은 혀끝에서 시작되어 마음에서 끝나는 것 같다. 즐거운 마음이 있는 식탁이 바로 세상에서 가장 맛있는 음식이 있는 곳이다. 하지만 가장 맛있는 식탁을 대하는 것만으로 충분하지 않다. 내 꿈은 그런 식탁을 세계 여러 곳에서 펼치는 것이다.

$100, 그 시작을 넘어서다

처가를 방문해서 수박밭에서 반나절에 조금 못 미치는 시간을 도와드렸다. 의외로 뜨거웠던 날씨를 감안하더라도 오랜 기간 각종 노동현장의 경험과 틈틈이 길렀던 체력이 고갈되어 3일을 몸살로 고생했다. 농사일이 힘든 것은 땀이 뿌려 만큼 성과를 내는 정직한 것이며 아무것도 없는 곳에서 열매를 만드는 진정한 생산이기 때문이다. 농사꾼의 아들로 태어나 일찍부터 경험하기는 했지만 정말 생계를 위해 밭에서 일해본 적은 단 한 번 밖에 없었다. 그것도 남의 나라에서 말이다.

호주에서 맞이한 어느 아침에 일어나 평소처럼 침대시트 위에 두 손을 모으고 조용히 기도를 했다. 주머니에는 백 달러짜리 지폐 한 장이 전부였고, 다음 날이면 이 집을 비워줘야 했다. 매주 150달러에 이용하던 주방과 텔레비전 그리고 나의 방은 이제 다른 누군가의 터전으로 바뀌게 되었다. 짧은 어학원생활도 끝났고, 편도항공권으로 왔기에 돌아갈 수도 없다.

'드르륵'

아침기도가 끝나고 무릎을 펴기도 전에 선불요금을 다 쓴 터라 수신만 가능했던 휴대전화가 몸을 부르르 떨었다.

"권용기 씨 맞나요?"

예전에 공항에서 처음 접하던 한국인의 목소리처럼 너무나 반가웠다. 뭔가 기대할 만한 일이 일어날 것 같아 조금 들뜬 소리로 신속히 대답했다.

"여기 게튼(Gatton)인데요, 내일부터 농장에서 일을 하실 수 있나 해서요."

“넵! 물론입니다. 전화 주셔서 감사합니다.”

간단하게 농장으로 가는 길과 도착 후에 연락할 전화번호를 받은 후에 다시 한 번 인사하고 통화를 마쳤다. 다음 날 얼마 되지 않는 짐을 다 꾸린 후 열쇠를 반납하고 외곽에 있는 터미널로 갔다. 20달러는 지불하고 맥카퍼티 사의 고속버스에 몸을 실었다. 1시간 40분 정도를 달려서 작은 시골마을에 도착했다. 볶음밥만 먹던 유학생의 신분에서 온 땅을 누비는 외국인여행자로서 윤택한 삶을 누리게 해준 농장과의 만남은 그렇게 시작되었다.

“처음 뵙겠습니다.”

나를 이곳으로 올 수 있도록 전화를 해준 사람은 턱수염이 아랍의 여느 남자들처럼 얼굴의 절반을 덮고 있었던 브라이언이었다. 농장주에게 인력을 공급하므로 어떻게 보면 새벽마다 찾았던 인력사무소장과 비슷하나 규모로 본다면 사장님이라는 직함이 더욱 잘 어울렸다.

내가 머물렀던 숙소는 캐러반파크로 불렸다. 우리나라에서는 흔치 않지만 드넓은 그 땅의 대표적인 여행수단은 캠핑용 자동차였는데 앞에 동력부를 뺀다면 컨테이너보다 조금 더 모양을 갖춘 공간이 남게 되며 그것을 캐러반이라고 부른다. 물론 예전에 사막을 횡단하던 대상(隊商)을 지칭하는 말이다. 바퀴만 달린 채 서 있는 생활형 컨테이너라고 생각하면 된다.

일주일에 40달러, 물론 빌라형식의 큰 숙소는 더 비쌌지만 그 정도면 생활하는 데 부담이 되지 않았다. 전기세와 그 밖에 비용은 후불이어서 일단 40달러를 주머니에 보존할 수 있었다. 캐러반 수에 비해 인원이 많았기에 거의 두 사람 혹은 세 사람이 한 캐러반을 사용했다. 주인입장에선 그렇게 해야 어느 정도 수익이 나올 것이다.

나의 룸메이트로 두 살이 많은 진석이형은 유쾌한 성격을 지닌 사람이었다. 간단하게 인사를 한 후에 연령서열에 따라 나는 문 앞의 침대에, 형은 안쪽 공간에 잠자리를 꾸렸다. 그렇게 첫날은 정신없이 지나갔다. 밤은 꽤 추웠다.

새벽 4시 30분에 눈을 떴다. 간밤에 자다가 갑자기 찬바람이 들어와서 눈을 떠 보니 문이 열려 있었으며 닫고 다시 잠이 들었더니 몸은 그다지 개운하지 않았다. 식사는 아주 간단히 식빵을 입에 집어넣은 후 생수 한 컵을 들이켜는 것으로 해치웠다. 남반구라 우리나라와 계절이 반대이기에 4월은 가을 날씨와 비슷했다. 해가 좀 일찍 뜨는 편이지만 워낙 이른 시각이라 밖은 칠흑같이 어두웠다. 승합차에 덜 깨인 몸을 실었지만 어디로 얼마나 갈지 몰라서 잠들 수 없었다. 20여 분이 지나자 사물을 볼 수 있을 만큼 날이 밝았고 농장에 도착했다. 눈앞에 매우 익숙한 것들이 당당하게 아니 요염하게 서 있었다. 그곳은 파밭이었다.

작업을 위해 필요한 것은 파를 한 단씩 묶을 수 있는 고무줄과 묶음들을 담아낼 플라스틱 박스, 각자의 생산량을 식별할 번호가 적힌 장판조각이 전부였다. 말없이 밭으로 들어가서 파가 새하얀 몸을 드러낼 때까지 부지런히 벗겨내었고 고무줄로 묶은 후 박스에 담았다. 어느덧 해는 높은 곳에 솟아 있었고 그날 우리에게 할당된 생산량은 다 채워졌다. 마지막 박스를 차지한 사람이 일을 마치기를 기다렸고 그 후에 숙소로 돌아왔다. 주어진 물량에서 사람들은 채운 박스만큼 돈을 받았는데 나의 작업량은 일곱 박스였고 가장 많이 한 사람의 절반에도 미치지 못했다. 그리고 꼴찌였다.

그날 저녁은 먹지 않았다. 꼴찌에게 벌을 주며 약속했다. 내일은 오늘보다 50% 이상 증산하며 한 사람씩만 추월해가는 것이다. 강해지지 않으면 이 전쟁터에서 살아남을 수 없다는 결의를 다졌다. 약간 무리가 가는 계획을 세우고 실행해 나가는 것이 어떤 환경에 처하든지 좀 더 빨리 적응하고 생존할 수 있었던 나의 행동양식이었다.

다음 날 저녁에 나는 마음껏 저녁을 먹었으니 12박스를 해내었으며 중간 정도를 차지했다. 그날 이후 차곡차곡 작업량을 늘려가자 100달러도 채 남지 않았던 재산은 급격히 불어났다. 어느 정도 살아남기에 충분했지만 그것만으로 만족할 수 없었다. 잘 살아야 하며 궁극적으로 더불어 잘 살 수 있어야 했다.

잘 사는 것은 아주 쉽다

'꿈의 $100'

게튼농장에서 통용되는 용어로서 당일에 받는 보수가 $100가 넘으면 그 사람은 능력이 출중한 사람으로 분류가 되었는데 $100를 벌기란 쉽지가 않았다. 1BOX 안에 40뭉치의 파를 다듬어 넣을 경우 $8를 받을 수 있는데 여기서 세금과 수수료를 제하면 $6.8가 순수하게 손에 들어오게 된다. $100를 벌기 위해서는 약 15.5BOX의 작업량을 생산해야 하며, 620단의 묶음을 만들어야 한다. 물론 깨끗하게 만들어야 농장주의 항의나 반품을 피할 수 있다.

어디를 가든지 한국인의 노동력은 최강이라고 말할 수 있다. '빨리빨리'라는 유전자를 가진 이상 성과급 제도에서 언제나 최고의 기량을 나타내었다. 미리 언급했듯이 첫날에는 꼴찌였지만, 실력이 자라서 최상위권의 노동자 계층에 이름을 올렸다. 거침없이 성과를 내던 어느 날, 그날엔 유난히 많은 돈을 벌었지만 우울했거나 아니면 부끄러웠던 날이었다.

"뭐가 이 따위야!"

나보다 몇 살 많은 형이 소리쳤다. 나를 겨냥한 말이 아니라 밭에 있는 모든 사람들을 겨냥한 말이었다.

그 밭에서 일하는 이들 중 영주권을 받으려는 장기체류자들을 제외하고 대부분이 유학생이나 여행객으로 형편이 넉넉하지 못했기에 그들의 목적은 하나로 귀결되곤 했다.

"얼른 돈 벌어서 나가자."

물론 농장에서 보내는 시간들이 좋은 경험이 되겠지만 충분한 부를 축적했다는 전제로 생각할 목적이었다. 주단위로 내는 숙박비를 감당하지 못하거나 식비를 지탱하기 어렵다면 빨리 결정을 내려야 했다. 도시로 나가서 파트타이머로 일하거나 항공권이 있다면 공항으로 향해야 한다. 타국생활에서 돈이 없으면 자칫 처량할 뿐만 아니라 위험한 상황에 처할 수 있었다. 우리가 얻고자 하는 경험은 생존이 보장된 이후에나 가능한 것이다.

세상에서 돈을 버는 방법에는 두 가지가 있다. 열심히 기술을 연마해서 능력을 키워서 최고의 성과를 내든지 아니면 편법을 사용해서 땀을 흘리거나 자신의 능력보다, 혹은 아무런 노력도 없이 버는 것이다. 그것은 또 하나의 작은 세상인 파밭에서도 다를 바가 없었다.

"뭐가 이 따위야!"

편법을 쓰는 사람들과 피해의식으로 자신들의 자존심도 버리고 악착같이 더 벌려고 하는 일꾼들에 대한 경고와 섭섭함의 표현이었으며 나는 섭섭한 사람들 중의 하나였다.

편법은 이런 것이다. 우리의 손을 떠난 농작물은 백화점이나 대형마트로 유통되기 위해 세척과 포장을 거친 후 대형 트레일러에 실려 도시로 나갔다. 관건은 세척과정이었다. 강한 압력의 물줄기로 세척하므로 웬만한 찌꺼기는 떨어져나갔다. 즉, 아주 깨끗하게 하지 않아도 농장주는 수용하는 것은 세척기계의 능력이 농장주를 만족시켰기 때문이다. 그럼에도 불구하고 기계의 성능을 벗어난 경우가 종종 발생했다.

파를 뽑아서 자연 그대로의 모습으로 고무줄에 묶어서 박스에 담겨 농장주에게 보내지면 한 번에 서너 박스를 기계에 넣고 작업을 했기에 누가 했는지 잘 밝혀지지 않았다. 하지만 그런 일들이 자주 생기면 기계에 넣기 전에 일일이 확인을 하게 되고 결국 해당 번호가 통보되지만 작업책임자에게는 경고 이외에 제재를 가할 수 있는 권한이 없었으며 서로의 처지를 아는지라 해고 같은 것은 할 수가 없었다. 택할 수 있는 방법은 공범이 되거나 참는 것이다. 물론 어떤 방법에도 그들과의 관계는 엉망이 되었다.

실력과 노력이 아닌 편법으로 자신과 동등한 돈을 버는 것을 보고 너무나도 화가 나서 그 편법에 가담했던 나는 그저 우울하고 부끄러운 낯을 가지고 숙소로 돌아왔다.

어느 사회든지 변화능력을 가지고 있으며 그것을 시도할 경우 조금 힘든 상황이 지나면 원하는 방향으로 흐를 수 있다. 농장 안에서 일하는 작은 사회, 국적도 다르고 타고 온 비행기도 다르지만 농장이라는 울타리 안에 있던 작은 사회도 더 이상 불량과 성과의 갈림길에서 외줄을 타는 것이 아니라 한 편을 택해서 나아가기 시작했다. 선택은 분명했고 단호했다. 그리고 그것을 뒷받침하는 것은 다름 아닌 아주 기초적인 상식이었다.

단기간 아무런 노력 없이도 돈을 벌 수 있겠지만 곧 농장주가 우리를 외면하면 그 결과 일터를 잃고 사람들은 떠나야 한다. 그 떠나는 인파 속에 포함될 것인지 아니면 일하는 사람들 속에 남을 것인지 상식적으로 생각하게 되었고 사람들은 흐름에 참가했다.

정직과 성실을 바탕으로 살아가는 것은 어렵게 사는 것 아니라 지극히 상식적으로 사는 것이다. 상식을 초월하고 요리조리 돌아가는 길이 더 멀다. 일단 지키기 시작하면 그것보다 삶을 더 편하게 만들어주는 것도 찾기 힘들다. 눈앞에 있는 작은 것을 따라 이리저리 피하면 결국 구불구불한 길이 나오고 나중에 어렵지만 곧게 나아간 길은 편안하다.

세상을 사는 것도 중요하지만 잘 사는 것이 더욱 중요하다. 가장 잘 사는 삶이 가장 편한 삶이고 가장 편한 것은 두 다리를 쭈욱~ 펴고 근심 없이 잘 수 있는 것이다. 그것은 성실하고 정직하게 하루를 보낸 이에게 주어지는 확실한 보상이다.

밥알은 벽도 무너뜨린다

농장주들은 여러 개의 밭을 가지고 있었고, 여러 명의 농장주와 계약을 맺은 인력회사였기에 투입되는 인원도 꽤 많았다. 물론 브라이언의 활동영역에도 한계가 있기에 농장마다 따로 인력을 관리하는 사람이 있었는데 영어로 '슈퍼바이저'라고 말하지만 약어로 '슈바'라고 불렀으니 농장에서 일한 지 한 달 만에 나도 '슈바'라는 애칭을 얻게 되었다.

농장에서는 계급이 없이 누구나 평등했기에 일한 만큼, 능력만큼 벌었으며 슈바도 관리자일 뿐 특별대상이 아니기에 추가로 지급되는 급여가 있는 것도 아니었다. 단지 일에 대한 능력을 감안했을 때 현장을 감독하는 동시에 일당을 벌 수 있는 사람에게 맡겨지는 일종의 감투일 뿐이었다.

슈바의 주된 임무는 크게 두 가지로 요약되는데 작업장의 질서 유지와 생산량 관리였다. 공장이 아닌 농장이라서 농작물이 일률적으로 같은 품질을 지니고 있는 것은 아니었으며 그에 따라 작업속도는 급격하게 달라졌다. 눈앞에 종대로 펼쳐진 밭을 보면 어디서부터 어디까지가 좋은지는 조금만 일을 해도 단번에 알 수 있었기에 임의대로 하게 두면 밭에는 온통 곰보자국이 생길 것이며 농장주는 격렬하게 항의할 것이다. 변하지 않으며 공정한 기준이 필요했다.

'스프링클러'

군대도 갔다 온 적이 없는 농장주였지만 스프링클러는 그야말로 사열한 장병들처럼 일정한 간격을 유지하도록 설치했다. 인원에 따라 작업할 라인,

즉 밭고랑을 정하고 그 뒤로 사람들을 배치한 후 작업을 진행한다. 그 앞에 스프링클러까지 도착하면 순서대로 다음 자리를 찾아가야 했다. 물론 얕은꾀를 내어서 악조건의 자리를 피하기 위해 속도조절을 하다가 다른 작업자가 그 자리를 차지해 버리기도 했다. 애써 머리를 쓰는 것이 항상 좋은 결과를 가져오는 것은 아니다.

두 번째는 생산량을 조절하는 것으로 농장주는 그날에 작업량을 미리 알려준다. 각자 일한 만큼 받기 때문에 하나라도 더 하려다 보면 그날의 정량을 넘길 수 있다. 그런 경우 돈을 받을 수 없기에 분쟁이 발생할 수 있었다. 박스만 채우면 끝이기에 마지막 박스를 차지하기 위해서 하나를 가져다가 깔고 앉아서 일하는 사람들도 있었다. 비슷한 처지에 탓할 수는 없겠지만 그런 일이 생기면 서로 마음에 생채기가 생긴다. 그것을 미연에 방지하는 것은 바로 슈바의 책임이다.

"How many more?"(how many more bunches do you need to finish your work?)

이것은 슈바만이 쓸 수 있는 말이며, 농장에서 가장 많이 쓰는 말로서 자신의 작업을 마무리하려면 얼마나 더 필요한지 확인하고 다른 사람들과 박스를 공유하게 하거나 작업을 멈추게 한다. 일이 익숙해지니 나중에는 대충 보고 작업량이 얼마나 남았는지 알게 되었을 때는 묻지도 않고 사람들에게 해당 작업량이 마지막임을 알려주기만 했다. 이렇듯 일과 관리에 익숙해지니 그제야 점점 눈에 사람들이 들어왔다.

우리는 대부분 새벽녘에 간단하게 우유와 빵만 먹고 농장으로 달려 나왔기에 해가 어느 정도 떠오르면 허기가 졌다. 더군다나 유난히 강한 호주의 햇볕은 우리에게 피곤함을 듬뿍 내려 주었다. 하지만 누구도 쉬거나 음식을 먹는 사람은 없었다.

'전쟁터'

정해진 작업량은 모든 사람의 주머니를 넉넉하게 채워줄 수는 없었다.

그리고 주머니가 넉넉하지 않으면 여행경비는 고사하고 당장 생활비를 걱정해야 한다. 패배해도 죽지는 않지만 떠나야 하기에, 갈 곳이 정해지지 않은 사람들의 경우 생존을 위해 더욱 악착같이 일을 해야 했다.

"밥 먹고 합시다."

슈바가 되면서 가장 먼저 시작했던 일은 오전 10시쯤에 식사를 하는 것이다. 처음에는 그다지 호응이 없었다. 도시락을 준비해 온 사람이 거의 없었기에 먹는 사람도 많지 않았지만 시간이 지날수록 그 숫자는 많아졌다. 도시락을 나누면서 바로 즐거운 전염이 일어났다.

"오늘은 내가 얻어먹었으니 내일은 내가 준비해야겠네."

사람들의 마음은 크게 다르지 않다. 누구나 받았으면 주고자 한다. 우리나라 최고의 갑부가 다른 사람에게 밥 한 끼 산 적이 없다는 소문을 듣고 보니 나눔은 손에 들고 있는 것이 아니라 마음에 든 것으로 행하는 것이 확실하다. 밥상머리에서 대화는 최고의 반찬이었다.

"어디서 왔어요?"

"뭐 하다가 왔어요?"

식사를 하면서 대화하고 그 속에서 서로를 알아가며 그런 일련의 과정을 지나면서 관계라는 것이 형성되고 우리라는 단어가 비로소 의미를 갖게 되었다. 간단한 점심식사로부터 우리는 만들어졌고 그 크기는 점점 늘어만 갔다.

옆에서 일하는 생판 모르는 사람이 더 일을 많이 할수록 내가 버는 돈은 줄어든다. 농장에서는 분명 제로섬이 존재했다. 밥을 먹으면서 인사하고 서로를 알아가며 일을 하는 가운데 암암리 이루어지던 편법은 점차 사라졌다. 옆에 서 있는 사람은 내가 전혀 모르는 사람이 아니기에, 편법과 이기적인 발상이 우리라는 단어 속에서 점점 매장되었다. 비록 제로섬이었지만 작업의 질이 현격히 좋아지면서 농장주가 우리에게 할당하는 파이의 크기는 커졌다.

농장의 상태가 어떻든지, 그날에 작업량이 얼마든지 늘 꿈의 $100을 만드는 세 사람이 있었고 그들은 함께 만든 몇 가지 원칙들은 슈바라는 감투를 통해 실천으로 옮겼다. 물론 남은 두 사람의 도움이 절대적이었으며 참고로 내 실력은 늘 세 번째였다.

첫째 돈은 적당히 번다. 독식하기보다는 자존심을 지킬 정도로만 벌었다. 그날의 성적이 1위에서 3위까지만 확정되면 그 이후 만드는 모든 작업량을 주변 사람들에게 제공했다. 미숙련이거나 온 지 얼마 되지 않은 사람들을 집중적으로 도와주면서 농담처럼 저녁식사를 부탁했다. 그날 저녁에 가서 얻어먹고는 다음 날에 우리가 대접하다 보니 우리가 살던 숙소는 마을회관처럼 변해갔다. 내 손에 잡을 동전을 포기하니 그 손에 다른 사람의 손이 잡혔다.

두 번째는 힘든 부분을 공유하는 것이다. 작황이나 품질이 다 일정하지 않기에 어떤 곳은 모두가 작업하기를 피할 만큼 열악한 곳이 있었다. 그런 경우 미리 작업량을 계산해서 남겨 둔 후에 수십 명이 공동으로 작업했다. 그러다 보니 일도 일찍 마쳤을 뿐만 아니라 따로 나누기가 힘든 그 부분의 수입은 각자의 기부액과 합쳐서 연회비로 썼다. 캐러반파크에서는 자주 파티가 열렸다.

그리고 돈을 어느 정도 벌자 생존이 아닌 추억을 위한 일이 시작되었다. 지천에 널린 파를 뽑아서 사람들을 위해 전을 부치거나 밭에서 라면을 끓여 먹기도 했다. 아무리 거부해도 나머지 사람들은 추억을 제공하는 서비스에 대한 보답으로 자신들의 작업량을 일부 우리에게 나눠주었다.

각기 다른 환경에서 자란 사람들. 그중에 외국인도 있었지만 서로의 벽을 허무는 데 필요한 것은 그리 대단한 결심이나 사건이 아니었다. 한 끼 식사를 함께하며 나누는 대화와 작은 노력을 보태어 만들어진 파로 가득 찬 $6.8짜리 한 박스의 나눔으로 고된 노동의 현장도 살 만해지고 서로에게 보내던 차갑거나 무관심한 눈초리도 설 자리를 잃게 되었을지도 모른다.

나는 농장에서 살아남아야 했다. 하지만 살아남기보다 잘 살아야 했고, 그 궁극의 목표는 더불어 잘 살아야 하는 것이다. 잘 살기 위해 노력을 아끼지 않되 늘 이 말은 입에 달고 살고 싶다.

'밥 먹고 합시다.'

처음 일터를 벗어나다

농장에 들어온 지 6주째를 넘어가니 끼니를 걱정하던 유학생에서 능숙한 일꾼으로, 농장에서 인부들의 생산량을 관리하는 사람으로 살아가는 동안 호주 당국에 내는 소득세가 늘어갔다. 주말이면 시내로 나가서 문화생활을 즐겼지만, 산업연수생으로 호주농장에 대해서 배우러 온 것이 아니었기에 마음은 대륙을 향해 달려가려는 엔진이 점점 가열되고 있었다.

6월은 남반구에서 겨울이 시작되는 시기이면서 파가 아주 잘 자랐다. 새벽녘에만 살을 에는 겨울바람이 불어올 뿐 한낮이 되면 여전히 수영을 즐겨도 될 만큼 더웠다. 겨울바람을 만끽하기도 전에 짐을 꾸리고 브리즈번 시내로 가는 버스에 몸을 실었다. 주말마다 방문한 탓에 브리즈번에서 볼거리가 없었기에 숙박비를 지불하며 머물기보다는 그날 저녁에 시드니로 떠나는 티켓을 끊었다. 9시간의 여정이었으니 한숨 푹 자고 일어나면 도착할 것 같았다. 예나 지금이나 시간을 아끼기 위한 다소간의 불편은 감수하는 편이다.

처음 시드니로 여행을 갔을 때에는 아는 것도 없고, 아는 사람도 없었다. 가장 먼저 찾아간 곳은 엽서에 끊임없이 등장할 만큼 유명한 오페라하우스로서 조개를 닮은 한 건축물이었다. 역시 소문대로 멀리서 보면 미인이었기에 가까이 가면서 실망감은 점차 커져갔다. 차라리 밤에 왔으면 좋았을 것이다. 또 하나의 명물인 하버브리지는 올라가는 것만으로도 비용을 지불해야 했다. 멀리서 보며 감상할 뿐 군대에서도 지겹게 한 등반을 여기서까지 하고 싶진 않았다. 저녁 무렵에는 그 이름도 달콤한 달링하버, 그리고 그 가운데 별다방이 자리를 잡고 있었다. 바닥부터 올라오는 은은한 조명 속에서 전통가옥의 마루 같은 길거리를 거닐면서 테이크아웃 해 온 커피를 즐기려 했지만 혼자여서 그런지 별 감흥은 없었다. 공항의 탄산음료처럼 커피 맛도 역시 어디나 같았다.

다음 날 바로 달려간 멜버른에서는 새로운 동행을 만났다. 태국 출신의 요리사로서 시드니에서 일하고 있다는 그는 참으로 순박했으며 친절했다. 남반구에서 가장 높다는 유레카빌딩에 올라간 것은 무엇보다 관람비가 무료였기 때문이다. 꼭대기에는 쇠창살이 설치되어 있어서 마치 휴전선 너머로 반대편을 바라보는 기분이 들었다.

그날 저녁 난생처음으로 발을 들인 곳은 우리나라와는 달리 굳이 돈을 쓰지 않아도 즐길 수 있는 곳, 바로 카지노였다. 호주의 카지노는 가족들을 위한 배려가 많이 묻어 있어서 다양한 구조물을 통해 눈으로 보는 즐거움이 넘쳤고, 저녁에는 레이저를 활용한 공연이 있기에 방문하는 것만으로 돈을 버는 것 같았다. 그리고 등록만 하면 카지노 안에서 음료수와 슬롯머신을 한 번 정도 당길 수 있는 칩도 제공되었지만 귀찮아서 하지 않았다. 카지노는 즐거운 곳이지만 개개인에 따라 즐거움이나 고통 혹은 지독한 병을 주고 있었다. 천국은 마음에 있는 것이다.

다시 직장으로 돌아가는 태국의 요리사와 작별을 고하고 야간열차에 몸을 맡겨 달려간 호주연방의 또 다른 수도, 작은 유럽인 멜버른에서 하루를 더 머무르며 니콜 키드먼이 결혼했다는 세인트루이스 성당을 방문했다. 이 아름다운 성당에서 결혼했지만 그들은 행복한 결혼생활을 이어가지 못했다는 것이 아쉬웠다. 길가에 이어진 침엽수들이 차가운 겨울날씨에 퇴색되었지만 시원하게 솟은 모습을 보니 가슴까지 거침없도록 만들었다. 그리고 여행의 종착점으로 걸음을 옮겼다.

애들레이드는 훗날 다시 한 번 찾았었다. 일단 숙소를 잡은 후 바로 근처의 PC방을 들렀는데 한국인이 주인으로 있는 것을 보니 인터넷 강국의 위상을 실감했지만 영토가 달라서 느린 속도에 가볍게 돈만 날리고 문을 나섰다. 늘 발로만 주변을 돌아보다가 간만에 돈이 좀 들지만 투어를 신청해서 바로사밸리라는 곳을 찾아가 보았지만 몇몇 와인공장을 본 것뿐이며 포도밭을 발로 밟아본 것을 제외하고는 별 소득이 없었다. 농장 출신인 내가 농장을 방문하는 것은 역시 좀 지겨웠다.

시드니에서 구입한 티켓의 종착역인 애들레이드에서 그 이상 나아가지 못하고 되돌아오는 열차를 탔다. 주머니는 거의 비었지만 그렇다고 한국에서 무전여행을 할 때보다 큰 어려움은 없었다. 애들레이드에게 터미네이터의 주인공처럼 꼭 돌아오겠다는 약속을 남기고 열차에 올랐다.

배낭에는 전리품으로 시드니를 떠나는 유학생친구가 주고 간 국산 돌솥 전기밥통이 들어 있었다. 나중에 게튼으로 돌아갔을 때 밥솥을 등에 지고 여행한 것에 대해 한탄하는 이들도 있었다. 물론 그들은 그 벌로 돌솥밥을 맛보기 위해 한참 기다려야 했다.

첫 여행은 정신이 없었다. 여러 교통편을 사용하는 것에 익숙하지 않았고 현지인들과 만나는 것도 그렇게 자연스럽지 못했다. 처음 무전여행도 그랬다. 출발을 쉽지 않지만 한 번 움직이기 시작한 종착역에 이르기까지 철마는 달린다. 이제 걷기 시작했으니 반드시 내 걸음 안에 대륙이 들어올 것이다. 젊은이의 발자국은 그렇게 간격이 크지는 않다. 단지 멈추지 않을 뿐이다.

젊음과 꿈은 관성의 법칙을 가진다

'사노라면 언젠가는 밝은 날이 오겠지~!'

첫 번째 여행을 마치고 돌아온 농장에서 또다시 바쁜 새벽을 맞이했다. 그날따라 유난히 날이 밝아지지 않더니 끝끝내 비마저 내렸다. 비 사이를 뚫는 지나가는 노랫소리가 있었다.

'새파랗게 젊다는 게 한 밑천인데 쩨쩨하게 굴지 말고 가슴을 쫘~악 펴라.'

이건 노래를 부르는 게 아니라 마치 군인이 장거리 구보를 하는 가운데 마지막 바퀴를 남겨 두었을 때 고통을 잊기 위해 혹은 호기를 부리기 위해 지르는 함성 같았다.

"용기야, 넌 목은 참 좋은데 컨트롤이 잘 안 되네."

절친하며 모든 일에 절대적으로 도와주는 진석이 형은 거침없는 평가를 내려주었다.

"그래도 나는 노래를 불러주니까 되게 신나고 좋은데."

다른 쪽에 있던 새색시 누나는 호응을 하고 그 옆에 있던 영화배우를 닮은 남편도 부부간에는 늘 같은 편이어야 한다는 규정에 따라 같이 맞장구를 쳐주었다. 어쨌거나 즐겁게 일하고 있었다.

비가 오고 있었다. 어디서나 노동을 겸하는 일에 있어서 비가 오는 날은 하늘이 내리는 공휴일이다. 대학시절 너무 피곤한 날에는 새벽에 빗소리를 듣고 그렇게 편안할 수가 없었다.

'비가 오니까 오늘은 어쩔 수 없이 일을 못 하겠네.'

생계를 위해 일을 해야 했지만 몸은 너무나 피곤할 경우 그 좋은 핑계는 내 마음의 짐을 덜어주었다.

농장에서 일을 시작하는 새벽에 비가 올 것을 확신할 수는 없다. 일단 일거리를 잃지 않으려면 확실한 빗줄기가 내리지 않는 한 농장으로 인력이 투입되어야 했기에 새벽에 차에 올랐다.

비가 올 때 대다수는 일단 건강도 챙기고 땅이 진흙투성이인 상황에서 작물을 뽑는 것은 비효율적이라는 판단에 따라 차 안으로 들어가서 비가 그치거나 농장주가 작업을 중지하는 신호를 기다렸다. 가끔 몇몇, 나와 같은 사람들은 그저 비를 맞으면서도 일을 했는데 사실 무모한 짓으로 돈을 몇 푼 버는 것보다 몸이 더 망가지기 쉬웠다.

만약 우리가 일을 하고 있다는 사실은 잠시 접어둔 채 노래를 부르고 있다면 그것은 또 다른 젊음의 유희이며 놀이라고 생각할 수 있으니, 즉 일을 하면서 일을 하고 있지 않는 것이었다. 나는 그 속에서 노래를 불렀고 같이 일하던 이들은 흥겨워하며 답가를 불렀다.

빗줄기가 그치지 않았기에 농장주는 작업을 취소했고 모두들 숙소로 돌아갔다. 돌아가는 동안 비도 멈추지 않았고 돌아가는 길에 흥얼거림도 멈추지 않았다. 나는 계속 일하지 않고 있었다.

그 자리에 있던 네 사람은 공교롭게도 차 안에서 비를 기다리는 모든 사람들보다 나이가 많았다. 나의 노래에 호응하던 부부는 신혼여행을 호주로 왔다. 여유로운 가정에서 자란 후에 명문대학을 졸업하고 괜찮은 직장에서 일을 하다가 결혼 직후에 이곳으로 1년짜리 신혼여행을 온 것이다. 처음 며칠간은 호텔에 묵었겠지만 그 후엔 상대적으로 누추한 캐러반에서 잠을 자고 파밭에서 흙투성이가 되도록 일을 했다. 앞으로 살아갈 모든 세월에 만날 어려움을 조금이나마 압축적으로 겪었던 것이다. 그리고 그날 저녁 우리에게 월남쌈을 대접하면서 1년 후 미국으로 함께 유학 갈 계획을 이야기했다. 무작정 회사를 그만두고 여행을 떠난 것이 아니었다.

젊다는 것은 그저 무절제하게 달리는 것을 의미하지는 않는다. 폭주하는 기관차에 브레이크가 없다면 그것은 기관차가 아니라 위험한 쇳덩이일 뿐이며 아무런 목적지도 두지 않고 달리기만 하는 것도 연료 낭비일 뿐이다. 기관차를 가장 자유롭게 만드는 것은 바로 철로이며 그 위에서 나는 자유롭게 달리고 있었다. 그래서 나는 비 오는 파밭에서 젊음을 노래할 수 있었다.

젊다는 것과 늙었다는 것은 바로 가슴의 온도에서 알 수 있다. 더 이상 두근거림도, 무엇인가를 향한 뜨거운 열정이 없다면, 식어버린 엔진이라면 그 엔진이 새로 만든 것이든지 오래된 것이든 의미가 없다. 엔진은 뜨거워야 한다. 내리는 비로 수증기로 날릴 수 있을 만큼 뜨거워야 한다. 힘든 시절의 눈물도 기화시킬 수 있는 열기를 가지고 있어야 한다. 그 열기가 젊음이다. 그 열기를 선로 위에 달릴 수 있도록 엔진에 공급하는 것이다.

어떤 사람들은 꿈을 가지고 있었다. 또 어떤 사람들은 꿈을 가지고 있다. 적나라하게 말해서 꿈을 가지고 있었던 사람은 이제 늙은 사람이다. 몸이 노쇠해진 것이 아니라 더 이상 달릴 이유도, 달리고자 하는 열망도 없어진 사람들이다. 상실의 그 이유를 너무나 합리적으로 이야기하려고 애를 쓴다. 그리고 다시 꿈에 대해 이야기를 나누려고 하면 그들은 어른이 된 듯이 이야기한다.

"그건 젊은 시절, 혹은 어린 시절에나 하는 이야기일 뿐이야. 현실을 봐. 이제 현실을 봐야 할 나이잖아."

비가 내리는 것을 막을 수 없지만 그 속에서 우리는 노래를 더 할 수 있었고 일터를 콘서트장으로 받아들일 수 있게 했다. 현실은 우리에게 그 자리에 멈추어서 삭아버리길 원하지 않는다. 그 순간 그는 잔인하게 패배와 실패를 선언하고 꿈을 포기하는 순간 냉혹함이나 무력함을 느끼게 만든다. 가장 현실적이며 합리적인 사람은 꿈을 꾸는 사람이다. 그에게 계획이 존재하고 미래가 존재한다. 그 둔탁한 소리로 시동을 걸고 달리기 시작할 때 오히려 현실은 관성의 법칙에 따라 멈추지 않게 할 것이다. 현실은 꿈을 꾸는 젊은이에게 디딤돌이 되고 추진력이 되지만 가슴의 엔진이 식어버린 노인에게는 그저 걸림돌이요, 끊임없이 당기는 줄이다.

　이제 일어나 걸림돌을 밟고 올라서는 순간에 디딤돌이 되고 조금 더 달려나가 당기는 줄을 끊는 순간 더욱 힘차게 전진할 수 있다는 것을 한 번이라도 꿈꾸어 본 사람은 안다.

스크린을 통해 스크린을 제거하다

오랜만에 캐러반파크가 시끌시끌하다. 인력사무소 사장님의 지원 속에서 파티가 열렸다. 고기를 굽는 자원봉사자는 피어오르는 연기 때문에 눈은 쓰리지만 입가에 절로 넘쳤고 공용으로 쓰는 영어가 서툴지만 만국공통어인 몸짓을 쓰다 보니 몸과 마음을 통한 언어의 전달이라 활기 있고 화기애애한 대화를 이어가는 것에 아무런 문제가 없었다. 대화는 결국 마음으로 하는 것이다.

갑자기 뜻하지 않던 손님들이 찾아왔다. 호주에 정착해서 영주권을 취득한 아시아인들로서 대학강사에서 농장주, 그리고 아직 영주권이 없는 마트캐셔까지 다양한 직업과 지위를 가지고 있어서 어떻게 보면 공통점을 찾기가 힘든 사람들의 한 무리가 문을 두드렸다.

'왜 왔지?'

그들이 여기에 온 목적은 다름 아닌 배우를 물색하고 있었다. 중년이 넘어 보이는 말레이시아인이 감독을 중심으로 영화를 촬영 중이었는데 대규모의 인원이 필요한 장면을 찍기 위해 엑스트라가 필요했으며 새벽부터 일해서 오전 중에 마치고 쉬는 편이라 오후촬영이 가능했고 무엇보다 흥미가 있어서 나와 두 사람의 친구들이 지원했다.

며칠 후 우리가 도착한 장소는 흔한 밀밭이었으며 영화촬영장에 있는 대규모의 장비들은 없었지만 은박지를 입힌 것 같은 커다란 판과 카메라가 있어 그나마 촬영장의 향기가 났으며 그냥 집에서 바로 나온 것 같은 사람들이 모여 있었다.

'외계인의 침공'

그것이 영화의 줄거리였고 그날에 두 장면을 찍었다. 최초로 UFO 사진을 촬영한 사람을 둘러싸고 군중이 비판을 가하는 장면에서 관광객으로 등장했던 나는 강렬한 턱선을 가진 덕분에 없던 대사까지 덤으로 하게 되었다.

그다음은 실제 외계인의 침공을 받는 장면으로, 허공을 쳐다보다가 괴성을 지르면서 도망가기만 할 뿐이었다. 거기에 있던 대부분의 사람들은 괴성만 지를 뿐 뛸 때는 마냥 웃기만 했으니 누구도 스타가 될 생각이나 하루 일당을 받을 의지도 없었다. 어린 아이들처럼 뛰고 웃고 그리고 친구가 되어갈 뿐이었다. 두 시간 동안 이어진 촬영을 마치니 눈에 익은 사람들이 나타났다.

'John and Joyce'

우리가 처음 만난 것은 농장파티가 있기 얼마 전이었다. 오후에 농장사람들과 인근에 있는 대학체육관을 찾았다. 대여료가 없음에도 시설은 운동을 즐기기에 충분히 좋았다. 마침 거기에 있던 현지인들과 간단하게 농구시합을 벌였다. 시합 중간에 발목을 접질렀고 결국 코트 밖으로 잠시 나와서 쉬고 있었다. 항상 운동을 할 때 실력은 부족하지만 투지에서 밀리는 것은 질색이었다. 아무리 덩치가 큰 사람들이지만 밀린다는 것에 화가 나서 고집스럽게 코트로 돌아가서 그냥 발목이 부서질 각오로 뛰었다.

"You are a warrior."

상대편이 경기에 지고 씩씩거리는 나를 가리키며 그렇게 불렀다. 물론 'Good Player'라는 말을 들으면 좋겠지만 원래 운동을 잘하기보다는 열심히 뛰는 것이 나의 색깔이다. 낯설게도 물도 먼저 권하는 것을 보니 나쁜 뜻으로 말한 것은 아니었다. 절뚝거리며 집으로 돌아왔는데 뭔가 허전했다. 골대 근처에 지갑을 놓고 온 것을 상기한 것은 캐러반으로 돌아와서 샤워를 마친 후였다. 그 안에 돈은 많이 들어 있지 않았지만 몇 가지 신분증들로 인해 반드시 찾아야 했다.

문을 열고 나가려는데 아까 체육관에서 같이 시합을 했던 사람 중 하나가 나의 지갑을 가지고 왔다. 관리실에 맡기지 않고 굳이 나를 찾아온 또 하나의 이유는 자신이 태권도를 배우고 있기에 한국인에 대한 생각이 남달랐기 때문이며, 아까 접질린 발목으로 인해 분에 못 이겨 샌드백을 차던 나를 보고 태권도가 생각났으며 연이어 한국 사람인 것을 추측한 것이다. 그는 나에게 한 가지 청을 했다.

며칠 후 같이 일하는 후배들과 마을회관을 찾아가니 익숙한 복장을 한 사람들이 모여서 태권도를 배우고 있었다. 나이가 지긋한 사범이 이방인이며 더욱이 어린 우리에게 고개를 숙이며 한국식의 인사를 해서 굉장한 충격과 민망함을 느꼈다. 우리가 가진 화려한 발차기보다 더욱 기본이 되는 예의를 갖추고 있었기에 얕은 발재간만 부리던 것이 부끄러웠고 인종주의에 불편한 시각도 어느 정도 거두게 되었다.

John and Joyce는 우리가 찾았던 그 마을회관에서 태권도를 배우고 있었는데 호기심이 많았기에 다양한 활동을 하고 있는 부부로서 나보다 나이가 많은 막내아들이 있었다. 그들은 매우 착한 사람들이었다.

처음이자 마지막인 그날 영화촬영을 마친 후 부부는 나에게 다가와서 저녁식사를 제안했다. 나는 거기에 조건을 하나 덧붙였다.

"음, 그럼 음식은 제가 만들게요."

오랜 자취생활을 했고 이곳 호주에서도 늘 손수 무엇인가를 만들어 먹었기에 음식을 만드는 것은 자신이 있었지만 그 사람들의 입맛을 생각하지 않고 선뜻 말한 것이 어찌 보면 무모한 도전이었지만 진심이었다. 나는 먹는 즐거움이라는 특별한 조미료를 가지고 있었다.

며칠 후 부부와 함께 식료품점으로 가서 불고기에 들어갈 소고기, 닭고기 등 몇몇 재료를 샀으며 양념으로 쓰일 고추장이나 된장은 브리즈번 시내에 갔을 때 가게에서 사온 것들로 충당했다. 물론 재료들 중에 파는 그냥 일하던 밭에서 좋은 것을 골라서 좀 뽑아왔다. 이것만큼은 나에게 주어진 특권이었다.

　영화관에 스크린은 앞을 가로막고 있지만 실상은 관객과 영화를 만든 이들을 연결시켜주는 가교인 것이다. 하지만 그 스크린이 영상을 반영하지 못한다면 그것은 말 그대로 스크린으로서 사람과 사람 사이를 가로막을 뿐이다. 그곳에 있던 사람들이 우리 앞에 섰다. 우리 머릿속에 들어 있던 고정관념 앞에 그들이 서게 되었다. 이방인에 대한 고정관념이라는 스크린을 없애기 위한 기회를 진짜 스크린을 통해서 얻게 되었다.

밥상 앞에 국경은 없다

그날 같이 배우로 나섰던 농장친구들과 함께 마중을 나온 John의 차를 타고 주택가로 향했다. 휴양지에서나 볼 법한 펜션같이 단아하고 주변 환경에 잘 어울리도록 지어진 집으로 들어가니 푸근한 미소를 머금은 조이스가 우리를 안아주었다. 간단하게 인사를 나눈 후 바로 주방으로 들어가 재료들을 메뉴에 따라 정리했다.

제일 먼저 손을 댄 불고기는 한국의 대표적인 음식이지만 제대로 만드는 법을 몰랐다. 그날은 비평가들이 오는 자리가 아니므로 어머니를 통해 어깨 너머로 배운 실력과 통상적인 요리의 절차를 따랐다. 한국에서 간장만큼이나 흔하고 값싼 와인에 적당히 썬 소고기를 살짝 담근 후 건져내고 몇 가지 양념에다가 배와 양파를 갈아 넣어 걸쭉하게 만든 간장을 붓고 여기에 야채를 적당한 크기로 썰어 넣어 나물 무치듯이 버무린 후 재워두었다. 그럴 듯한 향기가 났다.

한국음식에 대한 일화로서 어떤 유학생이 기숙사생활을 하는 중에 너무나 고국음식이 그리워서 주방의 문을 막은 후 김치찌개를 끓여먹었다가 사감에게 주의조치를 받았는데, 그다음에는 된장찌개를 끓여먹으니 경고조치가 내려졌고, 오기가 발동했는지 아니면 정말 그리웠는지 그 학생은 청국장을 끓여 먹었고 바로 사감에게 호출을 받게 되었다. 그는 이미 마음에 퇴소를 각오하고 있었다.

"다른 것은 다 괜찮으니 제발 청국장만 먹지 말아주세요."

결국 그는 한국음식을 마음껏 먹었다는 일화에 등장하는 청국장의 사촌인 된장찌개도 향이 꽤 강한 만큼 외국인들 중 먹지 못하는 사람들이 많았지만 이것을 빼고 우리음식을 말할 수가 없었다. 잘게 썬 소고기를 넣고 마늘을 포함한 몇 가지 양념을 넣고 살짝 볶은 후에 거기에 쌀뜨물을 붓고 감자와 당근 그리고 몇몇 야채를 넣고 중간불에 오랫동안 끓였다. 오래 끓여서 서로 배어들게 하는 것이 가장 중요하다. 그게 또한 사람을 만나고 사귀는 나의 방식이다.

마지막으로 선택한 닭요리는 호주에 갔을 때 자주 해 먹던 음식이었는데 정육점에서 가장 신기했던 것이 닭고기를 부위별로 판매한다는 것이었다. 우리나라도 그랬는지 모르겠지만 내가 처음으로 접한 곳이 호주였다. 닭다리 20개 정도의 뼈를 발라내어 프라이팬에 넣은 후 와인을 두르고 잘 안 익는 야채들은 얇고 넓게, 파는 좀 길게, 그리고 그 위에 고추장이 들어간 양념을 얹었다. 중간불에 조리를 하다가 향이 강한 버섯을 마지막으로 넣은 후 강한 불에 살짝 데치듯 볶다가 체다치즈를 뿌리고 불을 껐다. 치즈가 주는 특유의 맛도 있지만 아직 매운 고추장 맛에 익숙하지 않은 사람들을 보호하기 위한 일종의 유화제였다.

"형은 요리는 잘하는데 맛을 솔직히 모르겠다."

나와 같이 지내던 준영이가 농담 반 진담 반으로 던지는 말이 있을 만큼 내가 만든 요리의 맛은 할 때마다 편차가 컸다. 하지만 그날은 폭발적인 반응을 가져올 만큼 상승곡선을 그렸다.

나와 우리 농장친구들 그리고 John and Joyce의 친구들 중 몇 사람이 올 것으로 생각했는데 촬영을 지휘하던 감독부터 그 가족들과 친구의 자녀들까지 포함해서 예상보다 많은 20여 명의 손님이 왔다. 내가 손이 큰 편이라 음식을 넉넉히 만들었지만 큰 체구의 서양인들이라 걱정이 되었다.

사람들은 음식을 먹으며 연방 즐거워했다. 평소에 한국음식을 자주 먹는 사람들이 엄지를 치켜세웠다. 특히 닭고기요리를 절대 먹지 않는 여자애가 있었는데 처음에는 어머니가 권유해도 꿈쩍도 하지 않았다. 계속되는 요청에 지겨웠는지 마지못해 한 입을 받아먹고는 어머니의 접시를 그대로 가져다 먹고 또 먹는 것을 볼 때에는 마치 요리사가 된 것처럼 자부심도 느꼈다.

'세계인의 파티'

거기에 온 사람들은 호주인뿐만 아니라 나처럼 몇몇 이주민을 포함한 아시아인들 그리고 John과 같이 결혼 등으로 호주에서 살게 된 유럽인을 포함하고 있었다. 뒤이어 집주인이 준비한 디저트를 먹고 이야기를 나눌 때 누가 외국인이고 누가 현지인인지 혹은 누가 주인이고 손님인지도 구별할 수 없었고 필요도 없었다. 그냥 이웃일 뿐이었다.

이전에 인간관계를 형성할 때 우리는 너무나 많은 기준을 두고 사는 것 같았다. 어디 출신이며 어느 학교를 졸업했고 심지어 군대조차 어떤 부대에서 복무했는지 공통점을 찾고자 했지만 그것이 꼭 관계를 더 가깝게 하거나 지속시키는 것은 아니었다. 그날, 그 자리에 공통점은 단 하나였다. 밥상의 위치가 같았고 먹는 음식이 같았을 뿐이다.

'하나 된 사회'

군에 입대한 후 훈련소에 있을 때 들었던 생각이다. 같은 시각에 같은 음식을 먹으니 얼마 지나지 않아서 모두의 욕구가 비슷해졌고 심지어 화장실에 들어갔을 때에 냄새조차 별반 다르지 않았다. 밖에서 무슨 일을 했든지 어떤 자리에 있었든지 어느 지방에서 살았든지 차이가 없었다. 공통점은 없었지만 같은 음식은 결국 같은 결과물, 즉 모두가 하나라고 느끼게 만들었다. 적어도 다른 부대로 배치되기 전까지는 말이다.

감자도 양파도 된장까지도 녹아든 음식, 된장찌개라 불리는 것을 함께 먹었다. 소고기와 배 그리고 간장까지 함께 불에 끓인 불고기를 먹었다. 된장찌개와 불고기가 그렇듯이 한 밥상에 둘러앉은 사람들, 그 속에 어울려 웃으며 살아가는 사람들을 각자의 이름이 아닌 또 다른 하나의 이름을 가지게 되었다. 이웃이었다. 이웃이라는 단어 앞에 다른 조건은 붙지 않는다.

블랙마운틴에 가다

한국인이 밥심으로 일한다는 것은 결코 틀린 말이 아니다. 시드니에서 가져온 밥솥에 밥을 해 먹으며 7월, 꼬박 한 달을 일하고 나니 여행을 떠날 수 있는 경비가 통장에 차곡차곡 쌓여 있었다. 배낭을 메고 숙소를 나서서 브리즈번으로 가는 버스를 탔다. 전과 달리 브리즈번 한인교회에서 부탁한 일을 마무리하기 위해 일주일가량을 머무른 후 맥카퍼티 사의 버스를 탔다. 등대와 저녁풍경으로 유명한 바이론베이는 역시 그냥 지나쳤다. 이곳은 언젠가 만나게 될 아내와 다시 오고 싶었다.

두 번째로 방문한 시드니에는 농장에서 만났던 친구들이 탄탄하게 자리를 잡고 기다리고 있었다. 함께 흙 속에서 뒹굴며 삶의 전장을 누빈 터라 다시 만난 전우처럼 너무나 반갑게 포옹을 하고 그들의 집으로 안내했다. 방값을 아끼는 대신 먹을거리를 제공했다. 얼마 지나지 않아서 내가 생일을 맞았고 몇몇 친구들과 차를 빌려서 인근으로 1박2일의 여행을 떠나기로 했다.

'블루바운틴'

아마 이름 그대로 푸른빛을 띠고 있는 산일 것이다. 이렇게 추측할 수밖에 없는 이유는 길을 잃고 헤맨 덕분에 그곳에 도착할 당시 이미 날이 저물어 어둑해지고 있었으며 산은 겨우 형체만 드러내고 있었다. 그래서 우리는 다른 이름으로 불러야 했다.

'블랙마운틴'

이왕 왔으니 그냥 하룻밤을 묵자고 호기부리던 나를 친구들이 차에 우겨 넣고 다시 시드니로 향했다. 관광지라서 숙박비가 엄청나게 비쌌으니 유스호스텔임에도 굳이 따지자면 이틀 내지 사흘은 파밭에서 뒹굴어야 벌 수 있는 비용이었다. 아쉬움을 뒤로하고 돌아온 나를 위해 조촐한 파티가 벌어졌다. 이날 호주에서 음력생일을 맞이했고 그때부터 나는 생일을 연 2회에 걸쳐 챙겨먹곤 했다.

다음 날 우리는 48시간 빌린 차량을 최대한 활용하기로 했다. 빠삐용이 뛰어내리는 장면을 찍었던 절벽에도 들르고 해변가를 달리다가 내려가서 파도를 누비는 서핑보더들을 구경하기도 했다. 때론 인근에 있다던 누드비치를 가서 선글라스를 끼고 주시했지만 나이 지긋한 아저씨들만의 실루엣을 보고 강한 실망감에 사로잡혔다. 밤이 늦었을 때 무리를 지어야만 안전하게 다닐 수 있는 시드니의 구석구석을 누비면서 도시의 야경을 즐겼다.

드디어 나그네로서 다시 집을 나선 것은 다음 날 오후 햇볕이 잦아들 때였다. 밤늦도록 도시를 누벼주던 친구들은 시드니역까지 배웅을 와 주었다. 벼룩시장에서 산 야구재킷을 입고 머리에는 소가죽 중절모를 눌러쓴 젊은 카우보이는 친구들에게, 그중에서도 돌아왔을 때 보기 힘든 친구들에게 더욱 간절한 포옹을 나누고 열차에 올랐다. 철마와 함께 멈출 곳은, 원주민들은 '울룰루'라고 부르지만 '에어즈락'이라는 영어이름을 가진 지구의 배꼽이 위치한 앨리스스프링이다.

시드니에서 바로 가는 기차가 없기에 일단 아들레이드에서 내려서 재회를 약속했던 도시와 잠시 포옹을 한 후에 다른 기차로 갈아탔다. 횡단에서 종단하는 열차로 바꾸어 타고 거의 하루를 달려야 했으며 내게는 기록적인 열차여행시간이었다. 오랜 여행에 익숙한 아이들은 탈 때부터 커다란 베개를 안고 올라섰다. 역시 삶의 지혜 중에 많은 부분은 경험을 통해서 얻는 것이며 나 또한 경험한 것이 있다.

한밤중에 일어나서 화장실에 다녀왔더니 다시 잠이 오지 않아서 친구들에게 엽서를 쓸 요량으로 가방에서 펜을 꺼내려는데 왠지 가방의 느낌이 익숙하지 않았다. 다른 이의 가방을 뒤지고 있었던 것이다. 맞은편 어둠 속에 번뜩이는 눈빛을 한 외국인은 여러 의미가 담긴 표정으로 나를 쳐다보고 있었다.

"I was confused."

이렇게 둘러대고 얼른 객실을 빠져나왔다. 몇 개의 작은 마을을 지나기까지 다시 내 자리로 돌아갈 수 없었다. 엽서를 가지러 용기를 내어 갔을 때에 다행히 그는 내리고 없었다. 하마터면 도둑으로 몰려서 봉변을 당할 뻔했다.

'설마 철로 위로 던지진 않았겠지?'

안도의 숨을 내쉬며 스낵종류를 판매하는 열차 칸으로 갔을 때에 바깥을 볼 수 있었다. 넓게 펼쳐진 대지 위에 발목만 덮을 수 있는 풀들만 가끔 보였다. 모래바람이 불지는 않았지만 어엿한 사막이었다. 물기가 하나도 없는 메마른 땅이었지만 황량하기보다는 신비롭고 평화로운 느낌을 주었다. 아마 새벽의 오묘한 빛이 있어 더욱 그런 것이다.

빛은 때로는 사물을 명확하게 볼 수 있게 해 준다. 빛이 있었다면 아마 블랙마운틴이 아닌 블루마운틴을 만날 수 있었을 것이다. 그 빛으로 나는 외국인을 피해서 다른 열차 칸으로 갈 필요도 없었을 것이다. 그것은 구별할 수 있는 것, 즉 지혜로움을 말하는 것이다. 빛은 또한 사물을 보는 시선을 왜곡하기도 한다. 뱃전에서 바라보는 새벽바다의 황홀함에 젖어 뛰어들도록 하거나 이처럼 황량한 사막을 아름답게 보이도록 한다. 사랑에 중독된다면 우리도 누군가에게 그럴 것이다.

사랑과 지혜, 그것이 어쨌든 우리의 삶을 빛나게 한다. 우리를 빛나게 하며 우리 주변을 빛나게 만들어주는 것이다.

거대한 배꼽을 찾아서

사람의 손이 닿지 않은 자연 그대로의 모습에 감탄하며 친구들에게 하나씩 엽서를 쓰는 사이에 앨리스스프링에 도착했고 제일 먼저 재미있는 표지판이 눈에 띄었는데 식이었는지 아니면 그냥 숫자였는지 기억엔 없다. 단지 왜 석쇠 같은 것을 써야 하는지 알 수 있었다.

'인구: 000, 면적: 00000, 파리 숫자: 셀 수 없음(1,000,000×1,000,000…)'

숙소를 정하고 인근에 즐비한 여행사를 들러서 '에어즈락'을 포함하여 주변을 둘러보는 여행상품을 구매하고 도시구경을 나섰다. 사막 한가운데 있음에도 도시는 호주의 대표적인 관광지라서 그런지 깔끔하며 곳곳에 설치된 조경을 통해 오아시스 같은 분위기도 느껴졌다. 도시 규모가 작아서 짧은 시간에 구경을 마친 후 친구에게 선물할 부메랑과 몇 가지 기념품을 구입하고 이른 아침에 떠날 여행을 위해 휴식을 취했다. 창밖으로 보이는 별들의 반짝임을 따라가며 그들의 이야기를 상상하다가 잠이 들었다.

'새벽 5시'

새벽부터 주변은 소란스러웠다. 밤을 새워가며 숙소 중앙에 있는 수영장 근처에서 웃고 떠드는 사람과 투어를 떠나기 위해 준비를 하는 사람들까지 뒤섞이면서 막 열린 시골장터를 연상시켰다.

'게른농장도 지금 모두가 깨어 일을 시작하겠지.'

동일한 새벽이지만 내가 갈 곳은 밭이 아니라 유명 관광지였으며 수확이 아닌 배움을 위한 길을 떠나고 있었다. 물론 승합차를 탔다는 것만은 같았다.

‘지구의 배꼽’

꼬박 4시간 이상을 달려서 맞이한 그 거대한 바위를 대할 때 그저 놀라울 뿐이었다. 넓게 펼쳐진 대지 위에 참으로 엉뚱하게도 둘레 8킬로미터, 높이 330미터의 혹 같기도 하고 어찌 보면 중절모 같은 것이 땅 위에 솟아 있었다. 주변에 조그만 언덕 하나도 볼 수 없었다. 또 하나의 놀라운 점은 환경이 변함에 따라 그 거대한 바위가 표정을 바꾼다는 것이다.

바람이 많이 불지 않은 날에는 공원관리자와 함께 바위를 등반할 수 있었지만 그날은 햇볕이 강하면서도 유난히 바람이 많이 불어서 어려웠다. 하버브리지는 돈을 아끼려 안 했지만 그날은 날씨가 허락하지 않았다. 꼭 정상에 오르는 것만이 그 모든 것을 얻는 것은 아니다. 좀 더 많은 시간이 걸리더라도 그 둘레를 따라 걸으면 더 많은 것들을 보고 느낄 수가 있었다.

오랜 세월 바람과 비가 만들어낸 작품들과 과거 원주민들의 살았던 흔적 가운데 자연과 더불어, 자연을 존중하면서 살았던 그들의 삶 속에서 남긴 위대한 작품들이 있었다. 주변과 공생하면서 필요한 것을 얻었기에 현재의 우리가 살아가면서 얻기 힘들거나 상상조차 할 수 없는 풍요로움을 느낄 수 있었다. 아니 배웠다.

‘어울림’

주변에 주어진 모든 것들을 자신만의 유익을 좇아 해치기보다 손을 뻗어, 마음을 뻗어 생각과 힘을 나누는 것이 어느 한쪽이 일방적으로 지배하고 잡아당기는 것보다 더 오래, 강하게, 그리고 풍성하게 살아갈 수 있는 것이다. 꼭 무한경쟁만이 성장과 풍요를 가져오는 것은 아니다.

그날 우리가 묵을 숙소에 잠시 짐을 풀고 점심을 해결한 후에 다음 장소로 이동할 예정이었다. 거기서 나는 파란 눈의 아저씨와 어울릴 기회를 가졌다. 다소 무거운 주제를 가지고 이야기를 나누었다.

‘살기 위해 일하는가? 일하기 위해 사는가?’

불의의 사고로 손가락을 잃은 그는 매년 절반의 시간을 여행했으니 그것을 위해 일하는 것이었다. 진학과 취업 그리고 결혼과 내 집 마련이라는 계속되는 미션을 통과해야만 하는 우리에 비해 그들의 삶의 방식이 일시적으로 여유로워 보였지만 지금 돌이켜 보면 살아가는 방식에 차이가 있을 뿐 어느 것이 우월하거나 더 여유로운 것 같지는 않다. 어쩌면 그의 계속되는 여행도 넘치는 여유의 표현이 아니라 채워지지 않는 어떤 갈증으로 인한 끊임없는 탐색일지도 모른다.

그와의 대화에서 배울 것도 많았지만 더욱 기억에 남았던 것은 실수 때문이었다. 잠시 시간을 되돌리자면 멜버른에서 만난 태국인 요리사와 패스트푸드점에서 주문한 뜨거운 음료를 납작하게 눌려진 빨대가 아니라 일반 빨대를 꽂아서 들이켰다. 이번에는 각자 만들어 먹는 샌드위치에다가 허니 머스터드소스가 아니라 일반 머스터드소스, 즉 겨자를 잼 바르듯이 듬뿍 바른 후 한입 크게 물었다. 아주 짧지만 강렬한 그 순간에 사람의 생각은 정말 빠르게 움직인다. 수많은 뇌세포가 서로 연락하면서 정보를 주고받고 가장 좋은 결정하고자 한다.

'만약 내가 이것을 뱉는다면 저 외국인이 어떻게 생각할까? 만약 삼킨다면 어떤 고통을 감내해야만 하는 것일까?'

두 경우에 나는 동일한 결정을 내렸다. 그냥 다 삼켰다. 한 방울의 진한 눈물이 모든 고통을 쥐어짠 듯이 흘러내렸다. 잠깐의 고통을 감내하는 것이 이후에 여러 설명을 덧붙이는 것보다 나을 것이라는 결론에 따른 것이다. 체면을 구기는 것보다 고통을 택하는 것이다.

그날 오후에는 카타추타 국립공원을 방문했는데 사람 머리를 닮은 몇 개의 거대한 바위들이 오밀조밀하게 모여 있었다. 광활하고 적막한 사막을 누빈 역전의 노장들이 세월 겪어온 일들을 서로 나누기 위해, 아니면 한목소리로 외치기 위해서 얼굴을 맞대고 있었다. 적황색의 바위들 그사이에 숨겨진 많은 사연들을 귀로 들으며 마음으로 공감하는 사이에 해는 뉘엿뉘엿 기울어갔다.

이튿날 이어진 새벽걸음으로 광야를 달려서 그랜드캐니언의 이복동생인

킹스캐니언을 돌아본 후에 거기에서 별자리를 보며 화롯불대신 피워 놓은 장작불을 중심으로 누워서 가이드에게 옛날 얘기를 들었다. 고구마나 밤이 없다는 것에 조금 아쉬워하며 잠을 청한 후 다시 앨리스스프링으로 돌아왔다. 배꼽까지 가 본 이상 더 이상 갈 곳이 없었다.

그날 저녁에 짧은 휴식을 취하고 세계를 누비는 사업가처럼 바로 공항으로 향했다. 나는 브리즈번에서 마무리해야 할 일이 있었으며 시간을 지체할 수 없었기에 직항편에 몸을 실었다. 비행기 위에서 혹시라도 다시 보기를 기대하며 고개를 내밀었다.

우리 몸에도 뜬금없이 분화구가 하나 있다. 아무런 기능이 없는 그것은 우리가 태아일 때 우리를 먹여주던 것을 상징하는 것이다. 아무것도 할 수 없는 태아일 때도 우리에겐 부족함이 없었다. 사막 한가운데 솟아 있는 그 배꼽을 볼 때 우리에게 주어진 풍요로움은 쟁취가 아니라 선물이라는 것을 알 수 있다. 또한 아무것도 할 수 없던 연약한 우리가 여태까지 어떻게 숨을 쉴 수 있었는지 생각할 때 겸손해질 수밖에 없다. 광야에서 배꼽을 보았고 그 속에서 또한 감사와 겸손을 배우고 돌아왔다.

원칙이 없는 삶은 무너진다

아직도 성이 차지 않았다. 반년 동안 있으면서 호주의 사분의 일밖에 여행하지 못했으니 이건 신혼여행객으로 와도 가능할 만큼 적은 지역이었다. 다시 올 확약이 없는 이 대륙을 조금이라도 더 보기 위해 농장에서 열심히 파를 묶어서 여행경비를 만들었다. 언급했듯이 파는 겨울에 가장 잘 자랐으나 일교차로 작업에 어려움이 많았다. 일을 시작하는 새벽에는 서리가 내릴 정도로 손은 얼어붙었지만 뭉툭한 손가락으로는 파의 껍질을 벗기기가 어려워 장갑을 낄 수도 없었다. 인력시장에서 배운 대로 작은 페인트통 안에 장작을 집어넣고 불을 피워 몸을 덥힌 후에 일을 조금씩 하다가 해가 솟은 다음에야 본 작업을 진행할 수 있었다.

날씨는 추웠지만 노하우로 무장된 일꾼의 통장은 점점 따뜻해졌다. 두 달이 흐른 뒤 농장을 나섰지만 이젠 더 이상 시드니로 가는 야간버스는 타지 않았다. 이제 동쪽이나 남쪽에 미련은 없다. 브리즈번 공항으로 향한 후에 반대쪽 가장 남서쪽 끄트머리에 위치한 퍼스로 가는 비행기에 몸을 실었다. 3시간 정도를 비행해서 2시간의 시차가 있는 퍼스에 도착하니 시계는 한 시간밖에 지나지 않았다.

일단 퍼스에 도착하자마자 차를 빌려 근처로 여행을 떠났다. 호주의 가장 남서쪽에서 만난 한 곳, Cape leeuwin이라 불리는 곳에 있는 것은 작은 등대밖에 없었다. 하지만 그곳에서 거대한 두 흐름, 대서양과 인도양의 물결이 만나고 있었다. 마치 빙산의 일각처럼 솟은 작은 등대 밑으로 흐르는 거대한 물결들은 기침소리조차 내지 않았다. 물론 우리가 사는 지구가 도는 소리도 우리는 들을 수 없다. 아무리 귀를 기울여도 정작 큰 소리들은 들을 수 없다니 사람의 한계는 참 가까운 곳에 있는 것 같다. 아니면 거대한 것을 보기에 우리는 너무 작은 존재들이다.

다음 여행지인 Albany에 도착하니 어느덧 저녁 무렵이었으며 지친 우리는 장을 보러 갈 새도 없이 쓰러져 잠이 들었다. 이튿날에 일어나서 허기를 채우고자 했으나 장을 보지 않았기에 먹을 것이 마땅치 않아서 수중의 재료를 가지고 샌드위치를 만들었는데 넣을 야채가 양파뿐이었다. 불을 켜기도 귀찮아 생으로 넣어 먹었더니 그런 광경이 얼마나 낯설고 충격적이었는지 옆에 외국인이 한참을 지켜보다가 고개를 절레절레 흔들었다. 물론 당분간 서로 대화를 나누지 않았다.

그날 오후에도 역시 여러 사람들이 고개를 흔들 만한 일을 저질렀다. 인근 해변에서 게를 맨손으로 잡고 있으니 사람들이 모여들었다. 군중 속에서 영웅심이 발동해서 잡다가 눈길이 마주 친 누군가가 손가락으로 가리키는 안내문구를 발견했다.

'채집활동 시 벌금 $5,000 부과합니다.'

도망치는 티가 나지 않도록 슬금슬금 거기를 빠져 나와 숙소로 돌아와서 잡은 게를 가지고 찌개를 끓였더니 도저히 먹을 수 없을 만큼 역한 냄새가 났다. 객기는 무지의 표현을 통한 이미지 손상과 자원낭비만을 가져오지만 때로는 그 덕분에 좋은 경험을 쌓을 수도 있었다.

Karri forest에서는 200년 된 거대한 나무가 서 있었다. 그 높이만 해도 60미터가 넘었는데 관광객들이 오를 수 있도록 사다리가 설치되어 있었다. 나무를 껴안고 오르는 것과 사다리를 타고 오르는 것은 확실히 다르다. 밀착이 없는 후자가 조금 더 다리가 떨렸다.

고소공포증이 있는 것은 아닌가 고민하며 손에 힘이라도 빠지면 저 아래로 떨어진다는 걱정으로 잔뜩 긴장을 한 채 올랐다. 과거에 공사현장에서 일할 때에도 골조작업 후 건물외벽에 설치된 파이프 위를 걷노라면 안전띠를

착용해도 다리가 떨리고 약간은 어지러웠다. 물론 익숙해지면 안전띠를 푼 채로 거기서 잠도 자고 밥도 먹게 되지만 그건 오랜 시간이 흘러야 가능했고, 그런 안도감이 대형사고로 이어지는 것도 심심찮게 들었었다.

골프연습장이나 야구연습장에서 쓰일 것 같은 굵직한 초록색 그물이 나무를 둘러싸고 있기에 떨어져도 손만 뻗으면 안전하게 내려올 수 있도록 장치되어 있었다. 그렇다고 정말 안전한지 시험할 생각은 없었다. 국내라면 그렇게 했을 수도 있지만 외국에서 그런 행동을 하면 어떤 일을 당할지 알 수 없기에 엄두도 낼 수 없었다. 게채집사건 이후 벌금에 대한 경계심이 가득 차 있었다.

태산이 높다 하되 하늘 아래 뫼이로다. 오르고 또 오르니 나무꼭대기에 다다랐다. 원두막 같은 전망대에서 둘러보니 비록 수박들은 없었지만 주변의 모든 나무가 발아래에 있었다. 마치 와호장룡에서 대나무를 밟고 있는 강호의 고수가 된 것 같았으니 고수는 내려올 때 신나게 노래까지 불렀다. 오를 때는 점점 멀어지고 위험해지지만 내려올수록 점점 가까워지고 안전해진다는 생각에 마음이 편안해졌기 때문이다. 하지만 익숙함과 안도감이 모든 위험을 제거하는 것이 아니라 더욱 증폭시킬 수 있다.

다음 날이 주일 아침이었다. 평소엔 당연히 교회로 향했겠지만 남겨진 일정과 차량대여기간의 제한을 핑계로 다음 목적지로 차를 몰았다. 날씨도 굉장히 좋았고 도로에는 차도 거의 없었기에 더욱 신나게 달릴 수 있을 것 같았다. 음악 속에 묻혀서 친구들과 이야기를 나누는 중이었다.

'휘청~'

뒤를 보며 이야기하던 친구가 눈앞에서 좌우로 움직이기에 운전자의 장난 정도로만 여겨지던 차량의 흔들림이 잠시 움찔하더니 갑자기 기능을 상실한 나침반처럼 빙글빙글 돌기 시작하면서 둘러싼 모든 물체가 회전목마를 탄 듯이 우리 주변을 돌았다. 아니 우리가 돌고 있었다.

'시속 110킬로미터'

이것이 일반적인 고속도로의 제한속도였고 차가 뒤집어지면 대형사고로 이어지게 된다. 덜컹거리며 도로를 벗어난 차는 사력을 다한 친구는 간신히 좌우의 균형을 잡은 후 브레이크를 밟았지만 관성으로 뒤로 수십 미터를 미끄러져갔다. 수많은 나무들이 홍수에 잠긴 이삭처럼 쓰러져갔다. 결국엔 차가 서서히 멈췄고 급하게 뛰던 우리 심장도 점차 걷기 시작했다. 그 직후에 반대차선으로 차들이 지나가기 시작했다. 2차선 곡선구간에서 시속 110킬로미터로 달리던 쇳덩이들이 간발의 차이로 우리와 마주치지 않았다. 한 순간에 생명이 왔다 갔다 한 것이다.

'아직 하나님께서 내가 살아가야 할 기회와 목적을 가져가시지 않으셨구나!'

차는 외상을 많이 입기는 했지만 충분히 움직일 수 있었기에 가까운 휴게소로 끌고 가서 렌트회사에 전화를 걸었고 잠시 후 조금 작은 차량을 받았으며 보험을 들었기에 추가로 부담하는 비용이 거의 들지 않고 여행을 계속했다.

삶의 작은 원칙이라고 생각하며 무시하다가는 결국 원칙이 없는 살게 된다. 그것은 자유로운 삶이 아니라 아무것도 없는 삶인 것이다. 살아가면서 목적을 두고 그 가운데 지켜야 할 작은 원칙들, 그것을 하나하나 지켜나가는 동안에 삶은 단단하고 흔들림이 없이 형성되어 간다. 꼭 부품이 크다고 비싼 것은 아니다. 얼마나 중요한 것에 따라 다르며 그 크기에 좌우되지는 않는다. 각자의 삶에서 중요한 원칙은 본인이 정하는 것이며 그것이 꼭 지켜져야 함은 당신에게 그만큼 중요한 것이기 때문이다.

어울림

서부해안을 여행하려면 $550 정도를 주고 최종목적지인 다윈까지 가려면 제한 없이 버스를 타고 내릴 수 있는 표를 사는 것이 경제적이었다. 최초로 내린 곳은 어촌인 제럴턴이었다. 흔히 볼 수 있는 어촌과 크게 다르지 않았지만 어획기간이 아니라 꽤 한산했다. 함께 길을 떠났던 세 남자 중에 일식집에서 일하다 온 가장 어린 친구가 어부의 삶을 경험하고자 머물기로 했다. 당시에는 일거리가 많지 않았기에 어려움을 겪을 것 같았지만 차마 말릴 수가 없어서 건투를 빌고 못내 아쉬운 포옹을 나누었다.

호미곶처럼 불쑥 옆구리에 튀어나온 멍키미아에서 대공원이나 규모가 큰 수족관에서 볼 수 있던 돌고래를 손으로 만지는 경험을 했는데 그들은 우리를 참 친숙하게 대했다. 하긴 여행객을 대하는 것에 이미 전문가일 것이다. 아무런 해를 가하지 않을 생각으로 걸으면 발 앞에 비둘기가 날지 않듯이 동물들은 사람의 심경이 참 잘 꿰뚫는 것 같았다. 동물이 우리를 알듯이 세상 사는 모두가 이렇게 진심이 통한다면 사는 것도 참 편할 것 같았다.

이름부터 남다른 코럴베이에서 얼마 동안 자랐는지 모를 거대한 조개들을 징검다리 삼아 건너다녔듯이 해안의 여러 도시를 다니다 보니 아름다운 해안도 이젠 지겨워졌다. 그때 색다른 도시를 만났다. 거기엔 에메랄드빛 해안을 볼 수 없었다. 붉은 색을 띠고 있었다.

서부의 모든 지역이 다 청량하고 아름다운 곳은 아니다. 그 지역에 어떤 산업이 들어섰는가에 따라 하늘의 색깔도 지붕의 색깔도 달랐다. 철가루가 정착해서 산화한 붉은 지붕으로 뒤덮인 도시에 우리는 잠시 머물렀다.

'Porthedland'

예부터 철강산업이 발달한 곳으로서 곳곳에 산화된 물질이 스며있는 풍경과 밝은 미소의 일본인이 우리를 맞이했다. 버스시간에 맞추어 나와 호객행위를 하는 그 아가씨를 따라가 숙박비를 지불하고 방으로 들어가는 순간 아가씨의 미소는 기억 속에서 사라졌다. 천으로 된 침대시트 위에 농촌에서 작년에 하우스를 만들 때 사용한 것 같은 비닐이 덮여 있었고 그 위에는 한 번도 닦지 않았는지 흙먼지가 눌러 붙어 있었다. 신토불이를 체험하고 싶진 않았지만 이미 돈은 지불했으며 주변의 숙소도 변변치 않았기에 그냥 견디기로 했다. 이런 것도 여행의 일부라고 생각했다.

'오심도 경기의 일부이다.'

일단 마음을 진정하고 머리도 식힐 겸 밖으로 나와서 도로를 달렸다. 어차피 볼만한 장소가 없기에 오랫동안 버스 안에서 굳은 몸이나 풀 생각이었다. 주마간산으로 보니 도시는 전체가 붉은 빛을 띠고 있었고 몇몇 폐쇄된 창고들도 눈에 들어왔지만 곳곳에 가동 중인 공장들을 많이 볼 수 있었다. 한때는 경제성장을 이끌었겠지만 전성기를 지나면서 준비하지 못했기에 쓸쓸한 노후를 보내고 있었다. 편안할 때도 미래를 생각하고 위태할 때도 미래를 생각해야 했다.

이튿날 단 한 방울의 미련도 없이 버스를 타고 한참을 달리다가 휴게소 같은 곳에 내려 간단하게 요기를 한 후 다음 목적지인 브룸에 도착했을 때엔 거의 날이 저물어 가고 있었다. 낮에는 버스 안에 있고 항상 저녁에 도시에 도착하는 것 같았다.

브룸은 유명한 휴양지이며 특히 엽서의 사진처럼 낙타를 타고 바닷가를 산책하는 묘미를 맛볼 수 있겠지만 주머니 사정상 그건 포기했다. 주변에 널린 유스호스텔 중에 하나를 택해 들어가자 가격에 비해 굉장히 시설이 잘되어 있었으며 수많은 젊은이들로 넘쳤다. 프런트에서 계산을 하고 고개를 돌리는데 게시판에 있는 광고가 눈에 띄었다. 여행을 준비하는 중에 구입했지만 구석에 둔 채 가끔 쳐다보던 여행책자의 어디선가 본 적이 있는 장소였다.

'달로 가는 계단'

인근에 위치한 로벅베이(Roebuck bay)에서는 저녁 무렵에 달이 뜨면 그 모습이 파도와 어우러져서 마치 달까지 우리가 걸어갈 수 있는 계단이 생겨난 것처럼 보인다. 특히 보름달이면 그 모습이 더 없이 아름다운데 그날이 보름달에 가까운 날이었다. 비록 낙타의 등에는 오르지 못해도 그에 비해 저렴한 계단은 오를 여유가 있었다. 넓은 테라스를 연상시키는 공간에 한 손에는 음료를 들고 이리저리 다니며 이야기를 나누는 사이에 계단은 점점 기울고 있었다.

예전에 훈련을 받을 때 비를 맞으며 잠을 잔 적이 있었다. 끊임없이 떨어지는 빗방울은 깨어있으라고 소리쳤으나 노곤한 몸은 무의식으로 나를 이끄는 통에 반쯤 깨고 반쯤 잠이 든 상태로 밤을 지새운 적이 있었다. 그 다음 날 야영지가 어느 강가였고 딱딱한 자갈밭이었다. 하지만 전날에 비해 상대적으로 너무나 푹신하고 쾌적하게 느껴졌었다. 포틀랜드에서 만났던 신토불이침대만 아니라면 뭐든지 환상적으로 느껴질 것 같았다.

원체 사람이 많기에 끊임없이 밖에서 시끄러운 소리가 들렸지만 깔끔해 보이는 침대에다가 냉방시설도 잘되어 있어 잠이 저절로 쏟아졌다. 기분 좋게 웃으며 잠을 청했다. 하지만 항상 방심하는 순간에 적은 반드시 찾아온다. 느닷없이 횃불이 다리 위를 훑는 듯한 뜨거움에 화들짝 놀라서 깼다. 눈을 비비고 보아도 불길은 전혀 보이지 않았지만 분명 무엇인가 다리 위를 지나갔다.

'뭐지? 모기도 아니고, 개미도 아닌데 도대체 뭐지?'

정강이에 붉은 반점이 순식간에 퍼졌고 견디기 힘든 가려움에 피가 나도록 긁었지만 수그러들지 않았다. 핏자국으로 금세 다리는 엉망이 되었다. 문득 샌드프라이가 생각났는데 굳이 직역하자면 모래파리로서 더운 날에 가끔 극성을 부릴 때가 있다. 시드니에 머물 때에도 시에서 종종 경보를 발령해서 특별히 아이들에게 해를 입지 않도록 집 안에 머물 것을 종용했다. 나는 다행히 한 번도 물린 적이 없었다. 그 대신 더 지독한 놈들을 만났다.

'Bed bugs'

여러 사람이 공용으로 쓰는 침대에서 기생하는 벌레로서 빈대라고 번역되지만 본 적이 없어 정확히는 알 수 없었다. 도마뱀이 다니면서 그 집 안의 청결을 대변하듯이 그 녀석들은 내가 얼마나 더러운 곳에서 자는지, 이미 자기가 장악한 영토임을 나타내기 위해 잘 익은 구릿빛 다리를 여지없이 물어버렸다. 아무런 해도 끼치지 않았는데 이런 짓을 하다니 이름을 바꿔야 한다.

'Bad bugs'

그날 이후 노이로제가 생겨서 항상 시트 위에 슬리핑백을 넓게 펴고 잠이 들었으며 깬 후에는 반드시 마당에서 녀석들을 털어내듯이 슬리핑백을 힘껏 두들겼다. 가려움은 사라졌지만 다리에는 여러 개의 분화구가 생겼고 바다에 들어갈 때면 따끔거리기도 했고 그 자국은 오래갔다.

동부의 해안도시들이 화려함과 즐거움을 느끼게 한다면 브룸까지 여행한 서부의 해안에서는 순수하면서도 잔잔한 가운데 경외심을 느낄 때가 많았다. 즉, 인간으로서 작아짐을 많이 경험했다. 조용한 도시인 퍼스로부터 시작해서 곳곳에서 자신들에게 주어진 삶의 터전을 지켜나가면서 그 가운데 있는 것을 누릴 줄 아는 여유로움을 만났다. 물론 흙먼지가 눌러 붙었거나 빈대가 사는 침대를 제외하고 말이다. 그건 게으름이다.

빠르게 변화하며 좀 더 화려하고 편리해지는 것도 좋지만 때로는 조금 불편하더라도 순수함을 지키며 더디게 사는 것이 더 나을 때도 있다. 물론 더딤이 게으름이 되거나 안주함으로 그친다면 붉은 도시처럼 훗날이 초라해지거나 불청객에게 곤란한 일을 당하며 쫓겨날 수도 있다. 변화를 수용하면서 가치 있는 것을 지켜나가는 것은 상쇄되는 것이 아니라 생존과 지속을 가능하게 한다. 다시 한 번 배꼽에서 만난 단어가 떠올랐다.

'어울림'

항상 자신과 주변을 돌아보며 돌보는 것이 바로 어울림이다.

20/80

'쿠누누라'

　브룸을 떠나서 얼마 지나지 않아 청양고추 같은 도시에 갔다. 버스에 내리는 순간 내리쬐는 햇볕과 입으로 들이닥치는 습기 덕분에 모든 감각과 이성을 상실하고 주변을 둘러볼 생각도 없이 눈앞에 있는 집으로 들어가서 여장을 풀었다. 의식이 희미한 상태에서 뒷마당에 있는 수영장에 바로 뛰어들었지만 신체적인 각성은 일어나지 않았다. 그 속의 느낌은 어느 광고 같았다.

　'내 몸에 가까운 물, 아니 내 몸에 가까운 수온'

　들어가도 나가도 더웠고, 움직이면 더욱 더웠기에 아무 곳도 갈 수가 없었다. 파라솔 아래에 앉아서 간간이 찾아오는 바람을 쐬면서 움직이는 그늘의 방향에 따라 몸의 방향을 조금 돌리기만 했다.

　'너무 더워서 짜증조차 낼 수가 없군.'

　이래저래 뒹구는 사이에 서서히 해는 자취를 감추었고 선선한 바람이 불기 시작해서야 정신을 차리고 사람들을 만났다. 부모의 허락하에 휴학을 하고 자신이 하고 싶은 것을 찾아 독일에서 온 십대들과 식사를 하는 중에 자기가 먹던 것을 남에게 주지 않고 남이 먹던 것을 입에 넣지 않는다는 것이 외국인에 대한 통념인데 여행으로 인해 개방적으로 되었는지 아니면 정말 먹고 싶었는지 우리가 만들어 먹던 샌드위치를 베어 먹었고 우리는 그들의 음식을 먹었다. 어쩌면 이들도 더위에 시달려서 의식이 희미한 상태에서 그랬을지 모른다.

단 하루의 시간이었지만 완벽한 게으름과 무기력함을 맛보고 다음 날 첫차를 탔다. 이제 여행은 티켓에 적힌 마지막 도시를 향해 가고 있었다. 한참을 또다시 사막을 달린 버스는 커다란 콘크리트 건물더미들이 넘치는 곳에 도착했다. 다윈이었다.

적도의 인근에 위치한 이곳의 날씨는 참 깔끔했다. 그늘진 곳은 시원했으며 햇볕이 깃드는 곳은 지독히 더웠다. 일 년 내내 온도가 섭씨 35도라는 말을 체험상 사실로 받아들였다.

제2차 세계대전에서 호주의 도시 중 유일하게 공격을 당해 심각한 피해를 입었다. 근데 그 땅에 떨어진 포탄 등을 고스란히 보존하고 있었으니 역사를 기억하려는 것인지 아니면 짧은 역사 탓에 유물이 많지 않기에 박물관의 공간을 채우려는 것인지 의중은 알 수가 없었다.

개인적으로 전쟁의 기억을 완전히 지워버리는 것 또한 대단히 포용력이 있는 것으로 생각하지 않는다. 과거를 알고도 참아주며 용서하다가 여차하면 혼을 내는 것과 역사를 잊어버리고 웃음만 짓는 것은 희생하며 지켜낸 선대에 대한 예의가 아니고 예의가 없으면 인간이 아니다. 누군가의 목숨을 건 보호 덕분에 후대가 남겨질 수 있었음을 기억하는 것은 최소한 예의인 것이다.

호주의 마지막 여행을 위해 숙소 주변에 있는 여러 대행사를 탐방했지만 유사한 일정과 가격이었기에 인상이 좋아 보이는 사람과 계약을 맺었다. 그 사람도 왼손잡이였다. 호주에서 만난 사람들 중에는 유달리 왼손잡이가 많아서 서명을 하는 동안에 손을 따라가느라 고개를 숙일 때가 많았다. 편향된 오른손잡이의 삶에 우리가 너무 익숙해져 있었기 때문이다.

돌아오면 어차피 다시 머무를 숙소였기에 짐의 일부를 맡기고 다음 날 새벽에 버스를 타고 달렸다. 이제 호주에서의 마지막 여행이 시작되었다. 그리고 우리가 만난 첫 볼거리는 작은 거인들의 거주지였다.

우리나라 사람들이 정말 좋아하는 아파트였다. 단지 거주자가 사람이 아니라 개미였다. 흔히 개미집은 매번 아이들의 발길질에 무너지거나 물 한 바가지에 홍수가 나서 사라졌지만 그날 만난 개미집들은 우리를 내려다보고 있었는데 물리기 싫어서 둘레를 재어보지는 않았지만 웬만한 드럼통보다는 굵었다. 땅이 넓으니 개미들의 주택도 거대하다. 사람의 손이 닿지 않아서 마치 모세가 이끌어낸 애굽의 유대민족처럼 커진 것이다.

개미에 대한 재미있는 이야기 중 하나는 그들의 개체 수 중에 20%만이 말 그대로 개미처럼 일하며 나머지 80%는 유사시에 언제든지 움직일 수 있도록 대기하는 임무를 띠고 있다는 것이다. 20%도 결국 나머지 80%로 인해 존재한다는 것이 비꼬는 말이나 비약은 아니다.

우리가 20% 안에 있다고 믿거나 혹은 80%를 애처로운 눈이나 경멸의 시선으로 바라볼 때도 있지만 과연 쿠누누라의 숙소가 없었다면, 다윈에 남아있는 포탄파편과 1경이 넘는 수를 가지고 자연 속에서 일하는 개미들이나 혹은 내가 속한 사회 속에서 드러나지 않게 일하는 사람들 희생이 아니었다면 존재하지 못했을 80%가 바로 우리일지도 모른다. 세상에 반드시 20%에 속하는 존재도 혹은 반대로 늘 80%에 속하는 것을 따로 구별되지 않는다. 서로의 공간에서 서로를 위해 그렇게 균형을 이루어 가고 있을 뿐이다.

임대인의 착각

'카카두 국립공원'

다윈에서 250킬로미터쯤 떨어진 지역에서 시작되는 국립공원으로 유네스코가 지정한 세계문화유산으로 방대한 크기로 단시간에 전부를 둘러보는 게 어렵기에 유명장소만 찾아갔다.

호주에 사는 원주민들로서 많은 숫자가 카카두국립공원 일대에 거주하고 있었다. 새까맣게 탄 얼굴과 삭발에 가까운 머리, 그리고 맨발로 바위에 오르는 나를 보고 원주민으로 오해했던 것이었다. 어디를 가나 현지인으로 오해 받는 것에 대해 참 탁월한 생존력과 적응력을 지닌 것으로 생각하고 싶다. 어떤 환경에서도 그저 흡수되어 버리는 것은 참 편안해지는 변신이다.

원주민의 걸음으로 정상에 오르자 넓은 광야가 눈에 확 들어왔다. 쭉쭉 뻗은 나무는 없었지만 곳곳에 이룬 수풀들은 붉은 땅을 가리기에 충분했다. 시원하게 보이는 풀밭 사이로 달려오는 것이 있었다.

'토끼인가?'

그는 어쩌면 그녀는 캥거루였다. 호주의 상징이면서도 개체 수 조절을 위해 일정 기간 사냥이 허용되는 기구한 운명을 지니고 있다. 보호받지 못할 뿐만 아니라 특히 야간에 운전할 때 위험요소로 분류되었다. 건장한 체격의 녀석들은 길가에 웅크리고 있다가 불빛이 나타나면 달려들곤 했다. 알바니 근처를 여행할 때 밤에 도로를 달리다가 느낌이 이상해서 속도를 줄이고 주변을 살펴보면 길가에서 우리를 지켜보는 시선에 섬뜩해지기도 했다.

그래서 장거리로 운행하는 차량은 대부분 앞쪽에 철봉들이 격자모양으로 붙어 있었다.

'피하지 말고 부딪혀 지나가라.'

어떤 위험은 피하려고 애쓰다 보면 큰 사고가 될 수 있으니 차라리 어느 정도의 피해를 감수하고 밀고 나가는 것이 낫다. 물론 자신보다 작거나 낮다는 이유로 의도적으로 받아버려서는 안 된다.

카카두국립공원에서 겸손한 듯이 세상에서 가장 낮은 자세로 걸어 다니지만 자신이 속해 있는 곳에 누군가 침범하거나 때론 생존을 위해 다른 이를 가차없이 공격하는 이들을 만났다.

악어의 종류는 다양하지만 거기서는 통상적으로 담수악어와 직역하면 소금악어(salty crocodile)로 나누어졌다. 원래 성격이 모나서 그렇게 지었는지 아니면 환경의 영향이 컸던 탓인지 소금악어가 훨씬 더 난폭했다. 카누를 타고서 협곡 사이에 흐르는 강을 유람하는 중 가장 두려운 일은 물에 빠져 죽는 것이 아니라 옆을 지나가는 거대한 악어에게 물리거나 그 악어가 꼬리로 쳐서 혹시 나를 빠뜨리는 것이다. 거기에 대부분인 민물악어는 온순하다는 설명은 충분히 들었었지만 그래도 악어는 가까워질 만한 상대는 아니었다. 과연 타잔은 이들을 맨손으로 무찌를 수 있을까라는 의구심도 들었다.

모든 여행은 끝이 났다. 다시 캐러반파크, 즉 피터로부터 빌려 쓰는 곳으로 돌아가야 했다. 물론 그도 누군가에게 그 공간을 빌려 쓰고 있는 것이다. 그전에 John부부와 함께 본 영화에서 이 땅에 있던 원주민들을 영국에서 이주해 온 사람들이 격리했던 시절을 보았다. 지금 많은 원주민이 떠도는 것도 그들의 정책이 주요했기 때문이다. 이주민들의 세운 빌딩이 올라가고 많은 원주민들이 정부보조금을 받으며 떠돌기에 땅을 차지했다고 착각해서는 안 된다. 원래 아무도 차지하지 않았다. 작은 개미로부터 악어, 그리고 원주민과 원주민을 닮은 나 같은 이방인들도 그저 임대하고 있을 뿐이었다.

임대하고 있는 이들이 만약 그 집을 훼손하면 나중에 주인에게 큰 배상을 치르게 된다.

어쩌면 지금도 우리는 그 배상을 치르고 있는 것이다. 여러 가지 환경의 이상현상들, 그리고 점점 고갈되어가는 자원, 여러 곳에서 이어지는 악순환들은 당장의 피해가 자신에게 오지 않는다고 안심할 것이 아니다. 지구는 둥글다. 그 속에 살아가는 우리는 원처럼 연결되어 있다. 다시 현명한 임대인으로 돌아가야 할 것이다.

가득 찬 가방을 메다

　다시 돌아온 캐러반파크에서 접한 소식은 충격적이었다. 일하던 사람들끼리 종종 모여서 이야기를 나누는 캐러반이 있었는데 일명 게튼다방으로 불리었다. 근데 그 아래가 누군가의 오랜 잠자리였으니 세계적으로 악명이 높은 타이판이라는 독사가 겨울을 보내고 있었다. 언제부터 그 아래에 들어갔는지 알 수 없지만 9~10월쯤에 날씨가 풀리자 기지개를 켠 것이다. 몇 달 동안 그 다방의 방문객은 수백 명이 족히 넘었지만 다행히 한 사람의 부상자도 없었다. 그래도 뱀이 출몰했다는 것은 나를 포함한 꽤 많은 사람에게 경각심과 불안감을 주었다.

　마지막 한 달은 편안하게 일을 했다. 얼마 남지 않은 시간을 아는지 John부부는 더욱 자주 나를 불러 환대하며 좋은 곳으로 나를 이끌어 주었다. 그분들은 나이를 뛰어넘어 친구가 될 수 있음을 동양인에게 확실히 보여 주었다.

　농장에는 또다시 새로운 사람들로 넘쳤다. 1년의 제한이 있는 워킹홀리데이 비자라서 나보다 먼저 온 사람들은 대부분 한국으로 돌아갔고, 거기서 나에게 연락을 주기도 했다.

　깔끔한 마무리를 위해 공과금을 준비하고 캐러반파크를 관리하는 피터를 찾아갔다. 커다란 덩치를 흔들며 가끔은 유색인종을 무시하는 행태도 보였지만 오랫동안 관찰해보니 자신의 부인에겐 쩔쩔 매는 공처가임을 깨달았다. 참 안쓰러웠다. 예전에 우리 가족을 쫓아내던 그 거칠었던 아낙네의 남편이 생각나기도 했다. 어쨌든 내가 몇 달 동안이나 편히 지낼 수 있게 해주었으며 그 위험한 타이판을 체포한 것도 간과할 수 없는 공로였다. 악수를 하고 서로의 앞날을 빌어주는 것으로 간단한 인사를 마쳤다.

인력회사 사장님은 그동안의 노고에 대해 고마움의 뜻을 전하면서 따로 나에게 봉투를 건네주었다. 농장에서 슈퍼바이저로서 인부관리를 담당했지만 따로 급여를 더 받지 않았다. 물론 그 덕분에 누린 특권도 꽤 많았으니 때로는 맘껏 쉬기도 하고 여러 사람을 지휘도 해 보고 생산량을 미리 예측해서 조절하기도 했다. 그 기간에 때로는 아주 유능한 면도 보였지만 내가 가진 그늘로 인해 많은 실수를 저지르고 젊은 혈기를 다스리지 못해 부끄러운 일을 당하기도 했다. 물론 그전에도 여러 가지 일들을 겪었다.

배움에 대한 열정만 넘칠 그때엔 영어를 배우기 위해 뚜렷한 구매의사도 없어 상가에 들어가서 점원을 상대로 회화연습을 하다가 쫓겨나거나 무시를 당한 적도 있다. 아이들이 노는 수영장에서 과격하게 놀다가 옆에 있던 부모들에게 경고성 발언을 들었다. 한 번은 자유로움을 누리느라 상의를 벗고 버스를 탔다가 버스기사에게 한바탕 고함소리를 듣고 부랴부랴 옷을 걸쳐 입기도 했다. 이만하면 국위선양과는 거리가 먼 생활이었지만 그때마다 얻은 교훈들은 아직도 배낭 안에 들어있고 가끔 꺼내 보며 되새기고 있다.

나와 함께 태평양을 건너 온 커다란 배낭 안에는 가져 온 옷과 새로 산 옷들로 가득 찼다. 어떤 것들은 땀에 찌들어 더 이상 입지 못하고 버린 것들도 있었다. 여행을 한다는 것은 그렇게 필요한 것만을 족족 남기며 새로운 것을 채우거나 버리는 습득과 정제, 보존을 이어 가는 과정이다.

여행을 끝마치는 시점은 종착점에 이르렀을 때가 아니다. 돈이 다 떨어졌을 때도 아니다. 바로 자기의 가방에 더 이상 버릴 것이 없으며 넣을 것도 없다고 느껴질 때이다. 아직 배낭에는 버릴 것들이 남아있고 또 금방 무엇인가 채워지는 일이 여전히 계속되고 있다. 그래서 삶이라는 것이 바로 마치는 순간까지 끝나지 않는 여행이다. 매일 아침마다 나는 또다시 배낭을 메고 있다.

꿈의 도로에는 일방통행뿐이다

물론 조금이라도 비용을 줄이기 위해서 택했다지만 사실 편도항공권이 더 싼 것은 아니다. 단지 내가 돌아갈 길을 스스로 차단한 것이었다. 돌아갈 방법이 없다는 것은 결코 절망스러운 것이 아니라 아주 매력적인 것을 넘어 꿈을 향해 전진하는 이에게 필수적인 것임을 알게 되었다.

내가 꿈을 위해 한 걸음 내딛는 순간부터 이미 과거의 나에게로 돌아갈 길은 지워져 버린다. 내가 꿈을 포기하거나 인생을 포기하지 않는 한 꿈꾸던 길은 내딛는 것과 동시에 반드시 나아가게 되어 있다. 달음박질을 할 때도 있지만 때로는 천천히 걷거나 아니면 그냥 주저앉아 있기도 하지만 움직인 것은 그만큼 꿈과 가까워진 것이다. 그것이 꿈을 꾸기만 하는 사람과 꿈을 향해 내딛는 사람 사이의 가장 큰 차이인 것이다.

호주, 그 넓은 하늘이 내려다보는 대부분의 땅을 누비면서 나에겐 놀라운 변화들이 있었다. 육체의 한계에 대한 도전으로 택한 곳이 해병대였으며 그 속에서 꿈을 이루는 데 필요한 한 가지를 익혔다. 꿈을 꾸는 사람은 도전하면서 강해져야 한다. 그 강함을 단순히 체력이나 정신력 혹은 결단력으로 국한한다면 단순히 철골만 세운 것이다. 그것들을 단단하게 채워서 지지할 재료들이 필요하며 그 재료는 꿈마다 다르고 사람마다 달라서 무엇이라고 말하기는 어렵지만 만들어지는 과정은 비슷하다. 철골을 세우고, 재료들을 모아서 적당한 비율로 섞은 후에 일정시간 동안 숙성 혹은 건조를 시키고 나면 한 층, 혹은 수십 층을 쌓을 수 있는 단단한 기둥이 형성된다.

나는 재료를 모으는 일에 충분한 노력과 시간을 들이지 않았다. 곳곳에 단단한 H빔만을 세우고 그 위에 건물을 지으려 했다. 준비를 제대로 하지 않고 교환학생을 신청했더니 당연히 낙방이었다. 모로 가도 서울만 가면 된다는 생각으로 바로 워킹홀리데이비자를 신청했으나 그것도 학기가 시작되고 한 달이 지나서야 비자가 나왔다. 세심한 준비가 없었기에 자초한 어려움으로 학기 중에 휴학은 오직 병가로만 가능했다. 많은 병원을 찾아다녔으나 휴학이 허용될 만한 몸의 허점을 발견할 수 없었기에 복에 넘친 불평만 남았다. 그래서 최후의 수단으로 교수님을 찾았다.

"집안이 어려워서 학비를 댈 수 없기에 잠시 휴학을 했으면 합니다."

그렇게까지 해야 할 필요는 없었을지 모른다. 그냥 졸업했다면 얼마든지 무난한 삶이 가능했고 지금보다 더 빨리 회사생활을 시작했었기에 이런 소리를 듣지 않았을 것이다.

"용기! 뭐 하다가 이렇게 늦게 왔어?"

단 한 순간도 게을리 살지 않았지만 누군가에게 늦었다는 말을 듣고 있다. 늦었으나 시간을 낭비한 것은 아니다. 나에겐 준비가 필요했다. 삼 일 만에 갈 수 있는 가나안 땅을 40년 걸려 돌아간 민족이 나라를 이루기 위한 재료들을 만든 것처럼, 나에게도 꿈을 이루기 위한 재료가 필요했다.

호주에서 보낸 시간 동안 얻은 두 가지 중 이미 한 가지는 출발과 동시에 내 손에 쥐어졌다. 태평양을 건너는 순간부터 나는 돌아갈 길이 없었다. 즉, 꿈을 향한 전진만을 할 수 있었다. 꿈은 실패와 성공의 갈림길에 놓이는 것이 아니라 그냥 기나긴 여정 가운데 전진과 멈춤만 있다는 것을 확실하게 알게 되었다.

두 번째는 꿈은 채우는 것이다. 멈추었으면 멈춘 대로 가진 재료들을 숙성하고 배합하며, 전전하면 전진하는 대로 필요한 재료들을 모으면 된다. 그러면 어느 날 꿈을 이루었다기보다 자신이 삶이 아주 가득 차 있다는 것을 느끼게 된다. 나는 그것을 행복한 상태라고 부르고 싶다.

세상에
빈 곳은 없다

잠자는 엔진은 달리지 않는다

"야! 튀어~."

우리를 뒤쫓는 사람은 없었지만 뒷산에 있는 무덤가에서 황급히 내려왔다. 물론 한낮이라서 귀신을 본 것도 아니었다. 무덤에서는 우리보다 덩치가 큰 급우가 누워 있을 뿐이었다. 그날도 우리의 동선에는 변함이 없었다. 학교정문을 나선 후 차비를 아끼기 위해 한참을 뛰어 도착한 동네 어귀에 있는 오락실에 들어갔다. 우리가 달려온 이유는 자금도 필요해서지만 무엇보다 인기 있는 종목을 차지하기 위해서였다.

친구와 신나게 오락을 즐기다가 옆에 있던 덩치가 큰 녀석과 시비가 붙었다. 그 땐 워낙 체구가 좀 왜소했으며 그다지 힘을 쓰지 못했기에 보통 꼬리를 내렸지만 그날만큼은 별로 끌려 다니고 싶지 않았기에 하던 게임을 대충 종료하고 녀석에게 소리쳤다.

"야! 나와!"

그렇게 사나이들은 뒷산에 있던 무덤으로 향했고 친구를 남자들의 결투에서 가장 중요한 심판이자 증인으로 채택하고 그를 중심으로 마주섰다.

"울거나 코피 나면 지는 거야!"

소위 코흘리개들의 싸움에서 승패를 가르는 두 가지 사항을 일러준 후에 심판은 일단 뒤로 물러났다. 덩치가 큰 녀석에게 미안하지만 편파판정보다 더한 심판과 나의 공조가 기다리고 있었다. 고함소리와 동시에 나는 녀석의 상체를 붙잡고, 친구는 양다리를 붙잡은 후에 넘어뜨렸고 위에서 몇 대를 신나게 때린 후, 녀석이 전의를 상실한 틈을 타서 승자에게 어울리지 않는 재빠른 달음질로 뒤도 돌아보지 않고 내려오는 중에 서로를 바라보는 눈빛들이 이렇게 말하고 있었다.

'어차피 체급이 달랐잖아.'

다리를 잡아준 친구와 처음 만난 것은 초등학교 3학년 때였다. 요즘처럼 개인용 컴퓨터가 없던 시절, 많은 아이들에겐 야단을 맞으면서도 다녔던 오락실이 중요한 놀이터였다. 오십 원짜리 동전 하나면 몇 분에서 1시간이 넘도록 즐길 수가 있었고 그 친구가 매일 받던 용돈이 천원이었기에 내게는 재벌의 아들쯤으로 느껴졌었다. 물론 천원의 용돈이 우리를 친구로 묶는 연결고리로 쓰인 시간과 비중은 아주 미미했다.

공고를 간 후 차츰 공부는 접어둔 채로 그날도 여느 주말처럼 친구의 집을 방문해서 저녁을 먹고 늘 그렇듯이 컴퓨터 앞에 앉아서 게임이나 하려던 나에게 종이뭉치 하나를 내밀었다.

"뭐고, 이거?"

"우리 학교 어제 수능모의고사 쳤는데, OMR카드에 답을 표시하다 보니까 시험지는 깨끗하거든, 그래서 니 한번 시험 쳐 보라고."

"수능? 아… 뭐 대학에 입학하려면 쳐야 하는 그 시험 말이가?"

그 말투와 표정은 궁금증이 아니라 내키지 않음에 대한 표현으로 얼굴 가득히 번져나갔다.

"그래… 그냥 한번 쳐 봐라."

경원이는 시험감독관처럼 내 앞에 놓인 종이뭉치를 거두어들이지 않고 계속 말을 이어갔다.

"그냥 한번 쳐 봐라. 니 공부 잘했잖아."

매번 노는 것보다 집에 와서 수능을 체험해 보는 것도 괜찮을 것 같았다. 실업계 고등학교를 다녔기에 수능을 접할 기회가 거의 없었다. 사실 수학책보다는 공구함을 더 많이 들고 다녔다. 내 사정도 잘 알기에 나오는 성적을 가지고 뭐라고 하지는 않을 것이며 손해 볼 것도 없었다. 매번 와서 놀기만 하는 모습보다 이렇게 공부하는 모습을 보여주는 것도 괜찮은 광고일 것 같았다.

'나는 실업계라 대학 안 가도 다 취업하니까, 성적이 이래도 상관없다.'

미리 그렇게 피할 구멍을 마음속으로 만든 후 시험을 쳤다. 자정이 다 되어서야 듣기평가를 제외하고 시험지에 모든 답안을 표시했고, 경원이는 답과 찬찬히 비교했다. 그러고는 살며시 미소를 짓는다. 그리고 점수를 알려주는데 생각보다 꽤 높았다. 물론 경원이가 말한 것이 정확한 점수는 아니었지만 그래도 기분은 좋았다. 미리 생각했던 문장은 제쳐두고 말했다.

"맞나? 수능이라는 거 그렇게 어려운 거 아니네?"

그 직후 경원이의 입에서 흘러나온 한 마디가 있었고, 그 말은 곧 나의 목표가 되었고 미래가 되었으며, 현재를 이루어가는 힘이 되었다.

"너는 뭐든지 하면 되잖아. 너도 대학가야지. 실업계라고 취업하는 길만 있는 거 아니잖아. 지금부터 공부해라."

다음 날부터 오후 수업이 끝난 후에는 도서관에 앉아서 수능에 필요한 과목들을 공부하기 시작했다. 수백 명의 학생들이 들어갈 수 있는 도서관은 한 명이 들어가서 공부를 시작했다. 처음에는 굉장히 낯설고 외로웠지만 곧 입시에 관심이 있는 아이들이 모여 각자의 길을 갈 때까지 함께 고시원에서 공부했었다.

경원이는 그 이후에도 힘을 주는 일을 멈추지 않았다. 때로 참고서를 살 돈이 없을 때엔 모아둔 돈을 내어주기도 했고, 모의고사를 깨끗하게 치른 후에 나에게 전달하기도 했다.

고등학교를 입학할 당시에 나는 대학 입학보다는 졸업 후 바로 취업을 해서 집안의 경제에 도움을 주고 싶었지만 그 바람은 격려와 희망의 메시지를 던진 친구 덕분에 10년이 지나서야 이루어졌다. 하지만 더 큰 꿈을 꿀 수 있었고 지금은 그 꿈에 점점 가까워지고 있다.

경원이는 전문대를 졸업하고 좀 더 나아가 학사학위를 취득했으며, 국립대학에서 석사과정까지 마쳤다. 때로는 나라의 부름을 따라 봉사한 공로를 인정받아 대통령표창을 받기도 했으며 현재에도 나라에서 주관하는 큰 이벤트가 있을 때에는 가장 먼저 연락이 닿을 만큼 유능한 인력으로 손꼽히고 있다.

'시작해 봐라. 너는 할 수 있다.'

거대한 엔진에 연료가 가득 차 있더라도 그것을 움직이기 위해서는 반드시 불꽃이 필요하다. 경원이는 인생을 참 열정적으로 살고 있다. 그 삶에서 배어난 말 한 마디, 그것이 함께 있던 나에게 불꽃이 되어 멈췄던 나의 엔진을 다시 깨우는 신호가 되었다.

'과연 나는 오늘 누구의 엔진을 깨울 것인가?'

친구라는 단어를 함부로 쓰지 마라

"상우야~! 나 지금 마산에서 출발하거든 진짜 올 거냐?"

두 번째 무전여행을 가기 전에 열린 동창회에서 비록 스물두 살의 짧은 생을 살았지만 참으로 오랜만에 보는 동기들이 많았다. 수십 킬로그램의 몸무게를 빼서 날씬해진 녀석도 있고, 몰라보도록 예뻐진 여자애들도 많았다. 문득 낯선 목소리가 귓전에 울렸다.

"아버지 잘 계시냐?"

중학교까지 같이 다녔던 상우가 우리들만의 전형적인 방식으로 안부를 물었다.

"응, 우리 아버지 잘 계시지. 여전히 건강하시다."

상우의 아버님을 뵈면 항상 기억 나는 일화가 있다. 사춘기를 겪던 시절 밖에서 뛰어 놀다가 방으로 들어갔더니 발에서 나는 냄새가 말이 아니었다. 마치 청국장을 띄운 것 같았다.

"야, 이놈아! 발 좀 씻고 와라."

경상도의 드센 억양으로 인해 오해하기가 쉽기에 야단치시는 줄 알고 그 길로 나와서 휑하니 집으로 가버렸다. 그 이후로 다시는 그런 말을 안 꺼내셨으니 그분도 적잖게 놀라신 모양이었다.

너무 오랜만에 만나서 살갑게 이야기를 나누기도 서먹한 사이기에 잠시 침묵을 이어가던 중에 지난번 다녀온 무전여행에 관해 이야기를 나누었다. 그리고 조만간 떠날 것에 대한 암시를 주었을 때 본인도 참여할 수 있도록 연락을 줄 것을 부탁했고 나도 그렇게 하겠다는 답을 주었다.

떠나는 날이 되었다. 그 약속, 5년 만에 만나서 불과 5분도 안 되는 대화 속에 있던 약속에 대해서 다소간의 의무감으로 물었다.

"나 이제 출발하는데 같이 갈 거냐?"

상우의 대답은 준비한 듯이 아주 간결했다.

"그래, 그럼 내 어디로 가면 되는데?"

잘 다녀오라는 인사로 끝날 줄 알았는데 선뜻 함께 떠나겠다는 의지와 함께 며칠 여유를 달라는 것은 의외였다. 그래서 앞으로 갈 행선지를 그에게 알려주었다.

"음, 그럼 의령에서 만나자."

며칠 후 우리는 의령의 어느 산자락 잘 닦인 도로에서 만났다. 졸릴 듯이 평안하게 흐르는 섬진강이 전라도와 경상도를 이어주듯이 우리는 한 달간의 여행 속에서 함께 어울리는 동안 연락하지 못한 오랜 시간의 공백도, 그로 인해 생긴 친구 사이의 어색함도 사라지게 되었다. 그해 겨울, 다시 세 번째 배낭을 멘 후에 함께 여행할 일은 없었지만 동행은 이어졌다.

2004년의 봄에는 내 삶에 꽃샘추위가 찾아왔었다. 그해 상우는 대기업에 취직을 했고 그의 입사합격을 최초로 통보하는 자리에도 함께했다. 얼마 후 나는 보험영업사원으로 짧은 직장생활을 시작하게 되었다.

상우는 신입사원 연수를 마친 후 주어지는 짧은 휴가를 고향에서 보내기 위해 역으로 가기 전에 나를 만나러 종각으로 왔다. 둘이 만나서 간단하게 이야기를 나눌 때 보험영업에 대해 나는 아무 말도 꺼내지 못했으며 상우도 특별히 내가 하는 일에 대한 이야기가 없었다. 그리고 자리는 곧 파했다.

"어… 용기야, 내 이제 기차 타러 가야 할 것 같다."

"어어. 그래 늦으면 안 되지. 푹 쉬다가 와라."

"그래. 알았다."

그렇게 인사를 나누고 바로 등을 돌리고 갈 줄 알았던 상우는 잠시

기다리라는 말을 남기고 근처 은행으로 갔다. 잠시 후에 나에게 봉투를 내밀기에 놀라서 물었다.

"이게 뭐꼬?"

"보험영업사원은 옷도 잘 입어야 한다더라. 얼마 전에 회사에서 단체로 보험을 들어서 니한테 들어주지 못해서 진짜 미안하다."

무슨 말을 했는지 기억이 나지 않는다. 아마 아무 말도 하지 않았던 것 같다. 목이 메어서 말이 안 나왔을 것이다. 아무리 대기업이라도 수습사원에게는 일정기간 동안 월급의 일부만이 지급된다. 첫 월급, 어림잡아 그 삼분의 일을 나에게 주었다. 보험을 들어주지 못해 미안하다며 옷을 잘 입어서 영업을 잘하라고 쥐여준 것은 아직도 내가 갚지 못한, 갚을 수 없는 빚이 되었다.

5년 만에 만난 상우는 여행길에서 내게 평생 잊지 못할 말 한 마디를 배낭에 넣어줬다.

"난 아무에게나 친구라고 부르지 않는다. 그건 친구라는 존재의 가치를 떨어뜨리는 거니까."

그리고 나에게 이어지는 부드러운 말 한 마디는 나를 후려치면서 마음에 큰 부담이 되었다.

"근데 왜 그동안 연락 안 했냐? 친구야."

친구는 서로에게 빚진 사람들이다. 많은 사람과 만나는 세상에서 살아온 날 동안 서로의 빚을 받을 생각만 하다가 때로는 욕심과 실수로 친구들을 잃곤 했다. 누군가는 받을 빚이 더 많다고 생각하지만 어차피 따지고 보면 둘 다 평생에 갚을 수 없는 것이라 크기를 가늠하는 것은 의미가 없다.

난 매일매일 그 빚에 아주 작은 이자를 갚으며 살고 싶다. 할 수 있는 대로 고마움을 전하며 살고 싶다. 또한 그의 삶에 내게 빚이 늘어나기를 바란다. 내게 주어진 능력 안에서 할 수 있는 대로 힘이 되어 주고 싶다. 나의 평생에 즐거운 채무관계가 이어지기를 바란다.

내 생애 최선의 경쟁자

젖은 수건을 들고 다니는 여인의 발걸음이 분주하다. 그 얼굴 또한 눈물에 젖어 있었다. 젖은 수건을 헹군 후에 약간 붉은 빛을 띠는 대야의 물을 비우고 다시 받으며 그 속에 눈물을 섞어서 깨끗이 빤 후에 다시 집 안으로 들어갔다가 젖은 얼굴로 젖은 수건을 들고 나오기를 반복했다.

오늘날의 많은 학교에서 논란이 되는 것이 있다면 바로 체벌이다. 그런데 만약 학생과 선생이 동등하게 체벌을 받는다면 어떻게 될까? 학생을 체벌하는 스승이 자신에게 같거나 더 큰 강도로 내리친다면 과연 어떤 일이 일어날까? 물론 때리는 것만이 아니라 모든 제재에 대한 것이다.

'변화와 성장'

여러 명의 아이들에게 자신들의 잘못을 깨닫고 그 생각을 고쳐먹는 데 필요한 것은 바로 스승의 찢어진 종아리였다. 부모가 회초리로 자녀의 종아리를 때리는 순간 부모는 자신의 채찍으로 되돌려 받는 것을 느끼게 된다. 사랑이 담긴 훈육에는 일방적인 고통만을 가하는 것이 아니라 가르치는 자에게 전해지는 가중된 고통이 포함되어 있다. 나의 스승은 제자의 가슴에 새기기 위해 자신의 종아리를 희생했다.

그 분은 우리에게 분명한 기준에 대해 알려 주었다. 자신이 선택한 삶에 어울리는, 살아가는 동안에서 지켜야 할 기준들을 명확히 해 주었고 반드시 지킬 것을 실천하며 가르쳤다.

분명한 기준을 가지고 사는 것이 융통성이 없는 삶이 아니다. 꽉 막혀서 소통이 안 되거나 사회생활에 어려움을 겪는 것도 아니다. 오히려 기준이 없다면 그것이야말로 어디로 갈지 모르는 막힌 삶이며, 혹은 가지고 있어도 그것을 지키지 않는다면 좋은 것을 잃고 어려움을 겪게 된다.

나 자신이 너무나 부족함에도 많은 사람들에게 넘치도록 받으면서 살고 여러 가지 좋은 것들을 누리고 있는 것에는 바로 그 확실한 기준들을 가지고 살아가는 삶의 태도도 한몫하고 있을 것이다. 그것은 마음에 뿌려준 또 하나의 작은 씨앗이었고 지금도 자라고 있는 것이다.

'용기 있는 삶'

때로는 나의 이름을 가지고 놀리는 이들도 더러 있었지만 지금은 너무나 부모님께 감사할 따름이다. 이름값을 하기 위해 더욱 노력할 수 있었고 덕분에 아직까지는 그 값을 하고 있다. 미인도 얻게 한다는 용기는 먼저 가치 있는 것을 지킬 줄 아는 마음이다. 어떠한 어려움이나 때로는 눈앞에 주어진 이익에 대할 때 분명한 기준을 가지고 있다는 사실을 비겁하게 회피하거나 쉽게 버리지 않는 의리를 말하는 것이다.

또 다른 의미로는 새로운 것을 시작하는 것에서 오는 두려움을 억누르는 것이다. 자신의 실패를 극복하고 시작하는 것도 어렵지만 안정된 상태에서 다시 자리를 옮겨 또 다른 시작을 하는 것도 쉬운 것은 아니다. 안정을 포기하는 것에서 오는 두려움과 진득함 없이 무모한 도전으로 보는 시각을 받아들이는 것은 쉬운 일이 아니다.

'목사님! 이제 조금 안정된 것이 좋지 않겠어요?'

그분의 새로운 시작을 접할 때마다 통화하는 가운데 이 말이 목까지 올라오지만 결코 내뱉지는 않는다. 진심 어린 말이 아니기 때문이다. 그분의 삶을 알고 있으며 나도 그렇게 사는 것이 당연한 것으로 알고 있다.

'편안한 정체보다 고달픈 전진이 낫다.'

우리에게 편하다는 상태는 이미 성장이 멈춘 것이다. 물론 성장이 멈춘 상태에서도 열매는 계속 맺힐 수 있다. 그것도 충분히 가치 있는 삶이다.

하지만 조금 더 가지를 펼칠 수 있다면 아니면 자리를 옮겨 옆에 새로운 나무를 심어 자라게 한다면 편하다는 것이나 안정적이라는 상태를 포기해야 하지만 더 많은 열매나 혹은 새로운 열매를 기대할 수 있을 것이다.

그는 삶으로 가르쳤고 나도 삶으로 그의 가르침을 따르며 살아가고 있다.

'가장 훌륭한 제자는 어떤 사람일까?'

이제까지 삶을 통해서 만들어 온 대답은 스승보다 더 나은 사람이 되는 것이다. 물론 스승을 존중하며 아무리 뛰어나다고 한들 그 스승보다 나을 수는 없겠지만 적어도 평생 선의의 경쟁자로 삼으며 늘 기억하는 것이다.

난 오늘도 스승보다 더 진심으로 내 인생과 타인의 인생을 대하며 살고 싶다. 또한 더 분명한 기준을 가지고 거기에 부합하며 살도록 애쓰고 주어진 성취의 기쁨은 누리는 것에 그치지 않고 더 나은 열매를 위해 매일 다시 시작하고 싶다. 그것이 내가 스승의 은혜에 보답할 가장 좋은 선물이라 믿는다.

열정과 행복을 먼저 배우다

2001년 뜨거웠던 그해 여름엔 나의 삶도 그에 못지않게 뜨겁게 보내고 있었다. 시원하게 웃옷을 벗어 던지고 어깨에는 초등학교 때 방학숙제를 하려고 마지못해 들었던 잠자리채를 자랑스럽게 둘러메고 아이들처럼 휘파람을 부르며 구미에 있는 자연학습원의 뒤편을 배회했다.

'곤충박사님'

학기를 마치고 기나긴 방학을 맞아 고향에 가서 잠시 머물다가 또다시 무전여행을 다녀왔음에도 개강까지는 한 달이 넘는 시간이 남아 있었다. 그때 같은 교회에 다니는 박사님을 만났다. 그분이 사실 박사님인지도 몰랐다. 평소에 내색을 하지 않으셨고 무슨 일을 하시는지도 몰랐다.

"용기야! 우리 학습원에 와서 도와주지 않을래?"

구미에 있는 자연학습원은 일반인들이 과학과 친근해지도록 다양한 체험활동을 제공하는 동시에 연구활동도 이어가는 기관이었다. 과학 관련 전공자도 아니며 학자의 자세도 없는 나에게 그런 아르바이트 제안은 꽤 낯설었다. 그래도 과학자로서 갖추어야 할 소양 중에 한 가지는 가지고 있었으니 바로 호기심이었다. 도대체 어떤 일을 하게 될지 궁금했다.

"내일부터 나가면 되지요?"

짧은 대답을 통해서 둘 사이에 계약은 이루어졌다. 그 계약은 고용과 피고용인의 임시계약이 아니라 스승과 제자 사이에 맺어진 인연, 즉 반영구적인 계약이었다. 인생을 살아가면서 나는 또 한 분의 스승을 만나게 된 것이다.

　자연학습원에 머물기보다는 방방곡곡을 함께 누비면서, 온 산을 뛰어다니며 곳곳에 숨어 있는 보물들을 찾았다. 곤충들도 더위를 타는지 더운 한낮에 찾는 것이 힘들 때면 한밤중에 길을 떠났다. 특별히 인근에 있는 주유소를 찾았을 때 그 마당은 보물창고나 마찬가지였다. 나는 곤충들이 그렇게 많은지 몰랐다.

　거기서 채집한 것들을 표본으로 만드는 작업도 했지만, 그것 또한 단시간에 해낼 만한 것도 아니며 손재주가 좋은 편도 아니라서 좋은 작품은 나오지 않았다. 표본이라는 것은 단지 희귀한 것만 가치 있는 것이 아니라 오랜 시간과 많은 정성을 통해 만들어진 것 또한 보존과 전시를 통해 많은 사람들에게 가치를 전했다.

　채집과 표본작업만 한 것은 아니다. 때로는 온 가족이 함께 청송에 계신 노모를 찾아가면서 조그만 오솔길에서 산딸기를 채취하여 먹기도 했다. 아무런 대가를 치르지 않고 손만 뻗으면 되었다. 그렇듯 자연은 우리에게 많은 것을 원하지 않는다는 것을 몸소 배웠다. 손님을 대접하듯이 푸근하게 있는 곳곳에서 자신의 풍요와 너그러움을 나타내었다. 단지 우리가 그 가지만 꺾지 않는다면 매년 그들은 우리에게 달콤한 손길을 허락하는 것이다.

　우리가 방방곡곡을 다니면서 찾은 것은 곤충이 아니었다. 오솔길을 걸으며 나무에서 딴 것도 딸기가 아니었다. 우리는 행복을 찾아다니고 있었다. 지금은 다른 장소에서 찾고 있다.

　우리에게 접근할 때 밟아버리거나 소스라치며 놀라게 하는 그 작은 생물들이나 길가에 그냥 버려져 있는 가지들이 대단해 보이지 않지만 그들이 이 땅을 움직이고 있을지도 모른다. 하찮고 작은 생물들이 사라질 때에 그 이외에 다른 무엇도 존재할 수 있는 것은 없다. 그건 과학자가 아니더라도 예상할 수 있다. 하찮다고 여겨지며 한없이 작아 보이는 그것이 바로 세상을 움직이고 우리를 움직이고 있는 것이다.

우리의 삶을 움직이게 하는 목적 중에 하나가 바로 행복일 것이다. 파랑새처럼 찾아다니지 않아도 그 행복은 바로 주유소 불빛 아래에서나 길가에 놓여 있던 것들 가운데서도 발견할 수 있었다. 어디서든 발견할 수 있는 흔한 것이다. 그 흔한 것이 모두 가치가 있는 것은 아니다.

그 흔한 것에 가치를 부여하고 존재하는 이유를 만들어 주는 것이 바로 열정이라는 요소인 것이다. 열정적인 삶은 이 땅에 아무것도 가지고 오지 않은 자신에게 주어진 모든 순간순간에 가치를 부여하는 것이기에 열정이 없는 삶에는 아무리 소유가 많아도 가치 있는 것이 그다지 많지 않다.

'아름다운 청년 권용기'

이런 과분한 별명을 붙여준 그분은 내가 그렇게 살아가도록, 더욱 애를 쓰도록 동기를 부여해 주셨고 나아가는 힘을 더해주셨다. 그분은 나에게 또 하나의 귀한 표본이었다. 세상에서 학자라는 직업을 가진 사람은 넘친다. 무슨 일을 하는 것은 중요하지 않다. 그 앞에 붙는 수식어가 중요한 것이다.

'열정적인 학자'

그 열정으로 삶의 모든 순간에 가치를 부여하기에 그분에게 또 다른 수식어가 필요하다.

'행복한 학자'

작은 투자, 그리고 거대한 수확

'따르릉~!'

전화가 울린다. 화면에 뜨는 이름이 너무나 반갑기에 얼른 통화버튼을 눌렀다. 늘 동일한 인사로 대화는 시작된다.

'할렐루야~!'

건너편에서 들리는 이성호 목사의 목소리는 언제나 밝다. 그리고 참 고맙다. 나는 여전히 그의 변함없는 사랑과 신뢰를 받고 있기 때문이다. 물론 그것은 오랜 시간을 통해 형성된 것이지만 그 계기는 아주 작은 투자에서 시작되었다.

자연학습원에서 배움을 마무리하자 내가 수업료를 내야 할 터인데 곤충박사님은 내게 작은 봉투를 내밀었다. 물론 그것은 당신께서 부담하신 비용이었을 것이지만 일한 대가라는 명목으로 내어주셨다.

그 봉투를 들고 서울로 올라왔다. 북아현동에 감리교단에서 설립한 기숙사가 있었으니 객지에서 올라온 학생들을 위해 저렴한 비용에 아주 좋은 조건의 숙식을 제공하고 있었다. 나는 첫 번째 학기에 기숙사비를 부담했지만 다음 학기부터는 '부장' 명칭을 단 간부사생이 되어 무료로 이용하고 있었다. 어디를 가나 감투에 대한 복이 참 많으며 그에 따른 혜택을 많이 누리는 것 같다.

내가 왜 그 봉투를 이성호 목사에게 내밀었는지 그 상황은 이제 기억이 나지 않는다. 그는 아주 독립심이 강했고, 성실한 사람이었다. 일시적으로

찾아온 금전적인 메마름이 있었고, 좋은 사람에게 주저 없이 주는 나의
성격이 맞물려 내가 그에게 주게 되었고, 착한 그는 그것을 받아들였다고
상상할 뿐이다. 그 봉투 안에는 그와 함께 있던 동생이 한 달을 머물 수
있는 기숙사비가 정확하게 들어 있었다. 그 봉투 안에 있던 금액은 약 8년이
지났을 때 다시 축의금이 되어 돌아왔다.

강원도에서 목회를 하던 그는 나의 결혼식을 위해서 몇 시간을 달려 서울로
왔으며 겨우 30분 동안 대면하고 자신의 자리로 돌아갔다. 정신없이 지나간
결혼식이지만 결코 잊을 수 없는 하객 중에 한 명이다.

현재 그는 군인의 한 사람으로서, 하나님의 좋은 병사로서 열심히 사역을
감당하고 있다. 그리고 틈틈이 소식을 주고받고 있다. 내가 아는 그는 뛰어난
지식인이며 실천하는 사람이요, 따뜻한 가슴으로 가족을 품는 가장이면서,
교회를 돌보는 신실한 사람이다. 그런 사람과 나는 아름다운 대화와 따뜻한
진심을 나누며 살아가고 있다.

한순간이면 사라질 아주 작은 가치의 봉투 안에 나는 존중과 사랑을
담아서 보내었다. 그리고 흐르는 강물에 던져진 것 같은 그것은 다시 나에게
돌아왔다. 그 속에는 내가 담아 보내었던 것보다 훨씬, 아니 비교할 수 없이
많은 것들이 들어 있었다. 나는 세상에서 가장 탁월한 투자를 한 것이다.

누군가 꿈을 함께 꿀 수 있는 사람을 발견했다면 가지고 있는 모든 소유를
팔아서 그 사람과 나눌 수 있는 작은 공간을 마련하는 것이 좋다. 그곳에서
생겨나는 그 아름다운 관계가 어떤 자산으로 자신의 창고를 채우는 것보다 더
가치가 있다고 믿는다면……

달리고 있으면
함께 달릴 누군가가 온다

기억이라는 것은 희미해지기 마련이다. 그래서 때로는 변명하기가 쉽지 않다. 분명히 이유가 있는 일이었음에도 희미해진 기억 때문에 말문이 막히기도 한다. 그때의 일에 대해 분명 나는 할 말이 있지만 일단 모든 변명은 접어두고자 한다.

기숙사생활을 마무리하고 다시 고시원으로 들어간 나는 그 독립되고 고립된 것 같은 1평짜리 공간에서 또 다른 새로움을 만나게 된다.

"저기~ 계세요?"

서너 번의 두드림이 있은 후에 문 너머로 웬 사내의 목소리가 들린다. 좀 가늘고 억양이 독특하게 느껴졌다.

"네, 누구세요?"

문을 열자 눈이 충혈된 사람이 불쑥 음료수를 건네며 짧게 인사를 하는데 말투하며 얼굴이 왠지 조금은 낯설었다. 그는 일본인이었다.

"저, 옆방에서 사는 사람인데요. 오늘 낮에 하루 종일 텔레비전이 켜져 있었어요."

그렇게 말하고 그가 방으로 돌아간 후 나의 기분이 좋지는 않았다. 상황을 정리하자면 나 때문에 시끄러워서 못 잤다는 말이었다. 처음 만나는 사람에게 그렇게 친절하게 대하는 편이 아니라 불쾌감을 표현하기 위해 옆방의 문을 두드리고 인기척을 들은 후에 바로 문 안으로 들어가며 입을 떼려는 순간, 침대 위로 눈이 향했다.

'성경책'

　거칠고 아직도 다듬어지지 않은 부분이 많지만 나도 그리스도인이다. 순간 나의 표정은 바뀌었다. 나는 진짜 그리스도인들에게는 굉장히 친절하게 대하는 편이다. 그는 진짜 그리스도인이다.

　"교회에 다니시는군요. 저도 그래요."

　이렇게 시작된 우리의 대화는 붉은 눈의 그가 평소에 잠드는 시간인 11시까지 계속 되었다. 첫 대화는 끝이 났지만 그날 이후 나는 처음으로 외국인을 친구로 더 나아가 이제는 가족과 같은 존재로 인식하게 되었다.

　고시원에서 우리의 삶은 참 단순했지만 빈틈은 없었다. 새벽 4시 30분쯤 약간의 시차를 두고 일어나서 한 사람이 씻을 때 다른 사람은 식사를 하고 함께 새벽기도를 간 후에 둘 다 서로 다른 학교로 향했다. 돌아온 후에는 함께 운동을 했고 11시가 넘으면 각자의 방에서 잠이 들었다.

　우리는 서로 닮은 점이 많았다. 물론 그리스도인이라는 것 외에도 지독한 승부근성과 주어진 일에 대해 집중하고 마무리하려는 마음자세였다. 조깅을 할 때는 서로에게 지지 않으려다 보니 때로는 아픈 중에도 뛰느라 건강해지기보다는 몸에 무리를 준 경우도 많았다.

　그가 일본에서 일을 할 때의 일화를 들었다. 다양한 스포츠를 즐기지만 그 중에서도 스노보드 타는 것을 즐겼기에 겨울이면 어김없이 스키장으로 향했다. 하루는 눈밭에 구른 후 옆구리에 통증을 느꼈지만 계속 일을 하다가 3개월이 지난 어느 날에 통증을 견딜 수가 없어서 병원을 찾았다. 의사의 소견은 갈비뼈에 금이 갔다는 것이다. 그 고통을 참고 석 달을 일한 것이다.

　"참 미련하다."

　이렇게 말하지만 그것은 그를 비하하는 말이 아니다. 그 미련함에 대해 나도 결코 지지 않기 때문이다. 그는 어김없이 새벽에 깨어났고 그의 철저함과 열정은 그에게 한국의 대학에서 공부할 수 있는 기회를 열어주었다. 그리고 그는 한국에서 아름다운 여인을 아내로 맞이했다.

그가 3년간 다니던 직장을 그만두고 한국으로 올 결심을 하고 바다를 건넜을 때에 그는 내가 호주에 갔을 때처럼 지인이나 후원자는 없었다. 그렇다고 통장에 잔액이 넉넉했던 것도 아니었다. 표면상 그는 결코 부유하지 않았다.

내 관점에서, 내가 가진 가치관과 재산에 대한 개념을 통해 볼 때 그는 많은 것을 소유한 부자였다. 매일 새벽을 깨울 만큼 성실했으며, 스스로에게 당당할 만큼 정직하고 원칙을 저버리지 않는 우직한 삶의 자세를 가졌다. 또한 재능을 발견하기 위해 끊임없이 도전과 그것을 뒷받침하는 노력을 통해 자신의 가치를 점점 높여가는, 즉 성장하는 인생을 이어갔다.

그는 어려운 상황에서도 충실히 학업을 이수했다. 물론 수많은 사람들의 도움이 뒷받침이 되었지만 그 도움 또한 그가 가진 살아있는 재산들을 통해 얻은 것이다.

나는 그에 대한 기대감을 항상 갖고 살아간다. 앞으로 멀지 않은 날에 그의 열정과 노력 그리고 철저한 준비가 빛을 말하며 놀라운 결과물을 가져올 것이다. 하지만 그날에 나도 그 앞에서 결코 빈손을 보이고 싶지 않다.

고시원의 문을 두드린 이후 그와 나는 평생을 함께 달리는 좋은 친구가 되었다. '함께'라는 말 속에는 서로에 대한 두껍고 단단한 신뢰가 들어 있다. 그리고 우리는 좋은 경쟁자이다. 달린다는 것은 목표를 향해 노력하는 것이며 그런 사람들에게 반드시 성장이 찾아온다.

'우리는 여전히 함께 그리고 서로를 위해 달리고 있다.'

성실함이 가득 차면
기적의 배는 저절로 뜬다

우리가 주변에서 보던 불에는 여러 가지가 있다. 어린 시절 토방 안을 덥히던 아궁이불이나 모래밭에서 낭만과 흥을 돋우는 모닥불도 있고 공포와 함께 몰려오는 거대한 산불도 있다. 불에게는 자신만의 룰이 있다. 통제하는 자에게는 이로움을 주고 통제하지 못하는 자에게는 거침없이 대가를 치르게 한다.

사람도 가슴에 불을 품고 살아간다. 그 불은 열정, 분노, 사랑, 충성 등 다양한 이름을 가지고 있다. 같은 이름을 가졌을 때에도 때로는 사람을 흥하게도 하지만 때로는 사람을 파멸의 나락으로 몰아넣기도 한다.

새벽 3시면 일어나 어김없이 불을 일으키는 사람이 있다. 산자락에 있던 아주 작은 슬레이트 지붕의 시작은 30년을 걸쳐서 길모퉁이에 더욱 아름다우며 더욱 많은 사람들이 평안을 얻을 수 있도록 건물을 덮을 수 있게 되었다. 말쑥하게 차려입은 신사가 교회 주변을 빗자루로 쓸면서 휴지를 주우며 청소하는 모습은 어울리지 않는 것이다.

여느 사람들의 고개를 갸웃거리게 만드는 부조화겠지만 그 분이 청년시절부터 30년이 넘게 쏟아부은 교회에 대한 사랑과 사명감을 생각한다면 가장 아름답고 자연스러운 표현일 것이다. 자신의 사랑을 표현함에 지위나 외모는 그다지 의미가 없는 것임을 잘 알기 때문이다.

"벌써 출근하나?"

입사 후 한동안 회사에서 밤을 지새우다가 퇴근 후 새벽기도를 가는 길목에서 만난 목사님의 목소리는 또 하나의 귀한 선물이었다. 감기는 눈으로 대부분의 기도시간에 몽롱한 상태로 내가 교회의자에 엎드린 것인지, 아니면 머물던 지하단칸방에 누웠던 것인지 분간을 못할 때가 많았지만 새벽기도를 멈추지 않았던 것은 목사님의 삶으로부터 영향을 받았기 때문이다.

'주저함이 없다는 것은 다른 두 가지가 있다는 것이다. 바로 성실과 열정이다.'

수십 년이라는 오랜 준비가 문득 실행으로 옮겨졌을 때 어떤 사람들은 무리수를 둔다고 했으며 그것이 이루어지고 나니 그때는 또다시 뭔가 문제가 있거나 금방 사라질 신기루라고 했다. 그들은 역사를 통틀어서 언제나 세계를 누벼도 어디서나 존재하는 사람들이다. 열정과 성실이 어떻게 기적을 가능하게 하는지 모른다. 그들이 우려하거나 기대하는 것은 철저한 준비와 뚜렷한 목적이 없을 때 찾아오는 것이다.

대나무는 5년 동안 자란다. 4년 동안은 죽순만 내어놓은 채 있다가 마지막 1년에 온 힘을 다해 하늘로 목을 늘인다. 4년의 준비가 집결된 1년을 여느 1년과 같이 보는 것은 불공평하며 상식이 아니다. 수십 년의 성실함으로, 그의 성실함을 따라 함께한 사람들의 땀과 눈물이 만들어 낸 것은 대단한 물량공세로 일시에 만든 것보다 더 튼튼하다. 시간보다 비싼 투자는 없다. 성실이 가장 큰 기적을 만드는 것이다. 성실한 삶에는 반드시 따라오는 단어가 있다. 바로 인내라는 것이다.

어떤 이도 파도가 없는 인생을 살지 않는다. 나룻배든지 함선이든지 파도를 겪으며 살아간다. 바다는 배의 형편이 아닌 바람에 따라 바뀌며 그 바람을 미리 알거나 제어할 수 없는 것이다. 누구에게나 닥치는 파도를 사람들마다 다르게 대하므로 결국 다른 결과를 맞이하게 된다. 어떤 이는, 좀 쉬운 예로 나처럼 다가오는 파도를 정면으로 헤쳐나가는 이는 많이 부족한 항해사이다. 몇 개의 파도는 넘겠지만 거대한 파도 앞에 어느 순간 배가 뒤집히고 만다.

지혜로운 항해사는 달랐다. 그분의 인생에 가장 큰 파도가 닥쳐왔을 때 항해법은 파도를 보며 스스로 헤쳐나가지 않고 잠잠히 엔진을 껐다. 그리고 바람에 맡기고 돛을 펴듯이 하늘을 향해 두 손을 펼쳤다.

'신앙파선은 인생파선이다.'

그분은 목회자인 동시에 신앙인이었다. 바로 성실한 신앙이었다. 그 큰 파도는 지나갔다. 파도가 있어 좋은 점은 바다의 여러 층을 섞어서 더욱 풍성한 바다를 만든다. 뒤집혀버린 배는 그 풍요를 누리지 못하지만 차분히 파도를 헤쳐나간 배는 결국 그 풍성을 누리게 된다. 그 풍성함이 바로 사람이다.

나는 겨울을 아주 좋아한다. 추운 겨울에 땅은 꽁꽁 얼어버린다. 물론 아무것도 심을 수 없지만 땅속에 있던 모든 것들에게 휴식과 치유가 일어난다. 왠지 나쁜 것들이 얼어서 기화될 것 같은 기대감을 가지고 있다. 삶의 힘든 순간이 지나는 동안 남는 것은 결국 사람이었다. 어렵고 힘든 순간에 더욱 가치 있는 사람들만이 남게 되는 것도 성실을 이루며 살아가는 이에게 쌓이는 재산이다.

내게 아주 편안했던 기숙사 생활을 포기하고 고시원으로 다시 들어간 것은 새벽기도, 즉 목사님과 함께 기도하고 싶은 마음이 강했기 때문이다. 졸업 이전에 입사할 수 있었던 그 기회를 보내버린 것도 주일학교 교사와 기도뿐만 아니라 좋은 목사님께 더 배울 기회를 찾고 싶었던 것이다.

그분이 살아온 인생의 절반을 겨우 살아온 내가 스승의 삶에 대해 논하는 것은 어리석은 일이지만 지금까지 보고 배운 것을 말하지 않는 것도 그 스승에 대한 예의가 아니며 인간의 약함과 게으름 속에서 끊임없이 내가 배운 것을 잊지 않고 삶에서 실천하기 위해 애쓰는 것이 내가 줄 수 있는 최선의 보답일 것이다.

'성실함은 분명 기적을 만들지만 그 기적은 뚜렷한 목적을 가지고 인내하며 좋은 사람이 되도록 애쓰는 삶이 바탕이 되어, 그 속에 함께 사람들의 모습 속에서 완성되어 간다.'

선생으로 가득 찬 세상

가끔 직장동료들이 나이가 많음에도 사원이라서 이름 대신에 애칭으로 불러주는 것이 권 선생이다. 농담 삼아 '박사'라는 호칭도 섞어 부를 때 최종학력을 분명히 알려주어 학력위조로 고소당할 위험을 피할 때도 있다. 선생이라 부르는 그들의 대부분이 연배가 많으니 문구상의 의미인 선생, 먼저 태어났다는 의미도 아예 담고 있지 않다. 난 그들의 선생은 아니다.

'선생의 의미란 과연 무엇일까?'

운전면허를 따기 위해 아내는 기초교육을 수강했다. 시험응시 및 면허취득을 위한 통과의례로 여기며 시간을 보내도 되지만 워낙 배우는 일에 열정적이라 대부분의 수강생이 심드렁한 가운데서 눈을 반짝이며 들으니 강사도 신이 나서 강의했다. 스승에게 잘하면 어디서나 복이 있는 법이다. 훗날 그 강사 덕분에 필기시험도 빨리 치고 합격하는 부가가치를 누렸다. 물론 그건 스승이라는 사람을 존중하면서 누리는 혜택이다.

'어디를 가든지 선생은 있습니다.'

강의를 마치면서 던지는 그 말이 교사의 사명을 가진 아내의 마음에 꽤 깊숙이 박혔다. 나도 절대적으로 공감한다. 어디에나 선생은 있지만 누구든지, 언제든지 만나는 것은 아니다.

배우지 못한 사람이라는 말이 있다. 나는 조금 고쳐서 말하고 싶다. 배우지 못한 사람은 사람이란 수식어를 쓸 수 없다. 배움이란 굳이 고등교육만을 지칭하는 것이 아니다. 사람이라면 누구나 배우게 되어 있고 만약 배우지 못한 이가 있다면 죽은 송장이거나 자신이 배우고 있음을 인정하지 않는 거짓말쟁이인 동시에 거만한 사람임을 자백하는 것이다. 배우지 않는 사람은 존재하지 않는다.

살아가면서 늘 가슴에 품고 있는 스승이 있어서 문득 떠오르는 그 가르침에 빙긋이 웃거나 때로는 어려움 속에서 주먹을 불끈 쥐며 일어날 힘을 얻을 수 있다면 그가 세상에서 얻을 그 어떤 것보다 가치 있는 것을 이미 가진 사람이라 생각한다.

세월의 간격을 두고 세 분의 스승을 만났지만 아주 신기하게도 모두에게서 같은 가르침을 얻은 것이다.

첫째는 삶의 기준이 확실하다는 것이다. 삶에서 무엇이 중요한지 알기에 다른 어떤 것과도 그 기준을 바꾸지 않았으며 삶에 어떤 역경이나 변화가 와도 그 기준에는 변함이 없다는 것이다. 그것은 바로 진심으로 하나님을 사랑하며 다른 사람들을 더 유익하게 하는 것이다.

둘째는 열정을 가지고 있다는 것이다. 그 열정은 어떤 일을 이룸에 있어서 대가를 치르는 것이다. 모두가 날 때부터 벌거벗은 부족한 인생으로 아무런 대가를 치르지 않고 다른 사람을 유익하게 할 수는 없다. 그렇지만 열정은 일회적인 폭발이나 간헐적이고 무분별한 분출과는 좀 다르다.

그래서 그분들에게는 세 번째인 꾸준함, 즉 성실이 있었다. 시간과 장소를 불문하고 자신을 헌신하며 사람들을 섬기고 꿈을 이루기까지 멈추지 않고 노력하고 있다. 어쩌면 매일매일 그분들에게는 새로운 시작이었다. 열정, 원칙, 그리고 성실로 채워지는 시작으로 인해 그분들의 삶은 여전히 쇠하지 않고 성장하고 있다.

사람이라는 재산

공직자가 되면 국세청에 재산을 신고할 때가 있으며 감추었던 재산들이 드러나며 어떤 것은 재주껏 잘 은닉하겠지만 어디서든 자신의 것을 자신의 것이라 당당하게 말할 수도 없게 된다. 나는 얼마나 가졌는가에 그다지 촉각을 곤두세우지는 않는다. 목록이 중요하다.

'가진 것이 무엇인가?'

나의 재산에 대해 공개하라면 거침없이 창고를 열어줄 수 있다. 오랜 기간을 두고 쌓았으며 이 세상 무엇보다 가치가 있는 재산이다. 부동산이면서 유동자산이 되기도 하며 얻기도 하지만 잃기도 한다. 얻을 때 그 가치를 간과해서 기쁨을 못 느끼다가 잃는 순간에 느끼는 고통과 아쉬움 그리고 다시 생각할 때 한숨을 더한 후회를 통해 가치를 깨닫기도 한다.

'사람'

내게 있어서는 사람이 가장 큰 재산이다. 어느 기업이 주로 사용하는 광고카피지만 그 이전에 우리의 선대들이 남겨준 수많은 이야기에 속에 들어있고 개인적으로 가슴속에 늘 품고 살아가는 인생의 표어이다.

많은 사람과 어울린다고 많은 사람들과 함께하는 것도 아니며, 함께 있다고 한들 그 사람을 얻었다고 생각할 수도 없으며 또한 단순히 볼 때마다 열광하는 인기인과 팬의 관계를 말하는 것도 아니다. 인간이라는 한자처럼 사람과 사람이라는 인식으로 만들어진 관계이며 그 속에서 서로를 존중하고 아끼는 상대가 있는가를 묻는 질문에 얼마나 양팔을 크게 벌리느냐에 따라 그가 가진 사람의 규모가 나타나는 것이다.

우리가 비록 지진의 징조나 해일이 몰려오는 징조를 미리 파악하지는 못하지만 사람과 사람 사이에 전달되는 감정에 대해서는 얼마든지 진심을 파악할 수 있다. 물론 어떤 이들은 감정을 속이고 다른 사람에게 접근해서 사기행각을 벌이거나 잠시 동안 그 사람을 착각에 빠지게 할 수는 있다. 하지만 그것은 곧 시간의 위력이 그것을 해결한다.

'진심은 통한다.'

누군가를 싫어하면 그 감정을 아무리 숨기려 해도 주머니 속의 송곳처럼 곧 드러나게 된다. 아무리 좋은 말을 하고 제스처를 취해도 어느 순간에 작은 틈으로 그 감정이 삐쳐 나오게 된다. 물론 숨겨 왔던 당사자나 상대방도 그렇게 놀라지 않는 것은 어느 정도 알고 있기 때문이다. 포커페이스라고 자신하지만 결코 감정은 감추어지지 않는다. 그 사람에 대해 진심으로 대하는 것은 곧 드러나고 관계가 지속되거나 깨어지게 된다.

마음에 없는 것을 표현하는 것만큼 고도의 기술을 요하며 힘든 일도 없으니 어쩌면 스트레스 그 자체일 것이다. 차라리 그 힘으로 매 순간 최대한 진심으로 대하는 것이 편하고, 효율적이고, 그것이 바로 소중한 사람을 '얻게' 만든다.

그 사람에게 진심을 느끼게 하거나 보여주기 위해서는 영화에서처럼 단번에 상상을 초월하는 거대한 희생이나 은반 위에 금구슬과 같은 적절한 말로서 가능할 수도 있지만 대부분의 경우 오랜 시간이 필요하다. 그저 알고 지내는 시간을 오래 두는 것이 아니라 기회가 있을 때마다 대화를 나누고 그 사람과 내가 가진 것을 공유하는 것이다. 세상에 시간보다 비싼 비용은 없다.

아내는 수업을 앞두고 여러 가지 준비로 인해 분주했다. 그때 정말 고상하고 아름다운 어머니 한 분이 아내에게 상담을 청했는데 잠시 후 얼굴은 곧 눈물로 덮였으며 어깨는 심하게 움직였다. 그저 어깨를 두드리는 것이 전부였고 수업을 위한 준비는 불가능했다. 감수성이 풍부한 아내가 수업을 진행하는 것에는 굉장히 큰 소모였지만 대신 그 어머니는 위로를 받았다. 아이와 함께하는 어머니가 힘을 얻었다는 것은 가르치는 것만큼이나 중요한 열매인 것이다. 아내는 제한된 시간을 누군가를 위해 필요할 때는 기꺼이 내어주는 최고의 헌신을 보여준 것이다.

누군가 먼 길을 떠나기 전에 혹은 어떤 일에 새로운 출발을 앞두고 나를 찾았다면 가장 좋은 배웅의 요건이 바로 여비나 착수금을 보태는 것이다. 물론 이것이 얼마나 큰 도움이 될지 모르며 누구에게나 돈은 소중하다. 단지 그 돈이라는 것이 자신의 삶에서 몇 번째로 중요하느냐가 다를 뿐이다. 사람을 그 앞에 둔다면 사람을 얻을 것이지만 뒤에 둔다면 얻지 못할 것이며 훗날 생을 마감할 때에 모두가 동일하게 손에는 아무것도 쥔 것이 없지만 아끼는 마음을 가진 사람들의 숫자는 사람마다 확연히 다를 것이다.

"여기는 제 구역입니다."

"무슨 소리! 여기는 원래 내 구역이었어."

종종 나의 후배와 이런 영토분쟁을 벌이곤 한다. 그것은 비용을 부담하는 자리다. 서로가 자신의 구역임을 주장하며 결제하려고 애쓴다. 물론 거기서 끝나지 않고 꼭 자리를 옮기거나 새로운 약속을 통해 복수를 하곤 한다. 나와 나의 사람들은 가진 것이 많지 않지만 나눌 것은 늘 넘친다.

예전부터 누군가 대접하는 것을 굉장히 좋아한다. 물론 그 자리가 파하면 극심한 허기가 몰려오곤 했다. 결혼식이나 돌잔치를 할 때 되도록 많은 사람들이 와서 즐기기를 바라며 더 좋은 것을 대접하기 위해 온 신경을 쏟을 뿐 단 한 번도 비용에 대해 걱정을 하거나 아까워 해 본 적이 없다. 늘 남거나 훗날 더 많은 것으로 돌아왔다. 우물처럼 주면 주는 대로 줄 수 있는 것이 더 많아지며 더 새로운 것들이 삶에 채워진다.

언뜻 참 많은 사람들과 연관이 있는 것 같지만 사실 인맥이 그렇게 넓은 편은 아니다. 많은 사람을 알기보다는 나와 함께하는 사람들에게 더 중점을 두고 대한다.

온종일 일하느라 아침저녁으로 한 시간밖에 못 보더라도 가장 중요한 관계는 바로 가족이다. 그리고 멀리 떨어져 있어 자주 볼 수는 없지만 마음을 쏟고 어떤 이익에도 나와의 의리를 지켜나가는 사람들이 그다음, 끝으로 새롭게 만나는 사람들에게 집중한다.

진심으로 대하며 시간과 물질을 투자하지만 나의 한계를 분명히 인식하고 있기에 더욱 소중한 사람들에게 집중할 수밖에 없다. 그래서 때로는 사람들과의 관계를 정리하는 것에 아주 매몰찰 때도 있다. 그 사람을 통한 손익을 따지는 것은 아니다. 사람과의 만남 중에는 공유하는 범위를 떠나 그다지 의미가 서로가 없는 관계도 있는 것이다. 나에게 주어진 자원은 한정되어 있다. 한계가 있는 것에는 우선순위가 반드시 필요한 것이다.

사람이 재산이다. 하지만 그 재산에도 분명 가치의 차이가 있다. 상대방도 나에 대한 우선순위를 가지고 있기에 내가 기대한 처우를 못 받는 것에 상처받는 것도 시간낭비다. 한정된 인생에서 많은 사람들과 만나기보다 소중한 사람들과 만나는 날들이 많아졌으면 좋겠다.

세상에 빈 곳은 없다

어떤 아이가 공기가 보이지 않는 것에 대해 의문을 가지고 묻자 아내는 만약 공기가 보일 경우에 대한 상상을 주문했다. 세상을 가득 채우고 있는 공기가 보인다면 우리가 할 수 있는 많은 일이 제한을 받을 것이다. 고맙게도 공기는 도움을 주면서 보이지 않게 창조되었다.

물 한 잔을 컵에 담았을 때 그 안에는 물도 있지만 그 나머지 부분이 공기로 가득 차 있다. 그리고 그 컵 밖에도 진공상태가 아닌 이상 공기로 가득 차 있으니 결국 온 세상이 가득 차 있는 것이다. 그리고 세상을 채우는 것이 또 하나 있으니 바로 사람이다.

혼자라고 느끼는 순간이 있다. 사람이 태어나는 순간부터 완전하게 혼자서 살아갈 수는 없다고 생각한다. 철저하게 혼자라고 생각하지만 바람을 따라 누군가 내뱉은 숨결이 나의 폐에 다시 들어오고 있을지도 모른다.

지금까지 산 것도 눈물을 쏟는 누군가의 간절한 기도, 혹은 흘린 땀방울 덕분이며, 그 덕분에 이렇게 웃으며 걷고 있는 것이다. 그 누구도 혼자가 아니라 누군가의 영향을 받고 있다는 것이다.

끊임없고 빈틈없는 이 공간 속에서 나는 누군가 들이켜기 좋은 향기를 내뿜고 있는지, 아니면 마시면 혼절시키는 유독가스를 내보내고 있는지 늘 생각하고 호흡해야만 한다. 그리고 누군가의 가슴을 깨울 수 있도록 열정을 다해 살아야 한다. 또한 누군가 기대어도 될 만큼 든든하게 서 있어야 한다. 꼭 그렇게 살아야 하는 데 두 가지 이유가 있다.

하나는 나도 그런 사람들 덕분에 오늘날까지 잘 살고 있으며 그래도 이만큼 웃을 수 있었기 때문이다. 받았으면 그만큼 내어 놓는 것은 만고불변의 진리이다.

또 다른 이유는 그렇게 사는 것이 바로 나를 위한 삶의 방식이기 때문이다. 든든한 삶의 기준을 가지고 향기와 열정을 품고 살아감으로부터 가장 큰 수혜자는 바로 나 자신이기 때문이다.

사람으로 가득 찬 지하철, 혹은 버스에서 아무리 흔들려도 넘어지지 않는 것은 어쩌면 옆에 누군가가 있기 때문이다. 물론 앉을 수 없다고 불평할 수도 있지만 어차피 언젠가는 내려야 한다. 지금 노약자석에 앉았든지, 아니면 굳건하게 손잡이를 잡고 서 있든지 행복하게 웃을 수 있어야 한다. 바로 곁에 사람들이 있기 때문에….

Chapter 7

아름다움, 그리고 채움

인생의 가치는 자존심에 달렸다

"어이~ 용기 왔어?"

애써 웃음을 지으며 반기지만 반쯤 감겨 있는 눈을 보니 어제도 밤을 지새우며 일한 것이 분명하다. 명절 때면 주문이 밀려들지만 떡이라는 제품의 특성상 미리 만들어 놓으면 그만큼 품질이 떨어지기에 손님에게 내놓기 직전에 만들어야 한다. 그러기 위해서 잠은 허락되지 않는 호사인 것이다. 백련방앗간에서 일한 시간은 등에 업혀 있던 아이가 자라서 초등학생이 되어가는 시간의 여정과 같다. 나도 가정을 꾸리고 명절에 더 많은 가족을 찾아가는 기쁨을 누리기 위해 쌀가루를 손에서 털었지만 명절이 가까워 오면 일손이 모자라지 않도록 백방으로 연락을 해서 일할 사람들을 제때에 연결시켜 줌으로써 아직도 그곳을 잊지 않았음에 대한 확실한 표현을 하고 있다. 물론 언제든 떡이 필요하면 주저없이 형에게 주문한다.

사실 떡을 좋아하는 편은 아니다. 하지만 그곳의 떡에는 언제나 손이 간다. 그 안에 특별한 것이 녹아 있기 때문이다.

해가 오래된 만큼 추억이 많다. 첫해에는 정말 많은 눈이 내렸다. 도로로 나서는 것은 아예 포기하라는 듯이 눈은 내리자마자 바닥에 눌러붙었다. 면허증 없이도 탈 수 있던 소형오토바이를 타고 배달을 가는 나에게 그 길은 시동을 거는 순간부터 장애물로 다가왔다. 하지만 첫 장애물은 다름 아닌 담벼락이었다.

익숙하지 않게 시동을 거니 엔진이 두 번의 굉음을 울린 후 오토바이는 벽을 타고 뛰어올랐다. 물론 지상에서 10센티미터도 뜨지 못하고 바닥으로 떨어졌고 놀란 형이 뛰쳐나왔지만 나는 민망한 웃음 한 번으로 부끄러운 사태를 얼른 수습하고 출발했다. 순순히 도로가 나의 진입을 허용했지만 얼마 후 오토바이는 눈길에 그대로 미끄러졌다.

버스들도 지나다니는 2차선의 길에서 넘어졌지만 도로중앙이 아닌 인도방향으로 쓰러졌기에 버스와 차량들은 오토바이를 비켜 갔고 다행히 목숨은 건졌다. 종아리가 제법 찢어졌지만 배달박스는 찢어지지 않았기에 떡은 멀쩡했다. 친구의 아버지가 그 떡을 참 맛있게 드셨다는 후문이 있었다. 누군가에게 기쁨을 전하는 것은 그리 쉬운 일은 아닌 것이다. 또한 난 언제나 눈길에서 겸손하고 신중해야 한다는 통행규칙을 익혔다.

몇 해 동안 그 작은 세계 안에서 사람들과 지내다 보니 수많은 일들을 겪게 되었는데 때로는 웃음이 나며 때로는 미안하고 화가 치밀어 오르거나 허탈감을 빠지기도 했다. 두 사람 이상이 모이면 어디든 사회가 되며 그 속에서 참 많은 일들이 일어난다.

"아니, 도대체 왜 바꾼 거야?"

날씬하고 교양이 있게 생긴 여성이 입에 거품을 물고 가게 안으로 들어서자 줄을 지어 기다리던 사람들은 모두가 일시에 침묵했고, 일을 하던 우리는 졸음과 당황함이 겹쳐지며 얼굴을 붉혔다.

"야! 누구 집 쌀인지 모르지만 내가 지금까지 뽑은 떡 중에 가장 찰기가 좋은 것 같다."

"어! 진짜네. 정말 탱탱한데요."

불과 20분 전에 형은 나와 이런 얘기를 나누고 그 떡을 걸어서 2분 거리에 있는 집에 올려다 놓은 후 다시 현장으로 돌아와 열심히 땀을 흘리고 있는 사이에 괴성이 울린 것이다.

"왜 쌀이 바뀌었냐고!"

말이 참 짧았지만 차분히 자초지종을 파악하니 그 여인 급격한 변신에 주변 사람의 도움이 있었음을 알게 되었다. 절제가 없는 입은 언제나 다툼의 불씨가 되는 것이다.

"좋은 쌀을 썼다며 그런데 떡이 왜 이렇게 누렇지? 혹시 쌀 바꾼 거 아냐?"

그 옅은 입술로 자주 분쟁을 일으키는 이웃집 여자가 던진 그 말에 앞뒤 안 가리고 한 걸음에 쫓아온 것이다. 정말 빨리도 왔다. 남의 일손 바쁜 줄 알고 그 짧은 거리에 산다면 배달이나 안 시켰으면 했다.

"아니 사람들이 줄을 서 있는데 어떻게 바꿔요?"

가게 안에 모든 증인들이 지극히 상식적인 말에 고개를 끄덕이고 수긍하는데 여자는 계속 괴성만 지르고 난리였다. 원래 자기만 옳다고 생각하는 사람에게 수만 명의 증인도 의미가 없다. 그런 경우 악다구니를 멈추게 할 회초리가 필요했지만 어른에게 나뭇가지를 꺾어오라고 할 수는 없었다.

"그럼 다시 가져 와요! 쌀값 다 물어줄 테니, 얼마든지 물어줄 테니 가져 와요! 당장!"

성량이나 톤에서 뒤지지 않는 형의 목소리가 회초리처럼 휘감기니 종아리를 움찔하듯이 슬쩍 꼬리를 내렸다. 그리고 떡을 가지러 간다던 그 여자는 다시 오지 않았다. 우리의 기억력을 무시하는지 그해 추석 즈음에 다시 떡을 해달라고 고개를 내밀었지만 형은 한사코 사양했다. 손님도 그 맛을 즐길 만한 수준이 되어야 누릴 수 있다.

참고로 보기에 좋은 떡이 항상 먹기 좋은 것은 아니다. 떡은 쌀을 사용하여 만드는 음식이며 밥과 다를 바 없기에 좀 오래 뜸을 들일 경우 다소 누런빛을 띠게 된다. 나의 편견으로 지나치게 하얀 떡이야말로 덜 익혔거나 뭔가 다른 성분을 넣은 것이다. 세상에 어떤 기술자도 뜸을 오래 들여서 더 이득을 볼 수 없다. 증기도, 증기를 만드는 기름과 가스도 다 흐르는 돈이기 때문이다.

지금 하는 일이 달라도 변함없이 우리에게는 각자의 자리에서 자존심이라는 것을 공유하고 있다. 한 사람은 돈을 받고 파는 음식에 정성을 쏟고 맛을 책임지는 것에서 반대급부를 아주 떳떳하게 취하고, 한 사람은 월급 앞에 언제나 떳떳하다. 유명 호텔에서 일하거나 대단한 상을 받은 것도 아니며 대단한 연봉을 받지는 않지만 자신의 일에 자존심으로 똘똘 뭉쳐서 정성을 다해 일하는 형은 최고의 요리사이며 난 이미 인생의 멋진 CEO이다.

최소한의 염분

가래떡의 맛을 좌우하는 요소 중에 하나가 바로 소금이다. 내 손에서 떠난 소금은 쌀과 함께 빻아져서 수분과 함께 그 속에 녹아서 쌀의 단맛을 부각시킴은 물론 특유의 밋밋함에 종지부를 찍는다. 좀 과장해서 말하자면 쌀보다 더 중요한 것이다.

어느 해 설이었는지 생각나지 않으며 손님이 누구였는지조차 기억할 수가 없다. 전날까지 몇 가마의 쌀이 떡으로 바뀌었는지도 모르겠다. 쉬지 않고 일한 36시간 중에 20시간 정도가 흘렀을 것 같은 새벽녘에 군에서 복무하는 아들을 면회하러 가는 어머니가 중대원들이 먹을 양의 떡을 주문했다. 하필이면 그것이 바로 세상에서 가장 맛이 없는 떡이었다. 밀려드는 피로감에 기계적으로 움직이던 내 몸이 순간 오작동하며 소금 투입을 생략했던 것이다. 소금이 없으면 그냥 빻아져 물에 섞여서 익은 반죽일 뿐이다.

"엄마 왜 이렇게 떡이 맛이 없어?"

이런 말을 듣게 된 어머니와 그저 익은 쌀반죽을 먹었던 모든 중대원들에게 진심으로 사과의 말씀을 드리고 싶다. 물론 그런 치명적인 실수에도 오랜 고객은 쉽게 떠나지 않았고 계속 주문하셨다. 그렇다고 소금을 덤으로 넣어드릴 수는 없지만 더욱 신경을 썼다.

떡에 소금, 즉 염분이 들어가지 않으면 맛이 밋밋하고 싱거울 뿐 아니라 단맛도 부각될 수 없다. 지천에 널린 것이 소금이지만 아주 소량이라도 모자라면 음식의 맛을 좌우할 뿐만 아니라 건강에도 지대한 영향을 끼친다.

물론 그 건강이 꼭 몸에 대한 것만은 아니다.

사람마다 가지고 있는 또 다른 형태의 소금은 부끄러움인 것이다. 염분과 비슷하게 염치라고 부를 수도 있다. 그 염치를 상실하고 아무렇지도 않게 삶을 영위하는 사람들이 의외로 많다. 나는 떡집에 넘치는 소금을 그 손에 듬뿍 담아주고 싶었다.

중형차량에서 할머니와 아들이 내려서 쌀을 옮기고 있기에 손을 거들고 있었는데 그것을 담고 있는 봉투에서 좀 색다른 글자를 발견했다.

'정부지원'

만인의 복지를 위해 애쓰는 나라이지만 그 쌀은 결단코 그 사람에게 갈 것이 아니었다. 누군가에게 가서 한 끼의 식사가 되어야 할 운명을 빼앗기고 집을 몇 채나 가지고 있는 노파에 의해 떡이 된 것이다. 물론 떡국이 되어 배 속으로 들어갔지만 도착지가 달라야 했다. 상황을 파악하고 씁쓸한 마음으로 봉투를 쳐다보니 이제는 다른 네 글자가 떠올라 있었다.

'염치상실'

명절을 앞두고 떡을 도매로 사가는 이들이 있었으니 가게를 운영하면서 한쪽에 떡국을 진열하고 명절특수를 노려서 팔려는 사람들이었다. 대개 수십kg 이상의 떡을 가져갔기에 커다란 마대자루에 규격으로 포장된 떡들을 담아 주었다. 보통 4kg짜리 포장이 7개면 마대 끝을 묶기에 딱 좋을 만큼 담아졌다.

200kg의 떡을 싣고 갔던 사람이 이틀 뒤에 다시 왔다. 차에서 마대를 내리며 이틀이 지났는데 떡에 벌써 곰팡이가 폈다는 말을 하기에 좀 난감했으며 그 짧은 시간에 곰팡이가 폈는지 의문스럽기도 했다. 일곱 개의 마대에는 아무 이상이 없었는데 마지막 부대에서 곰팡이가 잔뜩 피었다는 것이다. 안타깝게도 마지막에 덧붙인 설명으로 그의 거짓말이 탄로가 나고 말았다. 우리가 실어준 것은 일곱 개의 마대이며 마지막에 조금 열린 상태로 한 봉지 더 담아 주었었다. 그는 이미 우리가 준 것을 다 팔았던 것이다.

멀쩡한 것을 다 팔고 난 후 작년에 욕심으로 많이 샀다가 미처 팔지 못한 재고를 가지고 와서는 곰팡이가 피었으니 물어달라고 했던 것이다. 화를 내지도 않고 조용히 말했으니 사실 그게 더 무섭다.

"다음부터 오지 마셔요. 당신 같은 사람하고는 거래 못합니다."

실상 떡이 아닌 그 사람의 양심에 곰팡이가 폈던 것이다. 약간의 소금기만 있었어도 곰팡이가 피지는 않았을 것이다.

쌀 한 말은 8kg, 물에 불면 10kg, 떡으로 찌면 12kg가 된다. 어떤 주부들은 9kg 정도의 쌀을 불려서 11kg 이상을 만들고 굳이 한 말만 달아서 넣었는데 이상하다고 한다. 조금 더 가져온다 한들 야박하게 비용을 추가하지 않고 웃어넘기는 것이 시장통의 여유이지만 꼭 애매하게 달아 와서 고집을 부리기도 한다. 저울을 속이며 남에게 피해를 주는 것이 절약정신은 아니다.

우리는 쉬운 말로 흙을 파서 장사하는 사람들이 아니었다. 예전에 요리사였으며 부끄러움을 아는 사람의 자존심을 바탕으로 정성을 다해 만들었다. 물론 그 정성에는 증기와 기름 그리고 전기의 도움도 포함되는 것이다. 만약 떡 한 말을 주문해서 배달을 요청하는 것은 얼마든지 응할 수 있다. 다만 거리의 문제가 있는 것이다. 퀵서비스나 택배가 아닌 이상 반경 몇 킬로미터 이내라야 손님을 위한 서비스가 되는 것이다. 지역구를 벗어나고 시를 벗어나는 것이라면 그런 주문은 상식도 벗어난 것이다. 근처라는 과장된 말로서 계속 사람을 낙담시켜서도 안 되는 것이다.

사람에게 필요한 최소한의 것은 신체활동을 유지시켜주기 위해 있어야 할 염분과 살아가면서 최소한 자신의 부패와 다른 사람에게 해를 끼치는 것을 막아주는 염치라는 것도 마음속에 있어야 할 것이다. 음식은 짜게 먹으면 안 좋지만 마음의 염도는 높아서 좀 짜도 상관이 없다. 고지식하다고 융통성이 없다는 소리를 들어도 괜찮다. 물을 좀 더 먹는 것이 차라리 상하거나 토할 만큼 밋밋한 것보다는 낫기 때문이다.

고기뷔페

‘너덜너덜’

내 구두의 뒷부분이나 사무실에서 애용하는 실내화의 밑창을 표현하는 의태어이다.

‘환승입니다.’

퇴근하며 학원에 들러 수업을 듣고 환승시간에 버스를 맞춰서 타면 참 알뜰하게 살았다고 버스의 단말기가 칭찬한다. 마을버스요금을 아끼기 위해 웬만한 거리는 달리거나 조금 힘들어도 봉투값은 좀처럼 내지 않는다. 참 아끼며 사는 것 같지만 굴비를 천장에 달지는 않았다. 전문주부에 비할 수는 없겠지만 열심히 쿠폰을 모으거나 상점의 할인제도를 적절하게 사용하는 수준일 뿐이다. 그저 아낄 수 있는 것은 아끼며 사는 정도일 뿐, 돈에 대해 집착하는 것은 아니다.

3평 공간에서 포기김치의 끄트머리를 물과 함께 끓여 허기를 모면하던 시절도 있었다. 일을 기피한 것도 아니고 씀씀이가 헤펐던 것도 아니었지만 여러 가지 예상치 못한 환경들이 결합되어 먹지 못했던 일들이 종종 있었다. 그것보다 내게 더 안타까운 것은 따로 있다.

‘누군가를 먹이지 못하는 안타까움’

자취생활을 할 때도 언제든 주머니에 돈이 생기면 일단 주변에 후배나 친구들을 불렀다. 막노동으로 지친 손이었지만 맛있는 저녁을 대접하다 보면 힘이 났다. 때론 저녁에 함께 갈비를 뜯을 수 없었다. 맨손으로 일을 하다가

밧줄에 손바닥이 쓸려서 손가락 첫 마디와 손바닥이 만나는 부분의 굳은살이 벗겨져 뚜껑처럼 덜렁거렸기 때문이다. 그래도 즐거웠다.

간접적으로 큰 도움을 준 이들은 바로 고기뷔페업주들이다. 용감한 상인들이 가끔 가게를 군부대나 체육학과가 있는 학교 인근에 개업했다가 크게 낭패를 당하곤 했다. 물론 퍼주는 그 인심에 더 많은 고객들을 유치할 수도 있지만 영업을 하기엔 위험성이 큰 지역이다. 고객으로서 한 군데 더 개업을 말리고 싶은 지역이 바로 고학생이 밀집해 있는 곳이다.

처음으로 우리에게 넉넉한 인심을 베푼 곳은 신림동 녹두거리 부근에 있는 가게였다. 나를 포함해서 상경한 자취생 4명이 과장 없이 30인분을 족히 먹었다. 물론 마지막에 욕심을 낸 탓에 일부 고기는 버려졌으니 욕심이 항상 문제다. 한동안 발길을 끊었다가 찾아간 것은 20대 중반을 넘긴 어느 날이었다. 일단 먼저 들른 곳은 치과였다. 다 자란 사랑니가 자꾸만 잇몸을 찢어 입 안에 상처가 곧잘 생겨서 처리하기로 했다. 이틀 연속으로 일한 덕에 치과와 고깃집을 가기에 주머니 사정이 충분했다. 치료를 마치고 오전 11시에 가게 문을 열자 우리는 득달같이 들어섰고 주인의 기분 좋은 인사와 함께 자리에 앉았다.

'고시생 세 명과 체대생 두 명'

네 시간 동안 우리가 만들어낸 것은 두 번째 불이 꺼진 화로와 수십 개의 눌어붙은 불판, 그리고 벽을 향하여 앉은 주인에게서 흘러나오던 한숨소리였다. 지금 생각해도 주인에게 참 미안한 일이었지만 가게를 운영하면서 한 번쯤 찾아오는 재앙으로 생각해 주셨으면 한다. 또한 우리에게 베푸신 비자발적 선행으로 인해 어디선가 더 많은 것을 누리고 있을 것이다. 선을 실행하는 이에게 공짜는 없다.

누군가의 입에 넣어줄 때 기쁨은 내가 혼자 좋은 것을 통해 입으로 느끼는 것과는 비교할 수가 없다. 그래서 천국은 긴 숟가락으로 서로 먹여준다는 말이 있다. 긴 숟가락은 있었지만 접시 위에 음식이 넘치지 않았으니 돌아보면 생계를 유지하기가 힘들기도 했다. 접시가 비어도 나누려는 생각을 그 위에 얹어 놓았다면 배가 조금 고플지언정 인생은 주리지 않는다.

'가난한 것과 돈이 없는 것은 다르다.'

가난하다는 것은 그의 삶에 풍요로운 형용사가 없는 것이 아니라 나누는 동사가 없는 것이다. 손이 가득한 상태만으로는 만족이 없다. 영양실조로 죽음을 맞이한 억만장자의 기사를 읽고서 그는 아주 가난한 사람이라 느꼈다. 그의 통장에 찍힌 것들이 풍요를 나타내지만 결국 먹지도 즐기지도 나누지도 못할 '숫자'만을 가진 그는 실상 지독히 가난한 사람이었다.

내가 가진 숫자들은 비교적 작다. 수치상으로 따질 수 있는 것은 많지 않지만 늘 채워진 삶을 살았다. 큰 숫자는 없었지만 다른 이들에게 꾼 적도 별로 없이 검소한 통장과 한 평 혹은 두 평의 공간에서 열정을 쏟으며 보낸 시절, 새벽사람으로 살아가던 바보 이반에게 허락된 세 줄의 굳은살이 그것을 증명하고 있다. 하지만 여기서 끝낼 수 없다. 넘치지 않는 잔은 언제든 마르거나 썩을지도 모른다. 나의 삶은 언제나 새로움으로, 그리고 채워짐으로 이어져야만 한다. 나의 동사가 멈추지 않기를 간절히 바라며 오늘도 덜어주고 비워 본다.

나눔의 공식

북아현동에 있는 기숙사에서 지내는 동안 두 개의 도시락을 싸서 나누어 먹던 친구가 지금은 좋은 직장에서 근무하며 내가 소개시켜 준 사람을 아내로 맞이해서 살고 있다. 도시락 하나를 더 싸는 작은 수고를 한 덕분에 나는 평생에 즐거움을 나눌 수 있는 친구를 얻었으니 이만하면 참 많이 남는 장사요, 탁월한 투자를 한 편이다.

주로 하는 일이 숫자를 다루는지라 수학적인 공식은 많이 알지 못하나 나름대로 셈에는 꽤나 소질이 있어 빠른 편이다. 근데 수학공식이 꼭 시험을 푸는 것에만 쓰이지 않고 인생을 알게 하는 뜻도 지니고 있다. 어느 날 발견한 공식을 수학책에 더 써 넣었다.

'$100 / 100 \neq 1$'

수학자들, 아니 초등학생이 보고 이것은 틀렸다고 지적하겠지만 숫자 간에 존재하는 것이 아니라 사람과 사람 사이에서 존재하는 식이라는 전제를 둔다면 결코 틀린 것이 아님을 나의 삶, 앞서 간 수많은 사람들이 증명해 오고 있다. 이것을 베풂의 공식이라고 부르고 싶다.

하지만 이 공식이 성립되기 위해서 전제조건이 필요하다. 자신이 받아들일 만한 숫자를 사용해야 한다. 즉, 허영으로 해서는 안 된다는 것이다. 어떤 것을, 누구에게 주든지 마음의 그릇에 담을 만큼 주어야 한다. 마음에 가진 동기만큼 주어야 하는 것이다. 마음의 그릇을 초과하는 것은 자신에게 후회로 돌아오거나, 아니면 자만을 가져올 수 있다. 즉, 베풀기 위함이 아니라 과시를 위해서, 혹은 충동에 의한 일시적인 행위로 끝날 수 있다. 정말 많은 것을 주기 원한다면 먼저 마음의 그릇을 키우고 열 수 있는 깨끗한 지갑의 두께를 키워야 한다.

'100 / 1 = 0, 분모상실로 인한 불능'

다른 이에 비할 수는 없지만 강산이 한 번 바뀌고도 남을 시간 동안 내 작은 정성으로 도와준 아이들이 있다. 진급을 하고 월급이 오를수록 나는 작지만 그 나눔을 한 사람에게 더할 수 있는 기회를 찾는다. 나는 주기 위해서 많이 벌어야 한다. 내가 많이 받았기 때문에 많이 주어야 하기에 항상 한계를 넓혀나간다. 한계가 있지만 넓혀나갈 수는 있다.

세상에는 거짓말쟁이가 둘이 존재한다. 자신이 아무것도 줄 것이 없다고 말하는 사람과 누구의 도움도 필요가 없다고 말하는 사람이다. 자수성가라는 말은 대표적인 허위과대광고 중 하나다. 태어나서 목 하나도 제대로 못 가누었던 사람이라면 자수성가를 언급해서는 안 된다.

'0 / 0 = FALSE'

꼭 무엇인가 직설적으로 주머니에 돈이 있어야 줄 수 있는 것도 아니다. 누구든 줄 수 있는 것이 얼마든지 있다는 것에 나는 전적으로 공감한다. 예를 들어 다른 이들이 들어올 수 있도록 문을 잡아주거나 도로로 진입할 수 있도록 조금 속도를 줄이는 것은 누군가에게 시간을 주는 것이다. 모르는 척 지나친다고 대단히 시간을 절약하는 것도 아니다. 오히려 반대급부로 주어지는 마음의 가벼움은 우리의 걸음을 더욱 가볍고 빠르게 한다.

고교시절부터 시작한 헌혈이 벌써 50회가 다 되어 간다. 광고처럼 항상 1초의 찡그림은 아니었다. 바늘이 들어오는 느낌은 간호사의 실력에 따라 천차만별이겠지만 다양한 통증을 참고 시간을 할애하면 얼마든지, 물론 의학적으로 허용되는 한도에서 누군가에게 생명을 구할지도 모를 기회가 된다. 추적하지 않는 한 누가 받을지 모른다. 그래서 더 좋은 것이다. 갚을 수 없는 나눔은 고스란히 자신에게 삶의 기쁨으로 돌아오는 것이다.

헌혈이 끼치는 영향에 대해 이야기들이 다양하지만 느낀 대로 말하자면 몸에 좋은 것은 아니다. 다량의 혈액이 빠져나가는데 아무 이상이 없을 수 없다. 많은 의사들이 실제로 헌혈을 전혀 하지 않는다는 소문을 들으니 조금 얄밉기도 하지만 헌혈을 하고 나면 하루는 고스란히 자중해야 하며 지극히 활동적인 일은 전혀 할 수가 없기에 이해는 된다.

'1 / 1 = 1 / −1 > 0'

모든 나눔에서 어떤 손해나 무리를 감수하지 않는다는 것은 나눔이 아니라 동정이다. 진정한 나눔은 남아서 주는 것이 아니라 자신의 것을 일부 떼어서 주는 것이기에 조금의 불편은 감수해야 한다. 그래서 떼어 준다. 그러면 분명히 내 것이 감소해야 한다. 물론 감소한 것처럼 보인다.

인생은 반전의 연속이다. 갚을 수 없기를 바라며 요구가 아닌 마음의 동기를 따라 주었지만 그 후에 주머니를 뒤져보면 항상 비어 있지 않았다. 비단 심리적이거나 보이지 않는 것만이 아니라 실제적이며 손에 잡히는 것들이 내게서 흘러나간 것보다 더 많이 나의 생애에 채워졌다. 그래서 더 깊이 중독되어 가는 것이다.

세상 모든 사람처럼 나는 태어나는 순간부터 지금까지 세상으로부터 받은 것이 더 많으며, 줄 것이 아직도 넘치고 있다. 또한 인생에서 유쾌한 나눔이 이어지는 한 내 마음의 창고와 주변 사람들과 공동으로 지은 창고에는 빈자리가 없다. 그러고 보니 나눔이 성립시킬 수 있는 여러 조건들은 사실 하나의 명제로 압축시키게 되었다.

'아직까지 누군가에게 줄 것이 있는 나는 가난하다고 말할 자격이 없다.

계속 퍼내는 우물은 마르지 않는다

누구나 무엇이든 가진 것이 있으며 그것을 나누면 나눌수록 넘친다는 것이 지금까지 내가 주장해 온 것이다. 하지만 나도 때로는 그 나눔에 얼굴이 붉어지기도 하고 힘이 빠지기도 하며 주면서 사는 삶에 대한 회의를 느끼기도 한다.

어깨가 쓰리도록 벽돌을 지고 날라서 번 돈을 누군가에게 준 적이 있었다. 그의 딱한 사정을 듣고 준 것이지만 결국 돌아온 것은 유흥을 위해 사용한 영수증이거나 정말 가치가 없는 일이나 허황된 곳에 투자해 버렸다는 사실이었다.

그것과 성격이 다른 후회는 다른 사람들이 베푸는 자리에 있는 것이 더 좋았을 것이다. 만약 여럿이 함께 식사를 할 때 선뜻 내가 대접하고자 손을 들지만 어쩌면 나보다는 훨씬 더 여유가 있는 사람이 나머지 사람들에게 더 좋은 음식을 대접할 수 있을 것이다. 오히려 나의 작은 의지가 더 좋은 것을 누릴 수 있는 다른 이들의 기회를 빼앗은 것은 아닌지 후회가 되기도 했다.

열심히 벌고 나눠주기를 힘썼지만 정작 가족의 옷들은 해져 있거나 빚이라도 지는 상황에 이를 때면 너무나 분수를 모르고 살아가는 나 자신이 무책임하고 어리석게 여겨져서 스스로에게 화를 내며 더 이상의 나눔을 이행하지 않겠다는 짧고도 불가능한 다짐도 수차례 하기도 했다.

하지만 그것도 잠시뿐이라 다시 가슴이 뜨거워져 가만히 있을 수가 없다. 노래하는 재능을 가졌고 거기에 빠진 사람이라면 노래하는 것을 멈출 수가 없을 것이다. 비록 경제적인 어려움을 겪더라도 예술의 세계에 자신의 삶을 던질 것이다. 그것을 나는 열정이라고 부르며 그것으로 가득 찬 가슴이 하는 일은 막을 수가 없다. 열정을 쏟을 수 있는 예술적인 원리를 늘 마음에 담고 산다.

'주는 자가 복이 있다.'

나는 이 원리를 삶을 통해서 증명하고 싶었지만 많은 시행착오를 거치면서 수식어 하나를 덧붙이게 되었다.

'지혜롭게 주는 자가 복이 있다.'

단지 나누어 주는 것만 관심을 가진다면 나눔을 통한 넘침이 아닌 소멸만 있을 뿐이다. 상대방을 위해 내 것을 나누어야 함에도 주객이 전도되어 나눔을 실행하기 위해 상대방을 물색하고 있다면 그것은 결국 여러 자산들의 소멸이나 마음의 상처만이 남을 뿐이다. 상대방에게 정말 가치 있는 것을 주거나, 상대방에게 해가 되는 것은 주지 않아야 한다.

모든 일이 그렇듯이 나눔이 항상 생각했던 방향으로 진행되어 예상했거나 유사한 결과를 만들지는 않는다. 순전한 마음으로 나누어도 가깝고도 먼 사람들로부터 오해를 받아 깊은 상처를 입거나 뜻하지 않게 경제적인 어려움을 겪으면서 한없이 초라해지는 나를 발견하곤 했다.

'내가 뭐하고 있나? 이건 내가 할 일이 아닌 것 같은데….'

선한 동기를 가지고 다른 이에게 주기 위해 힘을 쓰고도 어려움과 아픔을 겪는다면 그때 최상의 훈련단계로 돌입할 준비가 된 것이다. 누군가를 대접하기 위해 호탕하게 지갑을 활짝 열 수 있는 기초체력을 키웠지만 어느 순간에 어떤 방식으로 열어야 받는 이에게 실례가 되지 않으며 더욱 큰 기쁨을 줄 수 있을지 아는 지혜를 갖추어 가는 것이 그다음 단계이다. 좋은 투수가 되기 위해 일종의 제구력을 갖추는 것이다.

실력만큼이나 중요한 것이 자세이듯 나눔에도 중요한 자세가 있다. 많거나 적음에 상관없이 즐거움으로 나누는 것이다. 누군가 나를 대신해 더 좋은 것을 줄 수 있지만 그 기회가 모든 사람에게 주어져도 잡는 이는 많지 않다. 나누려고 하는 당신만이 주어진 기회임을 알고 붙잡는 것이다. 할 수 있는 최선의 분량으로 나누면 된다. 그게 나눔의 프로인 것이다.

지혜롭게 즐거운 마음으로 나누는 사람, 즉 실력과 자세를 갖춘 프로는 그만큼의 보상을 받게 된다. 내가 무엇을 주는 그 순간 이미 나는 상대방에게 무엇인가 받고 있음을, 그것도 주는 것보다 더 크게 느껴진다. 비록 두 손에 쥔 것보다 더 많이 잡을 수는 없겠지만 나누는 이에게는 항상 새로운 것이 넘치게 됨을 경험할 것이다.

삶 속에서 나누는 것은 우물을 퍼내는 행동과 같다. 톨스토이는 글을 통해 죽을 듯이 달린 인간이 얻은 땅은 겨우 자신이 누울 만큼, 즉 묻힐 정도라는 것을 보여주었다. 모두가 한계를 가지고 살아가며 그 한계는 금방 채워진다. 만족을 얻기보다 욕심을 품고 채우기 주력하다보니 늘 채워져 있음도 모른다. 그것들을 방치해서 버리거나, 흘러넘치게 두기보다 퍼내어 나누는 것이 지극히 제한된 삶을 사는 우리가 좀 더 슬기롭게 소비하는 방법일 것이다.

내가 사는 세상에 채우고 싶은 것

우린 벌거벗고 태어나지만 이름부터 시작해서 참 많은 것을 얻으며 살아간다. 그런데 떠날 순간에는 겨우 이름만 가지고 간다. 누군가 이름을 불러줄 사람을 남기지 못했을 때는 그것조차 허락되지 않는다. 모든 사람은 있는 그대로 와서 가는 것이다. 손에 남길 것이 없기에 마음껏 나눠 보았다.

나의 것을 아끼지 않고 쏟아내었을 때, 신기하게도 많은 사람들이 더욱 풍성한 것으로 나를 아끼고 있음을 느끼게 된다. 내가 가진 부의 크기나 권력의 유무와 그다지 상관이 없다. 물론 그것이 사람들을 모으는 것에 힘을 발휘할 수 있겠지만 사람들을 끌만큼 강한 권력이나 부를 소유하고 있지는 않다. 그래서 참 다행이다. 앞으로 손에 쥔 것을 다 잃어도 떠나지 않을 사람이 곁에 있기 때문이다.

주변 사람들의 도움이 없이는 살 수도 없고 이만큼 행복할 수도 없었을 것이다. 그것을 더욱 확실하게 되새겨준 일들이 여러 가지가 있었으니 되새길 일의 발생시점을 보니 태어나면서부터 지금까지 일어난 모든 일들이었다.

그 옛날 강물에서 떨어진 차에서 수많은 과자들이 흘러나왔을 때 많이 잡지 못했다. 하지만 그저 행복할 따름이었다. 하늘에서 내린 양식이었고 손은 가득했기 때문이다. 양손에 쥐었다면 그것으로 이제 더 이상 쥘 것이 없다. 그것만으로 충분하다. 그리고 한 손에 있는 것을 얼떨결에 아무것도 못 잡은 아이에게 전해준다면 손에 있던 초코바는 달콤함을 넘어 그 아이와의 아름다운 관계, 즉 맞잡은 손이 될 것이다.

내 마음의 창고

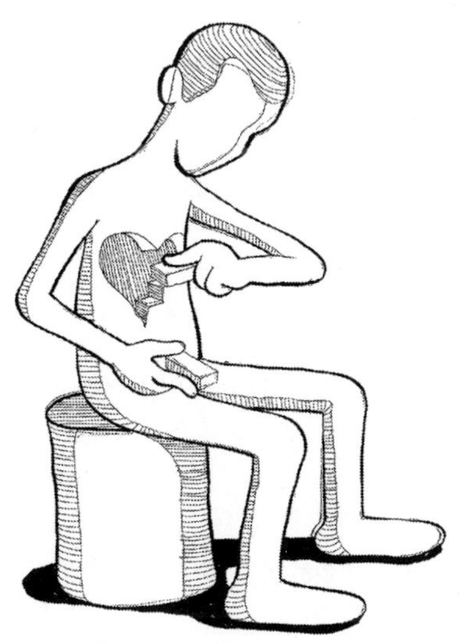

세상에서 가장 강한 방패

환경이나 때로는 자초한 결과물로서 형성된 장애물을 만나게 된다. 우리의 삶이 풍요로워지거나 아름다워지는 것을 방해하며 나아가려는 길에 깊은 함정과 올무가 되어 우리가 충분히 할 수 있는 가능성을 지워버리며 다시 일어서기 힘든 절망에 빠뜨리곤 한다. 사람이 가득 찬 세상이다. 그래서 이렇게 말한다.

'사람으로 살아가면서 가장 큰 적은 바로 사람이다.'

그런 적들을 단 한 번도 만나지 않은 사람은 없을 것이다. 물론 전혀 없을 것 같은 사람들을 발견해도 가까이 가서 물어본다면 우리의 기대와는 달리 자신의 적들을 생각하며 고개를 저을 것이다. 단언컨대 세상에 적이 없는 사람은 없다.

'과연 피할 수 없는 적이라면 어떻게 하면 피해를 최소화할 수 있을까?'

싸우기 위한 창보다는 대처할 수 있는 방패를 갖는 것이 더욱 효과적이라는 답을 얻었다.

'그 방패는 무엇으로 만들어졌을까? 화려한 보석일까? 아니면 든든한 배경과 탁월한 능력인가? 그것도 아니라면 반응하고 대항할 수 있는 감각, 체력과 완력인가?'

또 하나의 의문에 봉착했다.

'과연 그것을 얻기 위해 얼마의 대가를 지불하며, 누구나 소유할 수 있는 것인가?'

후문에 대해 먼저 얻은 답은 누구나 얻을 수 있다는 것이다. 그 방패를 이미 가지고 살아가기 때문에 단지 놓지만 않으면 된다. 그 방패는 인간이 저지른 최초의 실수와 범죄로부터 지금의 우리에게 주어진 것이다. 주어졌다는 것은 결국 방패를 얻을 대가를 치를 필요가 없다는 것을 의미한다.

'용서'

용서는 사람이 사람에게 하는 것이다. 왜냐하면 사람에게 잘못하는 것은 사람밖에 없기 때문이다. 사람만이 사람의 마음과 삶에 상처를 입히는 것이다.

당시 사고가 났던 도로는 새로 생겼으며 신호등조차 없었기에 질주하기가 좋았다. 우리 집에서 도로까지 이어진 골목의 끝에 턱이 있어 쉽게 멈출 수 없었다고 하지만 아주 긴 바퀴자국으로 통해 과속을, 동생의 후각으로 느껴지던 알코올 냄새를 통해 사고의 주요원인이 무엇인지 추측이 가능했다. 세상에 위험한 차는 없다. 단지 위험한 운전자만 있을 뿐이다.

과속과 음주운전에 대해서 어쩔 수 없었다고 변명할 수 있다. 누구나 저지를 수 있는 실수이며 자전거를 타고 나간 보행자의 잘못도 어느 정도 인정한다. 하지만 그가 이후에 저지른 일은 쉽게 용서가 되지 않았다. 사고는 순간이지만 그에 따른 가해자의 대처방식, 그 행태가 또 다른 사람의 삶에 큰 영향을 주었기 때문이다. 가해자가 다시 가해자가 되는 것이다.

왜 현장에서 20분 정도의 거리에 위치한 대형병원을 가지 않고, 도시의 끝에서 끝으로, 더욱이 주말의 혼잡한 번화가를 통과하고 두 시간을 이동하여 그 작은 병원을 찾았는지 의문스러웠다. 화타가 거기에 있지는 않았다. 아마 여러 가지로 가해자에게 유리한 쪽으로 진단을 내릴 만한 사람이 있었을 것이다. 그 결과가 응급환자에게 얼마나 악한 영향을 끼쳤다는 것은 법적인 유리함과는 별개로서, 그는 피해자에게 법이 인정하지 않는 다른 죄를 지은 것이다. 뭐 어쩌겠는가? 그 사람의 인맥이 그렇게 형성되어 있고, 우리 가족은 너무나 약한 사람들이었다는 힘의 불균등에서 오는 결과로 여겨야 마음이 편하다.

더군다나 그는 기독교인이었다. 내가 유달리 어설픈 기독교인들을 경멸하는 버릇도 이때 생긴 것이다. 독이 오른 나를 철저하게 변화시킨 것도 아이러니하게도 그리스도인으로서 신앙이었다. 그리고 그 속에서 용서라는 단어를 얻고 사용하기 시작하면서 오랜 시간 억압하던 증오로부터 자유를 얻을 수 있었다. 물론 완전함을 추구할 뿐, 실상 그렇지 않은 약한 존재라 때때로 기억의 잔상들을 접할 때나, 급변하는 환경 속에서 방패를 놓고 양손에 창을 들 때도 있기에 아직 완벽하게 자유롭지는 않다.

누군가 당신에게 해를 끼쳤다면 용서하라고 권하고 싶다. 피해의 정도에 따라 그것이 어려울 수도 있지만 이미 해악은 과거에 끼쳤으며 그로 인해 잃은 것을 찾을 수 없는데 매몰비용을 생각하느라 아쉬워하며 매달려 있다면 아직 남아 있는 그 많은 것조차 온전히 그 가치를 발하거나 누릴 수 없다.

남을 용서하는 순간 스스로에게 부드러운 얼굴을 향할 수 있게 된다. 가만히 생각해 보면 나도 그 사람을 미워하는 동안 이미 적잖게 해를 끼쳤던 것이다. 해를 끼치지 않을 만큼 멀리 있다면 이미 나와 전혀 상관없는 사람이니 더욱 아쉬울 것이 없다. 그는 양심으로 괴로워하는 형을 살았거나 아니면 또 다른 대가를 치를 것이니 그냥 완전히 삶에서 지워버리자. 이제는 굳었던 얼굴을 풀고 웃어 보자.

그렇다고 미워하고 화를 낸다고 즐겁고 통쾌한 시간이 이어지는 것도 아니다. 그것은 마치 손잡이가 없는 칼로 찌르는 것 같아서 자기 손에도 피가 나게 되어 있다. 후회하게 되는 것이다 칼을 들지 말자. 차라리 방패를 들자. 누구도 피를 흘리지 않게 된다.

용서를 대단한 선행이나 업적으로 여기지 않는다. 누군가를 위해서가 아니라 바로 자신을 위해서 한 번 더 용서하는 마음을 갖자. 당장 용서하기 어려울 때 자리를 옮겨 바람을 쐬거나 공간이 허락되면 한 시간 정도 자고 일어나서 그 사람을 대하니 용서는 그리 어렵지 않았다. 분노는 일순간에

지나가는 감정이며 훗날 후회를 만들지만 용서도 일순간이지만 나의 삶을
훨씬 더 순탄하게 만드는 것이다.

누군가를 위해서가 아니라 세상에서 가장 살기 어려운 곳으로 바뀌는
것, 즉 나의 소중한 공간이 적으로 가득 차는 것을 피하기 위해 용서하며
살아가고 싶다. 그것은 새로운 창조가 아니다. 내가 받은 것이 흘러가는
방향을 바꾸는 것이다. 물론 그것이 쉽지 않지만 말이다.

부어오른 입술

항상 애를 써보아도 결국 웃는 얼굴이 굳어지고, 살며시 미소에 지어보려 꼬리를 올리면 곧 입술은 전향되어 불평으로 튀어나왔다. 화를 발할 때 그 입김에서 맹독의 물질이 추출할 수 있다고 한다. 불평도 좋지 않은 물질이 함유되어 있기에 약한 입술이 부풀어 앞으로 나온 것일지도 모른다. 그 입김이 시작되는 곳, 가슴속은 더할 것이다.

언제 퇴근을 하든지, 무슨 일을 하든지, 매일 새벽은 내가 기도하던 시간이었다. 물론 깨지 못할 때도 있었지만, 귀에 들리는 소리를 느낄 정도로 의식이 있다면 일어나서 반쯤 감긴 눈일지라도 기도하러 갔다. 그것은 집중적으로 가슴의 독을 정제하는 과정이었다.

'Life is good!'

이것이 새벽에 잠을 깨우는 가사였지만 어느 순간부터 더 이상 마음까지 들리지 않았다. 피곤하고, 지치고, 화가 나고 답답한 소리들이 점거했고 마음속에 생겨난 유해동지들을 규합하여 투쟁하며 외치기 시작했다.

'Life is not good!!'

세력을 서로 융합하고 재상산하더니 결국 새벽에 일어날 수 없도록 가슴을 눌러버렸다.

'Life is good!'

단발마의 외침을 최대한 빨리 틀어막고 다시 잠이 들었다. 매일 두 시간을 더 잤음에도 더 상쾌하거나 활동적이지 못했다. 기도하는 사람임에도 해야 할 일을 멈춘 것이다. 차라리 심장이 멈추는 것이 더 유익할 것이다. 마음에는 점점 다른 것들이 적재되어 갔다.

사랑하는 가족과 교회를 위해서, 그리고 내가 속한 곳에서 조금이라도 도움이 되는 삶을 살게 해주시기를 바라던 그 단순한 기도가 멈추면서 내가 속한 곳에 대한 애정은 급격히 식어갔다. 얼어붙은 가슴은 어느 한 곳이 아닌 삶의 연계를 따라 모든 것에 영향을 미친다.

"지쳤습니다."

어느 때부터 입에 달고 다니던 말이 삶을 지배하기 시작했고 어디서든 스트레스를 폭발시켰다. 가슴에 쌓인 그것들은 배출시킨다고 없어지지 않는다. 그것들도 일종의 우물인 것이다. 독한 것들이 몸 밖으로 나가 다른 사람에게 이르면 또 그만큼 채워졌다. 내 삶을 사랑하기에 나를 사랑하는 분이 그것을 방관할 수 없었다. 어느 금요일이었다.

오랫동안 꿇어앉았지만 마음의 고통을 푸느라 무릎은 요동조차 하지 않았다. 방바닥은 몸 밖으로 나온 분노와 불만 그리고 아쉬움으로 흥건해졌다. 눈물은 마음을 정화시켰고 독소를 빠져나가게 했다. 마음은 늘 비어 있지 않기에 곧 또 다른 것으로 채워졌다. 평안이었다.

다른 사람은 몰라도 나의 평안은 기도를 통해 얻을 수 있다. 살아가며 부딪히는 수많은 일들, 다시 말해 갈등 속에서 본능적으로 혹은 반사적으로 생겨나는 유해물질을 정화시키는 것은 마음을 다한 기도를 통해서만 가능하다. 그 순간을 통해 지속적으로 돌아보며 나를 사랑할 수 있는 방법을 찾아 간다.

피곤을 느낄 때에 어깨를 강하게 주무르는 것은 하루 종일 무거운 머리를 지지하면서 여러 일에 관여하다 보니 피로물질 중에 하나인 젖산이 축적되어 있기에 그것들을 분산시키거나 제거하기 위해서였다. 피곤하면 컴퓨터 화면도 잘 보이지 않고 생각이 멈출 때가 있었다.

마음도 피로를 유발하며 면역을 약하게 만들어 쉽게 병들게 하는 것들을 제거해야 다시 힘, 즉 열정을 가지며 흐려진 시야도 맑아져 상황을 제대로 보게 된다. 눈이 밝아졌다.

눈을 떠서 보니 이미 얻은 것이 너무나 많고, 주변에 있는 사람 하나하나를 통해서 내 삶이 더욱 풍요해지고 있으며, 그 확실한 풍요로움은 나 혼자 누리기 위해 축적만 할 것이 아니라 누군가에게 흘러가야 썩지 않는다. 그리고 불평은 아무 근거도 없고 실체도 없는 제대로 된 허상이었다.

매일의 새벽이 나에게는 새로운 시작이다. 좀 더 나은 시작을 위해 새벽에 나는 또다시 일어나 손을 모으고 기도하면서 마음에서부터 평안을 움켜내어 언제 부풀어 오를지 입술을 적신다. 입꼬리가 위로 향한다. 세상에서 가장 좋은 것을 먼저 가지고 시작하니 그 하루는 누구도 부럽지 않다.

'God is Good! Life is Good!'

불면증

피곤한 하루를 보내고 누웠기에 폭포수같이 잠이 쏟아질 줄 알았는데 오히려 점점 저 멀리 달아나고 있었다. 자꾸 귓가에 들리는 소리들로 인해 잠이 드는가 싶더니 다시 각성의 세계로 접어들었다. 집이 오래전에 지어졌기에 방음에 대한 고려가 없었던지 다른 집에서 의자를 끄는 소리나 우리와 비슷한 구조를 가진 거실의 미닫이문이 언제 열고 닫히는지도 알 수가 있었다. 화장실 공간이 유달리 큰 편이며 문은 좀 오래되었는데 약간의 틈이 있어 문틀과 달라붙지 않았다. 환풍구의 역할을 하는 창문으로 바람이 들어오면 마치 꾸중들은 아이가 화가 나서 문을 닫는 것 같았다.

'쾅! 쾅! 드르륵 드르륵, 스윽스윽.'

음향효과에 귀를 기울이다가 감긴 눈으로 갑자기 상상의 나래를 펴기 시작했다.

'도둑이 들면 어쩌지?'

갖가지 상황에 맞춘 대응책을 생각해 보았다. 오랫동안 운동을 했기에 여러 동작을 머릿속으로 상상을 하다 보면 가끔 나도 모르게 손동작이 만들어지기도 한다. 군에서 훈련받은 것까지 접목시키며 만들어낸 상황극은 점입가경이다. 그렇게 한 편의 활극을 만드니 시간은 자정을 넘어서 새벽을 가고 있다.

'내일도 수면부족에 시달리겠군.'

교차로에 미어지는 자동차들처럼 꼬리에 꼬리를 물고 이어지는 생각들을 교통경찰처럼 정리해야 한다. 그렇지 않으면 이리저리 뒤척이다가 또 새벽종소리를 듣게 될지도 모른다. 차분히 여러 상황들을 정리해 나갔다.

우리 집은 4층, 더 정확히 말하면 4와 2분의 1층이므로 침투하기 위해선 훈련받은 것처럼 옥상에서 강하한 후 사뿐히 창틀에 앉아서 창문에 구멍을 내어서 자물쇠를 열어야 한다. 침투에 성공했더라도 예민한 내가 잠에서 깬다면 뭐든 목숨을 거는 나와 격투를 벌여서 이겨야 한다. 근데 도둑이 이런 여러 가지 위험을 감수하면서 들어오지 않을 것이다. 우리 집에는 영화에서처럼 목숨을 걸고 침투해서 가져갈만한 값비싼 물건이 없기 때문이다.

그 도둑이 이런 모든 문제를 해결하고 필요한 것을 가져간다면 지금 내가 아무리 걱정한들 어쩔 수 없는 일이므로 걱정으로 시간을 낭비할 필요가 없다는 결론은 나를 잠으로 이끈다.

몇몇 통계자료가 차이가 있지만 대다수의 결론에서 우리가 걱정하는 일이 일어날 확률은 많지 않다는 것이며 일어난다 해도 어떤 것은 우리가 충분히 해결할 수 있는 것이다. 그리고 우리가 해결하지 못할 것이 있다면 그것 또한 밤을 새워 걱정한다고 될 일도 아니다.

'세상에 확실한 것은 지금 이 순간밖에 없다.'

내가 먹은 것은 지금 배 속으로 확실히 들어간다는 것이다. 지금이 확실한 시간이며, 내 앞에 놓인 일이 바로 확실한 일이다. 그러기에 누군가를 대접할 마음이 생겼다면 확실히 바로 대접하는 것이 현명하며 배움을 통해 미래를 준비하겠다면 지금 배우기를 시작해야 한다. 또한 지금 확실한 사람은 바로 내 옆에 있는 사람이다.

언젠가 내가 관에 누울 것이다. 그 순간에 내 생에 모든 불확실한 것들이 다 같이 누울 것이다. 근데 그 시기를 누구도 알 수 없다. 1분이 남았을지 의학의 발달로 1세기가 남게 될지 알 수 없다. 지금은 불안할 필요가 없다. 아니 그것은 인생을 낭비하는 것이다.

한밤에 누워 여러 생각을 하다가 순간 불안함이 엄습할 때가 있지만 불안하게 하는 그 일이 지금은 일어나지 않았다. 걱정하지 말자. 그 일은 당신이 알고 걱정할 그때에 일어나지 않는다. 그것은 어느 날 당신이 불안하기도 전에 당신의 삶에 찾아올 것이며 어느덧 축적된 삶의 지혜와 역량들로 인해 부지 간에 그것들은 무시를 당하며 당신을 지나갈 것이다. 혹은 거대한 파도가 되어 닥친다고 한들 지금은 잔잔한 바다에 있으니 잠시 누워 하늘을 보아야 할 때다. 평안히 잠이 들어야 할 시간인 것이다.

사실 난 유난히 겁이 많은 편이다. 물론 그렇다고 어떤 일이나 사람을 피하는 것은 아니다. 지금은 좀 덜하지만 남보다 더 심장이 빨리 뛰고 그만두고 싶거나 외면하고픈 마음이 더 강하게 일어날 뿐이다. 그래서 많은 일들이 나에게는 유독 도전이 된 것이다.

늘 마음 한 구석에 입주한 불안은 내게 기도하며 사는 것과, 어떤 일에든 최선을 다해야만 한다는 삶의 태도를 갖게 만들었고 그의 동료인 공포를 조금씩 받아들이고 의지와 각오로 전환하는 방법을 얻게 만들었다.

비록 늦은 밤에 내 방으로 찾아와 담소를 나누느라 이른 새벽에 놓아주곤 하지만 분명 그는 나의 모든 공간을 더욱 가치 있게 만들어주는 좋은 손님 중의 하나다.

굽은 새끼손가락

'싹둑싹둑'

결혼을 하기 전에 내가 빈번히 유일하게 이용하던 미용실이 있다. 오랫동안 알고 지낸 분으로 모든 서비스를 무료로 제공해 주셨지만 받기만 하는 것에 그다지 익숙하지 않아서 갈 때마다 선물을 준비하곤 했지만 마음을 다한 서비스에 비하면 아주 작았으며 공짜를 바라고 가는 것으로 생각하는 다른 이의 따가운 시선을 막기 위한 방편이었을지도 모른다.

여전히 날카로운 눈매, 그리고 고집스럽게 다문 입과 각진 턱 선을 가진 나는 전쟁영화에서 흔히 볼 수 있는 용병의 이미지를 가지고 있었기에 부드러움을 더하기 위해 갈색으로 염색하면서 약간의 굴곡, 난생처음 머리를 볶아 보기도 했으니 참 신선한 변화를 체험했다.

머리를 손질하며 우리는 손님과 미용사가 아닌 친구이며 오랜 동행으로 이야기를 나누었고 사실 그것이 내가 다른 곳에 갈 수 없게 만드는 매력이었다. 그날도 회상하듯이 운을 뗐다.

"선생님, 군대는 정말 사람을 바뀌게 만드나 봐요."

"그래? 어떻게 바뀌었는데?"

늘 그렇듯이 그분은 사람이 더 신나게 이야기 할 수 있도록 약간 높은 톤으로 되물었다.

"군대에 가면 유순하던 사람이 난폭해지고, 거칠었던 사람이 부드러워진다고 하던데 제가 그런 것 같아요."

"그렇게 생각하니? 내 생각엔 그렇지 않아. 단지 네 안에 있던 난폭함이 표출된 것일 뿐이지, 너를 변화시킨 것은 아니야."

순간 내 앞에 던져진 난폭함이라는 단어에 그다지 거부감이 느껴지지 않았다. 그것도 나를 구성하고 있는 요소임을 인정한 것이다. 비록 가시가 있고 독성이 있을지라도 그것 또한 내가 지나온 길에 피어난 꽃이요, 삶의 열매인 것으로 인정해야 했다.

형이 먼저 우리를 떠난 후, 이어지는 입시의 실패로 인해 경직된 얼굴을 지닌 채 한참을 지냈다. 사랑하는 사람도 잃고 함께할 미래를 그렸던 청사진에도 눈물에 잉크가 번져서 명확해 보이지 않는 그야말로 암울한 시기였다. 생각도 마음도 경직된 것을 그대로 유지한 채로 입대를 했다. 성치 않은 무릎이었지만 아무것도 내게 남은 것이 없으며 더 잃을 것이 없다는 마음가짐이 금요일 오천읍에서 내린 선택에 영향을 주었다.

이전까지 가졌던 나약한 마음으로 견디기에 당시의 상황이 녹록지 않았다. 고통을 견디기 위해 품었던 독은 진통제처럼 육체의 고통을 잊는 것에 상당히 유효했지만 시간이 지나자 내성이 생긴 듯 통제할 수가 없었고 후회할 수많은 일들을 만들었다.

미국의 풋볼 선수들 중에서 유독 쿼터백들이 새끼손가락이 많이 굴절된다. 오랫동안 공을 받고 던지는 사이에 충격이 누적되어 점점 마디들이 각을 이루게 되니 그것은 연습의 증거이며 영광의 상처다. 자판을 두드릴 때 굽은 나의 새끼손가락으로 인해 잘못 누르곤 한다.

이것은 내 생애 가장 통제되지 않던 시절이 남긴 낙인이다. 나와의 약속을 지키지 못하고 무분별하게 행하며 사람을 함부로 대하며 억압하고 짓누르던 때를 기억하고 다시 그런 마음가짐과 행동으로 돌아가지 말라는 표시로 남아 있는 것이다.

굽은 손가락은 내 시야 안에 들어 있다가 단 한순간에 시야에서 사라진다. 손을 모으는 기도를 통해서 나는 또다시 내 안에서 꿈틀거리는 독초들을 잘라낸다. 아쉽게도 낙인이 사라지지 않듯이 그것들도 뿌리째 뽑히지 않는다. 그래서 나는 매일매일 기도할 수밖에 없다. 가시를 꼿꼿하게 세운 고슴도치보다 부드러운 털을 가진 사자로 살아가고 싶다.

절대적인 기준

영국의 어느 대학에서 직장인을 상대로 다음과 같은 설문조사를 실시했다.

'업무량이 다르지 않은 유사한 업체들 중에서 연봉 1억 원을 주는 곳과 연봉 1억 5천만 원을 주는 곳이 있다면 당신은 어디를 택하겠습니까?'

흔히 서구사회가 우리보다 훨씬 더 급여에 민감하게 반응하므로 대부분의 직장인이 후자를 택했다. 뒤이어 동일한 같은 이들에게 조건 하나를 덧붙인 설문으로 다시 조사해 보았다.

'동일한 업무환경을 가진 회사들로서 연봉 1억 원을 주는 곳에서 당신의 대학동창이 8천만 원의 연봉을 받고 있으며, 1억 5천만 원을 주는 곳에서는 동창이 2억 원을 받는다면 당신은 어느 곳을 택하겠습니까?'

많은 응답자들이 첫 번째와는 다른 선택을 했다. 급여에 대한 민감도보다 더 크게 영향을 주는 것이 존재하고 있었다.

어떤 분이 성실하게 일하고 절약하며 저축한 덕분에 대한민국에서 중요한 자산 중에 하나인 아파트를 갖게 되었다. 집으로 초대를 받아 즐겁게 이야기를 나누다가 자리를 옮겨서 지인의 집을 방문하게 되었다. 자신의 아파트는 25평이지만 지인의 고급빌라는 40평이었다. 평생을 갈 것 같았던 기쁨은 사라지고 귀가 후 이불을 덮고 누워버릴 만큼 큰 상실감이 그 빈자리를 채웠다.

사랑하는 아내가 대학동창 모임만 다녀오면 돌변한다고 하소연하는 분도 있었다. 모임에서 만난 친구들이 기사를 대동하고 오면 학창시절 자기보다 못하던 사람이 더 성공한 것처럼 보여 자신의 선택, 직설적으로 이야기하면 지금의 남편에 대한 회의가 드는지 집에 와서 직·간접적으로 화풀이를 한다는 것이다. 그 놈의 동창회가 일종의 경연대회로 변질된 것이지만 여러모로 생각해 볼 거리를 제공했다.

'과연 그 여자가 그의 아내보다 못했을까?'

물론 성적이 조금, 아니면 비교도 안 될 정도로 낮았거나 외모가 빼어나지 않았을 수도 있지만 그런 기준들을 통해 자신보다 못했다고 판단할 수 없다. 인생에 영향을 주는 무궁무진한 여건들 중에 많은 것들이 부족했을지도 모른다.

설령 모든 것이 그녀보다 우월했다고 하더라도 기사를 대동하고 손가락이 무겁도록 커다란 돌을 붙이고 오는 모습이 지하철을 타고 어린 자녀들이 문방구에서 산 액세서리를 팔목에 걸고 나오는 것보다 더 낫다는 근거는 어디에서든 찾을 수 없다.

삶의 중심에 들어가서 서로를 투영하고 볼 수 있다면, 속에 있는 것들을 서로가 주시할 수 있다면 누가 행복하고, 누가 더 나은 삶은 사는지 알 수 있을 뿐이다. 하지만 사람에게 그런 능력은 허락되지 않았다.

30대 중반을 바라보는 나는 조금 이상한 시점에 입사를 해서 그런지 아직도 평사원이다.

'왜 이렇게 늦게 들어왔어?'

'사회생활 경력이 짧아.'

내겐 아주 재미있는 말들이다. 늦었다는 것에 대한 근거가 단지 나이라면, 즉 현재의 직급이 평균연령보다 많다는 것에 그다지 동의하지 않는다. 하루빨리 승진을 하고 더 나아가 사장이 되는 것은 별 의미가 없다. 거기에 합당한 능력을 갖추었는가 하는 것이 더 중요하다. 사장이 꿈이라면 언제든지 시작할 수 있다. 언제 어느 자리에 오르는 것은 중요하지 않다. 오르는 과정이 얼마나 당당하고, 그 자리가 얼마나 어울리는지를 먼저 생각해야 한다.

사회생활이라면 십대 때부터 현장에 뛰어들어 건설현장의 인부들 틈바구니에서 살아간 세월이 10여 년이며, 그 거칠고 철저하게 생산적인 조직에서부터 군대조직, 기숙사조직 그리고 내가 관리했던 다국적 인력조직 등을 감안하면 내가 감당한 조직생활은 내 연령대의 어느 누구 못지않게 많다. 하지만 그것을 얼굴에 써 붙이고 다닐 수 없다 보니 그저 출생연도와 입사연도로 사회생활을 논하게 된다. 숫자가 객관적이지만 정확하지 않은 것이다.

나는 찰스 디킨스가 자녀들에게 준 교훈을 열렬히 좋아한다. 아이들에게 어떤 사람을 만나든지 함부로 판단하지 말라고 했다. 만약 자기가 그 사람과 같은 환경이었거나 그 사람이 자신과 같은 환경이었다면 서로의 삶이 어떻게 바뀌었을지 알 수 없다는 최고의 진리를 가르친 것이다. 그는 뛰어난 작가 이전에 닮고 싶은 훌륭한 아버지의 모습을 가지고 있다. 아이들에게 어리석은 기준을 잡지 않고 살아가는 지혜를 가르친 것이다.

애매하고 늘 변하는 상대적인 기준을 가지고 살아가면 삶이 참 피곤하다. 물론 주변에 있는 사람도 피곤함을 느끼게 된다. 언제 상실감에 사로잡히거나 열등감으로 어두워질지 모른다. 각자에게 주어진 시간도 참 한정적인데 어지간히도 남의 것에 신경을 쓰다가 거기에 일희일비하며 사는 것은 참 비효율적이고 더 나아가 참 쓸데없는 짓이다.

내가 가진 절대적 기준들 중에 하나는 바로 최선이다. 오늘 하루 최선을 다하고 살았다면 그걸로 충분한 것이다. 충분할 뿐 완전하거나 최고의 삶은 존재하지 않는다. 다른 사람이 몇 백억 원을 벌었든지 그건 내가 알 필요도 없고 의미도 없다. 주어진 모든 환경 속에서 온 힘을 쏟느라 조금 피곤함조차 느낀다면 그걸로 이미 존경을 받을 만한 삶을 산 것이다. 나 스스로를 존경할 만하다. 서로를 투영하여 보고 비교하지 말고 거울을 볼 때 행복했으면 좋겠다.

열 달란트를 가지고 그만큼을 남겨서 칭찬을 받는 게 중요한 것이 아니라 한 달란트를 가지고 비교의식과 게으름 속에서 쓰지 않아서 책망을 들은 이야기를 기억하자.

　가슴에 누구보다 나은 삶을 살아가기보다 어제보다 나은 나를 발견하기 위한 목표를 가지고 살아가고 싶다. 어제보다 나으려면 내게 있는 전부를 쏟아야 한다. 소진되지 않은 것이 있다면 이미 버려진 것이며 최선을 다한 것이 아니다. 오늘, 어제가 부럽지 않으며 내일이 두렵지 않도록 가진 모든 것을 쏟으며 살자. 그것보다 나은 삶은 없다. 그리고 그렇게 살면 다른 것에 신경을 쓰며 마음 상할 일도 없다. 바쁘고 시간이 모자라는 것이 행복이다.

감기

　평소보다 두 배나 많은 양의 수면을 취했음에도 여전히 몸은 쑤시고 무거웠다. 아침나절에 여러 일들을 처리한 후 잠시 등을 기대는데 몰려드는 아찔함을 체감하며 감기에 걸렸음을 인정했다. 그러고 나니 마음이 너무나 편해졌다. 피곤하고 두통도 있는 것을 막연히 버티고 거부하기보다 감기에 걸린 것을 인정함으로써 저항이 아닌 순응을 택했기 때문이었다.

　누군가 나에게 병을 달고 산다는 평을 내렸다. 유난히 감기에 자주 걸리는 것처럼 보이는데 유전적으로 호흡기 방면에, 특별히 코가 예민하고 몇 년간 고시원이나 반지하에서 생활을 한 덕분에 먼지알레르기와 비염이 발병한 후 감기와 유사한 증상을 몸에 달고 다녔고 그 증상들이 발전해서 실제로 감기가 되곤 했다.

　아무런 절제 없이 몸을 쓰던 시절에 감기는 그저 생활의 방해꾼이었기에 쫓아내기 위해 평소보다 더 격하게 뛰거나 냉수마찰 등으로 오히려 몸을 채찍질했으니 마치 모기에 물리면 가려움에 긁다가 피를 내는 행동과 같았다. 일시적 마비효과로 통해 잠시의 평안을 누렸지만 다음 날 증폭된 피로감과 고통은 찾아올 때면 밀린 세금의 과태료를 지불하는 듯했다.

　좀 더 삶의 지혜를 얻은 순간부터 감기를 반갑게 맞이하고 있다. 인정하고 받아들이는 순간부터 그저 삶의 방해꾼으로 여겨졌던 그가 알고 보니 언제 출항을 할지 알려주는 기수나 교차로에서 출발을 지시하는 신호일 뿐만 아니라 더 나아가 중요한 조언자인 것이다.

사람마다 수많은 약점들을 가지고 살아간다. 그것들은 성장의 순간에 발목을 잡거나 중요한 순간에 눈물을 흘리게 만들곤 한다. 아무리 고치려고 해도 쉽게 안 고쳐지거나 오히려 더 악화되어 좌절감만 늘게 만든다. 그것을 고치려는 노력보다 더 중요한 것이 있으니 바로 그 약점을 인정하는 것이다.

'감기에 걸렸다.'

그 사실을 받아들이는 순간에 나는 일단 왜 이렇게 피곤하고 머리가 아픈지 알게 된다. 그렇다고 그 고통이 줄어드는 것은 아니지만 그때부터 어떻게 해야 되는지 결정을 내릴 수 있으며 그에 따른 행동이 있은 후 잠시 동거하던 감기는 출발신호를 주면서 사라지고 몸은 강렬한 엔진소리를 내며 예전처럼 달릴 수 있게 된다.

차에 생긴 문제를 떨쳐내지 않고 주행하면 연료도 더 많이 들고 언젠가 그 사소한 것이 거대한 사고로 이어진다. 감기는 몸에서 일어나는 상황을 인지하도록 제 때에 신호를 보내는 일종의 연락병이다. 물론 조용하고 정중하게 들어오지 않지만 잘 대접해서 보내야 한다.

'먹고 자는 것'

즉, 가장 기본적인 것에 충실하며 몸을 쉬게 하는 것이다. 물론 그것이 바쁜 사람들에게 가장 어려운 일이라고 불평하겠지만 안 해서 그렇지 해 보면 어렵거나 많은 노력이 드는 것도 아니다. 말 그대로 살아가는 동안 하는 것 중에 가장 기본적인 것이기 때문이다.

몸에 그렇듯이 인생을 지나는 동안 매번 감기 같은 일들과 사람들이 찾아오니 이는 아무리 정직과 성실을 강조하며 삶을 추구해도 막을 수 없다. 그럴 때면 하던 것에 잠시 쉼표를 찍은 후 돌아보는 것이다. 내 삶에 약했던 부분이나 아직도 모자란 부분이 무엇인지 생각해 보고 보충하거나 강화하는 것이다.

나는 감기를 달고 살아가는 사람이다. 육체의 약점들이 많고 부단한 노력과 의지에도 허무하게 무너질 수 있는 약한 성벽들도 삶의 곳곳에 산재해 있다.

그래서 매번 지독한 몸의 고통을 당하거나 한계에 부딪혀 죽을 고비도 많이 넘겼다. 누구에게도 말할 수 없을 만큼 부끄러운 모습도 셀 수 없이 많았고 앞으로 그런 일은 언제든 발생할 것이다.

점차 인정하는 법을 배워가고 있다. 불완전함과 나약함에 대해 인정하고 나아지려 노력하게 되었다. 때론 교만이 그 사실을 망각하게 만들지만 감사하게도 그때마다 감기처럼 콧물이 흐르고 지독한 기침이 나서 몸과 마음이 크게 흔들리면서 다시 깨닫게 만든다.

지금도 감기에 걸렸다. 덕분에 몸이 너무나 피곤해서 쉴 수밖에 없도록 만들며, 두통을 줘서 다른 걱정은 하지 않게 한다. 또한 크게 재채기를 하는 것은 들은 말에 따르면 몸 안으로 나쁜 공기가 들어오지 못하도록 뱉어내는 방어동작이라고 하니 이렇게 하나하나가 감사할 이유밖에 없는 감기를 나는 주저 없이 좋은 친구라 부르고 싶다.

무능함의 재능

"넌 참 열심히 산다."

가까이 지내는 사람들로부터 이런 칭찬을 들을 때마다 반사적으로 던지는 말이 있다.

"뛰어난 게 없어서 그렇게 열심히 할 뿐입니다."

새벽이 지나고 아침이 다가오는 시간에 나는 다소 풀린 넥타이를 바로잡지 않고 걷는 중에 만난 신사 한 분이 마음을 쓸듯이 교회 앞에서 빗자루를 연방 움직이고 있었다.

"이제 출근하는가?"

오랜 세월 가까이서 성실의 의미를 배우게 하신 목사님의 호의가 담긴 질문에는 선물처럼 친근하고 부드러운 위안으로 가득 차 있었다.

"아니요. 이제 퇴근하는 길입니다."

밝은 목소리로 대답하려 했지만 그런 의지와는 상관없이 물에 푹 젖은 목소리가 나왔다. 벌써 그렇게 일한 지 몇 달이 넘었으며 상황은 몇 달을 더 해야 할지도 모를 일이었다. 오랜 세월을 책임진 유능한 전임자가 떠나게 되고 모든 환경조차 갑자기 조화를 이루어서 이제 갓 1년 된 풋내기에게 그 일들이 맡겨지게 되었다. 회사입장에선 당장에 완벽함을 바라지 않는 자비를 베풀었지만 월급을 받는 이상 지속적인 호의는 기대하기 어려웠다. 수없이 보낸 시간과 흘린 땀이 결국에는 필요한 수준으로 나를 이끌었다.

수많은 직무 중 특별히 '회계' 분야에서 특별히 더 나은 재능이 있는 것은 아니다. 몇 년간 치열하게 일했지만 여느 사람의 경력보다 탁월하다고 생각지 않으며 실제로 길거리에 나가서도 나만큼 하는 사람은 쉽게 찾을 것이다. 숨이 턱까지 차오르는 달음질 속에서도 아주 평범한 결과물이라고 자평하지만 그 속에서 나는 희망과 행복을 충분히 느끼고 있다.

나는 한 가지 진리를 알고 있다. 세상에 무능한 사람은 없다는 것인데 무능하다는 것은 말 그대로 능력이 없는 것이다. 그래서 지혜로운 옛사람들은 우리에게 속담으로 돌려 말했다.

'굼벵이도 구르는 재주가 있다.'

세상 모든 사람에게는 특출한 재능이 있다. 물론 그것이 세계에서 가장 뛰어나다고 확신할 수는 없지만 누구에게나 한 가지 이상의 재능이 있다. 그럼에도 불구하고 그 재능을 발휘하지 못하는 수많은 이유들 중에 나는 겨우 두 가지를 발견했다.

'미운 오리새끼는 결국 백조였다.'

어느 누구도 발견하지 못한 재능을 제대로 사용할 수는 없는 것이다. 어떤 이들은 아주 어릴 때부터 재능을 발견하여 천재라는 소리를 들으면서 세상에 두각을 나타내지만 머리가 희어진 다음에야 자신이 잘 할 수 있는 것을 찾아 뛰어드는 이들도 많다. 영화로 만들어질 정도로 대단한 문학작품이 70대의 노인에 의해 쓰였든지 미국을 대표하는 문호가 40대에야 이름을 떨치기 시작했던 것이다. 인정받기 시작해야만 그 재능이 드러나는 것 같지만 실상은 그 이전부터 그 안에 있던 것이다. 천재적 재능을 늦게 발견한 사람이나 그런 재능을 늦게 인정한 사람이나 누구를 탓할 것은 없다. 탓해야 할 사람들은 따로 있다.

탁월한 재능을 발휘하지 못하는 또 하나의 이유는 바로 게으름과 교만이다.

'구슬이 서 말이라도 꿰어야 보배다.'

반짝 이루어낸 결과물에 자만해서 더 이상의 노력을 하지 않거나 언제든지 쓸 수 있다는 생각에 묵혀 두는 것이다. 적당한 성과와 업적에 만족하며 겨우 살짝 더 높은 곳에서 내려다보면서 다른 이들을 한없이 아래에 있는 것으로 착각한다. 치타에게 단번에 잡아먹힐 토끼도 저 아래에서 올라오는 거북이를 보고는 잠을 자도 될 만큼 교만하고 게을러진 것이다.

그는 착각하고 있는 것이다. 뒤늦게 재능을 발견한 사람들이 일찍 재능을 발견한 사람들보다 못한 업적을 남기는 것은 결코 아니다. 업적이라는 것은 그 삶의 결과물로서 단지 몇 가지 재능으로 만들어지는 것이 아니라 마치 잘 다듬어진 반지에 다이아몬드가 박힌다면 더없이 아름답듯이 열정을 다한 삶의 태도 위에 특출한 재능이 얹어져야 비로소 가치가 큰 업적이 만들어지는 것이다.

가끔 대단한 업적을 이룬 사람들을 실제로 만나 보면 참 평범해 보인다고 느낀다. 걸어오는데 후광이 비추는 것도 아니며, 고개를 꼿꼿하게 세워서 조금 키가 작은 사람들이 우러러보도록 만든다거나, 이질감이 느껴지는 언어를 쓰거나 행동을 하는 것도 아니다. 그들의 비범함은 평범함을 인정하며 그 속에서 조금씩 끊임없이 진화해가려는 열정이 만들어내고 완성시킨 것이다. 불변하는 금반지 위에 열정이라는 보석을 얹어서 둘 다 가치를 더하게 된 것이다.

나 자신도 상대적으로 탁월하거나 대단한 업적을 만든 것도 아니다. 누군가의 30대는 세계 속에서 자신의 이름을 나타내며, 누군가의 30대는 고위직의 책상에 명패를 올리고 있지만 나의 30대는 그런 것들과 아무런 상관이 없다. 그저 아주 평범한 생각을 마음에 간직하고 살아가며 이 생각은 위축되며 우울한 얼굴로 살아가길 허락하지 않는다.

'무능하기에 참 행복하다.'

아무리 노력해도 성과가 잘 나타나지 않는 일에 매진하고 있다고 슬퍼하거나 자책할 필요는 없다. 어쩌면 자신이 가장 잘 못하는 일에서 그만큼의 성과를 내고 있다면, 훗날 자신에게 맞는 일을 만나 힘을 쏟게 되었을 때는 재능을 발견하고도 작은 결과에 만족한 사람들과 현격한 차이를 만들 수 있을 것이다.

이렇듯 살아가는 동안 끊임없이, 자신이 가진 재능 찾기를 계속한다면 그건 끝나지 않는 소풍과 같은 것이다. 온 산을 누비며 찾던 보물 속에 크고 작은 보상이 있었다. 보상보다 더 큰 것은 그것을 찾아내는 기쁨이었고 찾아가는 시간에 우리는 두근거림을 얻을 수 있었다.

한 사람에게 주어진 재능은 인생을 통틀어도 다 찾아내거나 사용할 수 없을 만큼 많다. 그중에 겨우 하나를 찾았다면 끊임없는 노력으로 발전시켜서 자신의 삶과 주변에 좋은 것들을 더 많이 줄 수 있게 해야 한다. 어쩌면 일평생 하나도 찾지 못해서 두각을 나타낼 수 없다 해도 그렇게 두려워하거나 실망할 일이 아니다.

반지 위의 보석은 재능이 아니라 열정이라고 했다. 비록 반지 위에 올리고 손가락에 끼워서 사람들에게 근사하게 내보일 수는 없겠지만 이미 보석들이 나의 삶에 넘치게 있다면 그것만으로 충분히 빛나는 삶인 것이다.

최고의 시나리오

"뭐 하고 있었어?"

딸아이의 분유를 타거나 혹은 무엇인가 가지러 방에 나갔다가 한참 후에 들어가면 아내는 아주 간단하게 운을 뗀 후 답을 말했고 그것은 정확했다.

"영화보고 있었지?"

정답이다. 취미가 뭐냐고 묻는 설문에 영화감상을 꼭 넣어줘야 한다. 취미의 정도가 아닐지도 모른다. 어디든 영화가 나오는 곳이면 발길을 멈춰버리는 경향이 있다. 한때는 영화만 보여주는 채널에 빠졌다가 다음 날에 출근하기도 어려워 텔레비전을 버린 경우도 있었다. 유난히 애니메이션을 보면서 눈물짓는 나를 발견하고 메마르지 않은 정서라고 자칭한다.

'차라리 영화감독이 되었어야 했던가? 아니면 극작가의 길을 갔어야 했을까?'

내가 처음 작가로 데뷔한 것은 초등학교 방송극이었다. 셰익스피어에게 허락도 받지 않고 로미오와 줄리엣을 재구성해서 방송대본으로 만들어 내보냈다. 원작과는 달리 양가의 부모님은 서로 친했지만 당사자들은 앙숙인 것으로 설정했다. 이야기의 대부분을 기억하지 못하지만 티격태격하다가 결국 비극을, 물론 슬프기보다는 초등학생의 상상을 따라 웃긴 그런 비극으로 끝이 났다. 그 후 학예회에서 두 편 정도의 극을 써서 상연했는데 연기하기 좋아하는 나는 두 편 모두 출연했다. 관객들에게 몸을 아끼지 않는 연기라며 박수는 받았지만 당시 출연한 여학생의 힘에 밀려 책상에 떨어진 것은 와이어가 없는 실제상황이었기에 여러 곳에 영광의 상처를 입은 것이다.

여러 일을 겪는 동안 웃을 일도 없었고 글을 쓸 일도 없었다. 그러던 중 고교시절 교회에서 매년 중고생들의 애환을 담은 이야기를 주제로 공연하는데 주인공으로 섭외되었다. 당시 연기를 했다기보다 내용이 나의 상황과 다르지 않았기에 있는 그대로 표현한 것이었다. 연기를 할 때 느끼는 것이지만 그 상황에 몰입에서 나를 잃어버리는 경향이 있다. 놀랍게도 그 내용은 모든 실제의 삶으로 이어졌으니 대사를 한다는 것에도 말의 힘은 존재했다.

본격적으로 펜을 잡고 주일학교 아이들이 연기할 극본을 써주다가 대상 연령층을 넓혀서 청소년과 청년들을 위한 극도 쓰게 되었다. 비공인작가로서의 전성기를 구가하며 작품이 다른 곳에서 인용되기도 했다. 정점은 이국땅에서 맞이하게 되었다.

호주에 머물면서 두 번째 여행을 가기 전에 브리즈번에 며칠 머물렀다. 매주 예배드리던 한인교회에서 지역교민들을 위한 특별행사를 준비했는데 그 속에는 연극과 댄스가 포함되었다.

당시 그 교회 청년회장과 친분이 있었으니 늘 편안하게 대해주는 것이 고마웠었는데 느닷없이 극본을 써주길 요청했다. 어떻게 그런 요청을 했는지 지금도 참 신기할 따름이다.

10주년인지 20주년인지 기억이 나지 않지만 꽤나 그날은 특별한 날이었고 연극의 비중도 꽤 컸었기에 여행객에 불과했던 내게 극작을 요청한 것은 다소 모험적인 것이다. 물론 나는 거절하지 않았다. 나는 늘 무엇인가 쓰고 싶었으며 작은 재능이 쓰이기를 원했다.

호주에 오면 청년들이 자유를 느끼곤 한다. 넓은 땅에서 어깨를 부딪치지 않으며 거리를 누비다가 여비만 있다면 원하는 곳을 갈 수 있다. 또한 한국에서 겪던 수많은 압박에서 다소나마 벗어날 수 있었다. 하지만 그 주어진 자유에 대한 책임을 꼭 져야 했다. 무분별한 자유의 표현과 과시가 자신의 삶을 타락과 방황의 늪으로 몰아넣기도 했으니 자유가 독이 되기도 했다. 그들과 같은 젊은이로서 이야기하고 싶은 것을 극으로 표현하고 싶었다.

'유다와 베드로'

성경의 내용을 바탕으로 이 두 사람의 삶을 대비시킨 극을 썼다. 충실히 내용에 따르고 메시지를 쉽게 전달하고자 현대적인 요소를 가미했다. 열정적인 연출자 덕에 상상하던 모습들은 무대에 그대로 옮겨졌고 뛰어난 그래픽으로 극은 한층 더 완성적이었다. 나도 그 무대에 섰으니 그 자체가 즐거웠고 편안했다. 내가 초대한 농장의 친구들도 그 속에서 또한 웃고 울었다. 눈물이 내 마음에 전하고 싶었던 메시지가 그들에게 전해졌음을 증명하고 있었다.

요즘은 영화에 늘 매료되어 산다. 영화를 볼 때 누가 불러도 잘 못 알아들을 때가 많다. 물론 입맛이 까다로워 좋은 생각을 담고 있는 영화에만 그렇게 반응하며 웬만큼 대사까지 읊조리며 결말을 알고도 반복해서 보다가 그 뻔한 것에 꼭 눈물을 흘리곤 한다. 인생이든 영화든 진실을 담고 있는 것은 언제나 동일한 감동을 주며, 그것은 지극히 평범한 진실이다.

우연히 호주에서 배우로 출연했지만 예산부족으로 출시되지 못한 영화도 있었다. 그 이후엔 그 어느 때에도 카메라 앞에 얼굴을 들이민 적이 없고 사람들이 말하는 진짜 무대와 스크린에 나타난 적은 없지만 어쩌면 난 이미 영화배우이자 연극배우로 살아가고 있다.

아침에 거울을 보며 '코미디언처럼 웃으니 오프닝을 오락영화로 시작한다. 새벽에 나와 지하철을 타고 가다가 지친 이에게 자리를 양보하면서 휴먼드라마가 이어지고 일을 하다가 스트레스를 받거나 때로는 사람들 사이에 갈등으로 인해 마음에 독을 품으면 그 순간 스릴러 영화를 본 것처럼 그다지 좋지 않은 기운이 몸에 퍼진다. 집으로 돌아오면 하루를 돌아보는 사이에 한 편의 다큐멘터리가 눈앞에 펼쳐진다. 되새기고 교훈을 삼을 일들이 보인다.

'작가가 되고도 싶었고 배우도 되고 싶었으며 영화처럼 살고 싶었다.'

이미 그런 꿈들이 이루어진 가운데 살아가니 바로 자신에게 주어진 하얀 종이 위에 시나리오를 써내려가는 것이다. 이미 정해진 시나리오가 없기에 운명적이라는 것을 믿지 않는다.

좋은 마음을 품은 사람은 좋은 이야기를 쓰면서 그 이야기를 보여줌으로써 많은 사람들에게 즐거움과 감동을 주거나 꿈을 꾸게 만들고 잃었던 웃음을 찾게 할 수 있다. 물론 써내려가는 중에 때론 지치고 우울하지만 금세 막과 장을 바꾸고 아침마다 '액션'을 외치면서 다시 이야기를 아름답게 만들어 갈 수 있다. 삶의 스크린에서 최고의 배우는 자신이며 관객도 바로 자신이다.

오늘도 순간순간 최고의 시나리오가 만들어지길 꿈꾸며 한 마디 한 마디 멋있는 대사를 이어가고 근사한 마음가짐과 행동을 인생이라는 스크린에 옮기고 있다. 어느새 그 속엔 내가 웃고 있다. 그리고 나를 보던 이도 웃고 있다. 그래서 웃고 있는 장면에 비치는 스크린은 항상 세상에서 가장 밝다.

아빠의 꿈, 그리고 아이의 꿈

며칠 동안 여러 가지 일을 통해서 심한 스트레스에 시달렸다. 몸과 마음은 지쳐 있음에도 머릿속을 떠다니는 여러 일들로 쉽게 잠을 잘 수가 없었다. 머리끝은 걱정으로 아팠고 발바닥은 피로감으로 아팠다. 속히 잠들어서 그 모든 아픔들로부터 벗어나고 싶었다.

'애앵'

갑자기 얼굴 주변을 모기 한 마리가 배회했다. 따귀를 힘껏 때렸지만 그런 나를 비웃듯이 다른 곳에서 연방 날갯짓을 계속하고 있었다. 겨울이 다가왔는데 아직도 살아 있다니 주거환경이 계절을 거슬러 따뜻하니 정작 사라져야 할 녀석들도 더불어 살기 쉬워지는 것 같다.

'애앵'

또 모기인가 했더니 이번에는 아기의 울음소리다. 벌떡 일어나 혹시라도 모기에게 물리지 않았나 살펴보았지만 다행히 금방 울음을 멈춘 것을 보니 잠깐의 몸부림이었던 것 같다. 꿈을 꾼 것 같았다. 보고 들은 것이 있으니 이제 무엇인가 꿈에서 보았겠지 생각하며 일어나면 묻고 싶지만 아직은 서로 소통하는 방법이 다르다. 아기 옆에 살며시 누워 잠을 청했다. 모기는 제 몸의 80%가 눈이라니 아기보다는 상대적으로 먹음직스러운 나를 택해서 몇 번 물고 나면 배가 불러서 물러갈 것이라 기대해서였다. 아빠만이 즐길 수 있는 희생이었다.

조금 흐뭇한 얼굴로 아이를 쳐다보는데 차츰 시야에서 서서히 사라졌다.

얼마의 시간이 흐른 후 울음소리에 깨어나니 충혈된 눈으로 잠들었던 아내가 아기를 토닥거리며 달래고 있었다. 또 다른 한 손으로는 나에게 잠을 자라는 수신호를 보내고 있었기에 다시 잠이 들었다. 새벽녘의 초병처럼 순간적으로 눈을 뜨니 새벽이었다. 알람이 울리기 전에 전화기를 껐다.

반쯤 부은 눈으로 교회에 갔다. 걸어가는 동안 찬바람이 눈에 스며들더니 생리적 현상과 더불어 마음의 알 수 없는 감정이 어우러져 눈물을 만들어내고 있었다. 웬만한 통증에 신음소리조차 내지 않던 독종이 기도하는 순간에 어깨를 들썩이며 꽤 한참 동안 가슴에서 퍼 올린 눈물을 쏟고 나서야 그 밑바닥에 반짝거리는 것을 볼 수 있었다.

'꿈'

커다란 집에 살아가면서 허전함을 느끼는가 하면 한없이 좁은 공간에 있음에도 마냥 웃으며 만족하고 그 집에 몰아치는 모든 비바람을 즐거움으로 견디어낸다. 나의 삶에 모든 공간들이 넓어졌지만 공간을 채우며 점점 넓어져야 할 목적이 있었다. 그것이 바로 꿈이었다. 그것이 없는 확장은 마치 살아갈 사람이 없이 집을 넓혀가는 것 같았다. 그건 공간이 아니다. 그저 정리가 되어있고 쓰레기가 뒹굴지 않는 폐허나 마찬가지이다. 꿈이 없는 인생은 황폐하다. 황폐한 삶에는 누릴 것도 더 나아가 남겨 줄 것도 없다.

나의 얼굴을 마주하며 누운 이 아이에게 나는 앞으로 더 넓은 공간을 제공할 것이다. 넓고 그 안에는 소중한 것들이 가득 차 있는 행복한 공간 안에서 더 큰 꿈을 꾸게 하고 싶다. 내가 가졌던 것보다 조금 더 많은 기회를 얻게 하는 대신에 많은 것을 바라지 않을 것이다.

새벽에 일어나 집을 나서며 가만히 잠들어 있는 아이의 이마에 입을 맞추었다. 그리고 버스를 타고 가는 중에 문득 앞으로 아빠로 살아가면서 나는 아이들에게 기대를 갖겠지만 누구를 위한 것인지 분간하지 못할 실수를 저지를까 걱정이 들었다. 그래서 너무 많은 것을 기대하기보다, 딱 한 가지만 바라기로 했다.

'나보다 조금 더 멋진 삶을 살아갔으면 좋겠다.'

이제 아이의 수준은 내가 결정할 것이다. 그러기 위해 일단 내가 멋진 삶을 살아야겠다. 항상 더 웃을 수 있도록 내가 먼저 마음을 즐겁게 하고 비록 힘든 일이 있어도 아내에게 배운 대로 대문을 열고 들어오기 전에 웃음을 머금도록, 아니 아이를 핑계로 마음의 상태를 바꾸어야겠다. 그리고 지금처럼 열심히 공부하고 일해야겠다. 오늘은 집에서 딸이 손을 흔들며 이렇게 나를 맞아주길 바란다.

'저기! 꿈꾸는 아빠가 오는도다.'

아주 큰 소리로, 몸짓으로 그 말을 머금은 아이가 나를 보고 웃고 있다.

희망바이러스

희망이 없는 땅을 생각할 때 풀 한 포기가 없는 사막을 떠오를 것이다. 사하라는 아랍어로 의미 자체가 사막이라는 뜻이다. 하지만 그 거대한 사막 한가운데 깊숙이 들어가면 놀랍게도 거대한 바위들 사이에 물이 담긴 호수가 있으며 거기에 수많은 낙타들과 사람들이 목을 축이고 쉼을 얻는 풍경을 볼 수 있다. 초입에 발을 딛고 서서 보면 단 하나의 생명도 없을 것 같지만 자세히 들여다보면 그 속에 오히려 더 없는 풍요로움을 찾을 수 있는 것이다.

'저 사람은 희망이 없어.'

황폐하고 초췌한 삶을 살아가는 사람들을 보며 이렇게 말할 수 있다. 그게 틀린 말은 아닐 것이다. 그 사람에게 희망은 없다. 하지만 그렇게 말하는 사람은 어떤지 묻고 싶다.

'그러는 당신에게는 희망이 있는가?'

자신은 그들과 조금은 살아가는 상황에 다르다고 확신하므로 당당하게 고개를 끄덕이는 이에게 얼굴을 좀 더 들이대고 다시 묻는다.

'그럼 그 희망을 왜 나눠주지 않는가?'

희망은 나눌 수 없는 것이라 생각하는 그 사람이 진정한 희망을 가지지 못한 것이다. 희망을 소유해본 적이 없으면 희망을 볼 줄 모른다. 절망스러운 누군가를 대할 때 그 삶에 세밀하게 녹아있는 희망을 찾아내려 자세히 보지 않는다. 어느 영화의 대사처럼 사람은 자세히 보지 않으면 보이지 않는다. 멍허니 누군가를 쳐다볼 때 흐릿한 형체 외에 보이는 것은 없다.

사람에게 있는 몇 가지의 수식어와 사회적으로 공표된 숫자, 지갑 안에 있는 명함만 가지고는 그에 대해 알 수 없다. 사람을 자세히 봐야만 그 속에 희망이 보인다.

눈을 크게 떠야 자세히 볼 수 있다. 의심하듯이 게슴츠레한 눈으로 바라보며 보고 싶은 것만 보면 안 된다. 눈을 열고 그에게 초점을 맞춘 시각으로 보아야 한다. 그럼 누구에게나 보이는 것이 있으니 바로 희망이다. 그것을 나는 가능성이라는 별명으로 부르기도 한다. 세상에 희망, 즉 가능성이 없는 사람은 없다. 단지 여러 가지 조건들로 인해 발견되지 못하며 사용되지 못했을 뿐이지 누구도 고개를 흔들 만큼 완전히 절망적인 사람은 없다.

모두가 가능성을 가지고 있다. 사람마다 지문처럼 상이하게 가지고 있기에 표준화할 수 없을 뿐이다. 측정할 만한 게이지가 세상에 없기에 없는 것처럼 보이는 것이다. 측정하지 못해도 존재하는, 특별히 소중한 것들은 더욱 그렇다.

'왜 열심히 해도 되지 않는 거지?'

모든 일에 열정을 다하는 친구가 수화기 너머로 울고 있었다. 어리석게도 나는 가르치려는 입장만을 끊임없이 고수했다. 찰나가 지나자 후회가 넘쳤다. 열정을 다하며 사는 이에게 어떤 어려움이 닥치든지 충분히 뚫고나갈 힘을 이미 가지고 있음을 간과한 것이다. 어디서 얻었는지 모를 어설픈 잣대로 측정하고 그의 삶을 수정하려 했다.

'이렇게 혹은 저렇게 해봐.'

마치 저보다 못한 사람을 앞에 두고 자신은 모든 일을 다 통달한 선구자인 듯 늘어놓던 수많은 너스레는 교만을 앓으며 나타난 증상이었다. 처방으로 뒤통수를 한 대 맞고 정신을 차린 후에야 그 친구에게 이미 가지고 있는 해결책이 다름 아닌 눈물이다.

열정을 다하고 최선을 다한 사람도 때론 절망감에 울 곳이 필요하다. 약한 모습을 보이지 않으려 더 지독하게 노력하며 웃던 그 사람의 가슴에도 많은 눈물이 고여 있다. 연이은 시련은 폐에 물이 찬 것처럼 먹먹하고 숨 쉬기가 힘들게 만든다. 그 절망적인 순간에 단 한 번이라도 눈물을 쏟아낸다면 다시 숨을 쉬며 뛸 수 있는 힘이 생기게 된다. 그에게 희망이 다시 솟는 것이다.

수많은 사람들이 꿈을 꾸고 그것의 횟수와 크기에 비례해서 실패를 겪게 된다. 홈런왕의 수많은 삼진처럼 많은 것을 시도한 사람이라면 더욱 그렇다. 더디고 모자라며 때로는 어리석어 보이는 모습들이 나와 다른 사람들이 내게 보여준 거울에 비친 자화상이었다. 어느 순간 꿈을 향해 걸어갈 힘을 상실했을 때 나는 주저앉으며 가슴에서 쏟아낸 말이 있었다.

'실패했다.'

그렇게 느낀 것이 아니라 실패한 것이 맞다. 원하던 결과를 얻지도 못했으며 이미 다른 사람의 발뒤꿈치를 보고 있으니 자타가 공인하는 실패인 것은 부인할 수 없었다. 그게 끝이라면 말이다. 실패하고 그냥 멈췄다면 실패로 끝난 것이다. 어느 날 성공을 위해 필요한 요소를 찾았다.

'끊임없는 시도'

그 친구는 참 행복한 사람이다. 그 마음에 꿈이 있으며 이루기 위해 쏟아붓는 열정이 있기 때문이다. 지금 힘들겠지만 힘들다는 것은 자신이 그만큼 강해지고 성장하는 과정에 있다는 증거인 것이다.

'친구! 그 일에서 그 정도를 이루었으니 다른 일, 정말 너의 재능이 발휘될 순간을 찾았을 때 놀라운 결과를 만들어낼 것이야. 더 많이 가진 사람은 없어! 단지 서로 다른 씨앗을 가지고 있으며 모든 씨앗에 공통적으로 필요한 햇빛과 양분은 꿈과 열정을 다한 시도야!'

만약 누군가 절망에 빠져있다면 그에게 희망바이러스를 주사했으면 좋겠다. 다시 열정이 생기고 힘을 내어 시도를 한 후에 또 실패할지 모르지만 전과 다른 점은 면역체계를 가진 것이다. 다시 일어나 시도할 것이다. 어느 날 성공을 이룬 것으로 착각하게 될 것이다. 이미 가지고 있는 성공을 발견한 것뿐임에도….

세상을 바꾸는 믿음

난 세상을 바꿀 수 있다고 믿는 사람 중에 하나다. 세상은 스스로 바뀌지 않는다. 아주 작은 몸부림에서 시작된 움직임은 점차 흘러서 파동을 만들고 그것이 연못 끝자락에서 사라지는 것 같지만 몇 알의 흙이라도 움직이게 된다. 연못은 조금이라도 넓어지고, 시간이 흘러 몇 개의 연못이 이어진 작은 호수를 따라 흐르는 물줄기는 지형을 바꾸게 될 것이다. 거대한 바위도 끊임없는 물줄기에 부딪혀서 고운 흙이 되어버릴 것이다.

나는 오늘날까지 적은 것을 가졌지만 대부분 사람에게 투자해왔다. 결코 개인의 유익을 바라는 것이 아닌 것을 아는 사람들이 아직 많이 남아 있다. 그것으로 만족하지 않는다. 그들의 마음속에 꿈이 생기며, 자라며, 이루어가면서 삶의 공간이 더욱 아름다워졌으면 좋겠다.

내가 꿈을 생각한 때는 막 제대를 한 후 무전여행을 떠났을 때였다. 물류센터에서 일을 하고 여행을 다녀온 후 나는 다시 학교에 들어가기 위해 공부를 하고자 했지만 학교에 들어가기 위해 공부하는 것보다 더 중요한 것이 있음을 여행 중에 알게 되었다.

부산에 도착한 나는 어느 교회의 호의로 하룻밤을 지낼 수 있게 되었고 여장을 푼 후 잠시 밖으로 나왔는데 성악가이면서 목회자의 아내로서 멋진 삶을 살아가시는 분의 콘서트, 우리는 찬양집회라고 부르는 행사가 열리는 교회가 인근에 있었다. 은혜는 무료지만 가치는 싼 것이 결코 아니었다.

'가난한 자들에게 아름다운 복음이 전해지기를 원합니다.'

이 말에 온몸이 전율을 느꼈고 순간 가슴은 한없이 뛰었다. 살아가면서 내가 해야 할 일과 바라는 일들이 머릿속에 정리되고 가슴에 새겨지며 비전이라고 부르는 것이 생겼다.

내가 바라보는 그리스도인으로 교회가 세워지기를 바란다. 그 속에서 사람들이 기도와 교제를 통해 얻어야 할 평안을 누릴 수 있기를 바란다. 서로 손을 잡을 힘조차 없는 이들이 하나둘씩 모여서 함께 웃고 웃을 수 있는 공간으로 자리매김하며 그 속에 그들의 영혼이 쉼을 얻고 더 나아가 살아갈 목적과 가치를 발견했으면 한다.

나는 배움과 희망을 동질성이 많은 것으로 여긴다. 맹목적인 지식과 의지의 주입이 아니라 가치 있는 것을 구별하고 온 힘을 다해 그것에 매진하며 또한 자신을 지키는 법을 가르치는 장소가 존재해야 한다. 배움을 통해 그들은 가능성을 발견하고 시도하며 열정을 쏟고 싶은 경로를 찾게 될 것이다. 배우는 사람에게 가난은 없다.

얼마나 더 아픈 소리를 내어야 손을 내밀 수 있을까 생각해 보았다. 아픈 소리조차 낼 수 없는 사람들을 위해 병원이 지어져야 한다. 육체가 존재해야 열정도 쏟을 수 있는 것이다. 수익을 올리기 위함이 아니라 생명을 건져 올리기 위한 병원이 지어져야 한다. 그러기 위해서는 유능한 의사와 운영해 갈 유능한 행정가가 있어야 한다. 그리고 비용을 충당할 만한 든든한 재정이 마련되어야 한다. 실력과 시스템 그리고 자원이 필요한 것이다.

끝으로 아무런 노고도 없이 배고픔이 해결되고 생계가 지속된다면 그것도 죄를 짓는 것이다. 은혜가 아니라 누군가의 노력을 탈취하는 것이다. 세상에 무능한 사람은 없기에 아무것도 할 수 없는 사람은 존재하지 않는다. 공장이 지어져야 한다. 땀을 흘리고 노력해서 번 것으로 그 배고픔에서 벗어나며, 더 나아가 돕는 손길이 되어야 한다. 우리나라처럼 원조를 받던 국가에서 원조하는 나라가 많아져야 한다. 그것이 신선한 공기가 흐르는 방이다.

이 황당하고 이성적으로 받아들이기 힘든 바람들은 살아온 세월 동안 입에 달고 살았던 말이다. 어느 누군가 대단한 재력을 지닌 사람이라면 이 모든 것이 단번에 가능할 것이다. 다행히 내겐 그만 한 재력이 없다. 내가 가진 것을 말하라면 열정과 믿음 그리고 사람이다.

그것만으로 부족하더라도 한 번 도전해 보고 싶다. 내 작은 파동이 작은 장애물들을 무너뜨리고 그 속에서 나 같은 사람이 많아지면 누군가 연못을 연결할 사람이 있을 것이다. 그리고 그들 가운데 이 황당하고 이성적으로 받아들이기 힘든 바람들을 이루고자 하는 열정과 믿음이 생긴다면 언젠가 그 일이 이룰 것이다. 정해진 시간이 있기에 내가 꿈을 꾸었다고 내가 이룰 필요는 없다. 나는 단지 종착점이 아니라 또 다른 경로가 될 뿐이다. 나의 행복은 모든 결과물을 보는 것에 있지 않다.

나는 그저 꿈을 꾸는 자유와 특권을 누리며 한 사람, 또 한 사람, 혹은 나의 자녀들이 즐겁게 닮아가는 것을 보는 것만으로 행복하다. 꿈은 그 시작이 중요할 뿐이다. 언제 이루어지든지 이미 꿈을 꾸기 시작할 때 모든 공간에서 우리는 즐거움을 만날 수 있다.

책을 덮으며

　어떤 이야기를 시작하는 것도 중요하지만 그것의 끝을 맺는 것은 더욱 중요하며, 때로는 어려운 일인 것 같다. 소소하게 시작한 것이 역사를 논하는 거대한 물결이 되거나, 지면을 뚫을 것 같은 거대한 폭포가 하류에 이르러서는 나뭇잎 때문에 오히려 물길을 바꾸기도 한다. 여기까지 왔으니 나도 이야기를 마무리 지어야 할 것이다.

　한 사람이 살아온 이야기, 가끔 엉뚱하고 어리석기도 하지만 그저 평범한 나의 삶을 하나씩 꺼내어 놓았다가 정리해서 모으다 보니 그 속에서 공통점을 하나 발견할 수 있었다.

　'공간'

　나의 공간은 어머니의 배 속에서부터 시작되었다. 평면적이지는 않지만 한 점과 같은 작은 모습에서 점점 자라나 세상을 향해 나오게 되었다. 탯줄을 끊으며 내가 독차지하고 있던 장소에서 벗어나 낯선 손길을 느끼며 나는 울었을 것이다. 두려움도 있겠지만 세상에서 좀 더 호의적인 대우를 받기 위한 본능적인 행동이었을 수도 있다. 물론 그때의 감정을 그 순간 알릴 방법도 없었고 기억조차 나지 않기에 그렇게 추측할 뿐이다.

　나는 공간이라는 것이 모든 사람에게 참 공평하게 주어졌다고 생각한다. 면적을 기준으로 따진다면 물론 많은 것을 가진 사람이 있다고 말할 수 있다. 아무리 넓게 가져 봐야 일어서면 발바닥이, 누우면 등이 닿은 부분을 빼고는 소유했다고 볼 수 없다. 공간은 소유하는 것이 아니다. 누리는 것이다.

누리고 사는 삶에 따라오는 것은 하나뿐이다.

'행복'

내가 살아온 모든 공간은 자각이나 인정의 여부를 떠나 행복한 곳이다.

'행복한 곳이었다'라고 말하지는 않을 것이다. 지금 내가 느끼는 행복과 감사, 그리고 앞으로 살아갈 모든 공간에 채워질 행복은 어느 순간에 만들어지거나 소멸되는 것이 아니다. 그 속에서 찾는 것이며 계속 이어지는 것이기 때문이다.

난 이제 또다시 공간을 넓히기 위한 기회를 부여받았다. 늘 그렇듯이 약간의 두려움도 있지만 기도하며 기대하며 기다리는 마음으로 문 앞에 서 본다.

이 책을 부족한 나와 함께 삶을 나누며 공간을 채워가는 아내와 부끄럽지 않은 삶을 살도록 붙잡아주는 아이에게 바친다.

2011년 3월 22일
이른 아침을 누리는 용기가…

권용기

금방 이마 아래로 낮아져 버린 토담과 딱지를 치기 좋았던 넓은 마당과 그리고 가방을 메고 빙빙 돌았던 아늑하면서 때론 시원했던 토방에서 울음을 터뜨린 것이 1977년, 한없이 더웠을 여름에 태어나서 그런지 열정적으로 살고 있다. 조금 힘들었던 청소년기를 신앙과 좋은 스승의 도움으로 잘 마무리하고 접어든 20대에 최소한 100,000km는 다녀보겠다고 대학생활은 단신으로 서울에서 보내었고, 무전여행과 태평양을 횡단하는 모험을 감행했다. 비행기와 기차, 그리고 자동차의 힘을 빌리기는 했지만 그 작고 단순한 목표를 이루면서 채워진 20대를 지나서 가슴으로 되뇌었던 약속을 따라 서른에 직장을 구했으며, 세상에서 가장 사랑스러운 사람을 만나 가족이 되었고, 남편에, 사위, 그리고 아빠라는 직위까지 가지고 행복하게 살아가고 있다. 지금 또 다른 시작을 위해 열심히 준비하고 도전하는 중에 처음으로 자신의 공간에 대한 책을 쓰게 되었다.

행복공간

초판인쇄 | 2011년 7월 12일
초판발행 | 2011년 7월 12일

지 은 이 | 권용기
펴 낸 이 | 채종준
삽   화 | 박용민
펴 낸 곳 | 한국학술정보(주)
주   소 | 경기도 파주시 교하읍 문발리 파주출판문화정보산업단지 513-5
전   화 | 031) 908-3181(대표)
팩   스 | 031) 908-3189
홈페이지 | http://ebook.kstudy.com
이 메 일 | 출판사업부 publish@kstudy.com
등   록 | 제일산-115호(2000.6.19)

ISBN   978-89-268-2265-4 03040 (Paper Book)
           978-89-268-2266-1 08040 (e-Book)

이담Books는 한국학술정보(주)의 지식실용서 브랜드입니다.